«JESÚS LOS CONVENCE, PERO LA IGLESIA NO»

PERSPECTIVAS DE UNA GENERACIÓN EMERGENTE

★ ★ ★ ★ ★ ★ ★ ★ ★ ★ ★ ★ ★ ★

«JESÚS LOS CONVENCE, PERO LA IGLESIA NO»

PERSPECTIVAS DE UNA GENERACIÓN EMERGENTE

★ ★ ★ ★ ★ ★ ★ ★ ★ ★ ★ ★ ★

DAN KIMBALL

Vida®

JESÚS LOS CONVENCE, PERO LA IGLESIA NO
Edición en español publicada por
Editorial Vida – 2009
Miami, Florida

Copyright © 2009 por Dan Kimball

Originally published in the USA under the title:
They Like Jesus but Not the Church
Copyright ©2007 by Dan Kimball
Published by permission of Zondervan, Grand Rapids, Michigan, 49530

Traducción y edición: *Rojas & Rojas editores*
Diseño interior: *Good Idea Productions, Inc.*
Adaptación cubierta: *Cathy Spee*

ISBN: 978-0-8297-5363-9

CATEGORÍA: Ministerio cristiano / Evangelismo

IMPRESO EN ESTADOS UNIDOS DE AMÉRICA
PRINTED IN THE UNITED STATES OF AMERICA

09 10 11 12 13 ❖ 8 7 6 5 4 3 2 1

Dedicatoria

A los líderes de iglesia y cristianos que tienen el suficiente valor misionero como para hacer todo lo que sea necesario para escapar de la subcultura cristiana y ser ciudadanos del reino más bien que ciudadanos de la burbuja (paráfrasis de Juan 17:15).

Contenido

Reconocimientos

ste libro es el resultado de muchas horas de conversaciones maravillosas con aquellos que *Jesús los convence, pero la iglesia no*. Escuchar las opiniones y experiencias de personas como Molly, Dustan, Maya, Duggan, Alicia, Penny. Erika, Erica, Gary, Hanna, Brad y otros muchos que dedicaron el tiempo para hablar conmigo me ayudó a entender cómo son vistos el cristianismo y la iglesia desde fuera. Gracias a Dios, a algunos de ellos ahora Jesús los convence y la iglesia también.

Este libro también ha sido escrito mientras veía crecer y yo era parte de la comunidad de la iglesia misionera Vintage Faith Church. Recibí el apoyo y el estímulo de parte de muchas personas en esta comunidad, entre ellas Josh Fox, Kristin Culman, Tom Rahe, Frend Barnes, Steve Ruppert, Chryl Issacson, Shelley Pimentel, Lee Purkey, y por supuesto mi maravillosa esposa, Becky, que me ayudó a encontrar el tiempo para escribir y llegar a terminar este libro. Necesito también mencionar a Paul Engle, Brian Phipps y John Raymond de Zondervan, que siempre me dieron mucho apoyo y ayuda en el proceso de escribir.

INTRODUCCIÓN
El mundo ha cambiado;
no sea un pelele

El mundo está cambiando.
Lo siento en el agua.
Lo siento en la tierra.
Lo huelo en el aire.
GALADRIEL
DE LA OBRA THE FELLOWSHIP OF THE RING

Yo no soy una persona polémica. En realidad, evito el enfrentamiento e incluso me desagrada tener que discutir sobre algo. Tampoco disfruto poniéndoles etiquetas a las personas o mencionándolas de forma ofensiva. Pero en este caso tan poco común, me quedé pasmado de mi reacción. Estaba hablando con un grupo de quinientos pastores de mediana edad de una denominación conservadora. Empecé a temblar por que me estaba poniendo tan enojado y nervioso que se me escapó una palabra, que yo no había usado, al menos desde mis tiempos en la escuela primaria.

Les dije que eran unos peleles.

POR QUÉ LLAMÉ PELELES A VARIOS CIENTOS DE PASTORES

El enfoque de esa reunión en particular era la evangelización de las nuevas generaciones y las implicaciones de los cambios culturales para nuestros métodos de evangelización. Durante una sesión principal, presenté la ironía de cómo los individuos de las nuevas generaciones eran muy abiertos para hablar de Jesús, aunque no estaban interesados en la iglesia. Usando ejemplos de la cultura, les mostré cómo las nuevas generaciones eran abiertas y tenían una mentalidad espiritual. Les pinté una imagen optimista de los tiempos tan emocionantes en que vivíamos, cuando Jesús está siendo cada vez más respetado en nuestra cultura por las personas que no iban a la iglesia. Y les hablé también de cómo la iglesia es percibida por los que viven fuera de ella.

Les razoné de nuestra necesidad de pensar en misioneros no solo de aquellos que enviamos a alguna parte en otro continente sino de nosotros mismos aquí en nuestra cultura emergente en nuestros pueblos y ciudades. Luego les supliqué a los pastores que consideraran cómo podríamos usar nuestro tiempo y cómo podrían cambiar nuestras vidas si nos viéramos a nosotros mismos como misioneros. Les expliqué que lo que podría significar si nosotros hiciéramos lo que haría cualquier misionero: dedicarnos a escuchar a los no cristianos, especialmente a los que están en las edades entre los dieciocho y los treinta y tanto años, lo que ellos dicen y piensa acerca de la iglesia y del cristianismo. ¿Por qué lo que están en esa edad? Porque generalmente es el segmento más grande que echamos de menos en nuestras iglesias, y si nosotros pensamos el futuro de la iglesia, ese es un grupo y edad al que debemos prestar mucha atención. Les supliqué que despertaran a la realidad de que la mayoría de las personas en la nuestra cultura emergente ya no nos escuchan para nada. Les expliqué que esos están desapareciendo de la mayoría de nuestras iglesias, y que necesitamos repensar qué estamos haciendo como líderes de iglesia en una cultura que está cambiando.

Les dije cómo trato yo de pensar como un misionero en mi escenario de ministerio. Los lunes y los martes me quedo en la oficina del edificio de la iglesia para tener reuniones del equipo ministerial y otras reuniones que se desarrollan mejor en este ambiente. Pero luego, los miércoles, en vez de trabajar en mi oficina del templo o en casa, estudio para el sermón dominical en una cafetería local. Les hablé también de que los jueves suelo ir a otra cafetería y tengo reuniones con personas allí en vez de en la oficina del templo.

Les expliqué que me gusta ir a las cafeterías porque me veo a mí mismo metido en conversación con personas no cristianas, principalmente en sus veintitantos años, que trabajan allí o que suelen acudir regularmente a ese lugar. Y les conté que no solo me pongo a hablar con extraños, sino que trato de conocer a los empleados que trabajan allí y a los que van allí con regularidad. Y a medida que los voy conociendo, les hago preguntas sobre qué piensan, y descubro que están muy dispuestos a expresar sus puntos de vista sobre la vida, la iglesia, la espiritualidad y los cristianos. Les expliqué que para mí, escucharles y hacerme amigo de ellos ha sido una manera natural y valiosa de oír los pensamientos y conocer los corazones de los que viven fuera de la iglesia. Les di a conocer que incluso me invitan a sus clubes y a escuchar sus bandas de música, y cómo eso es una forma de entablar relación y cultivar la confianza y la credibilidad con aquellos de los que quiero hacerme amigo. Me atrevo a decirles que es muy refrescante ser amigo de las personas fuera de los círculos de la iglesia.

DEMASIADO OCUPADOS DENTRO DE LA IGLESIA PARA CONOCER A LOS DE FUERA DE LA IGLESIA

Terminé diciéndoles que es demasiado fácil para los pastores y los líderes de la iglesia quedar atrapados en el ajetreo de las actividades de la iglesia con los cristianos y sutilmente perder contacto con la mentalidad de las generaciones emergentes. Resulta muy fácil quedar atrapado en la subcultura de nuestra pequeña iglesia y el resultado es que los únicos jóvenes que puede que nosotros conozcamos sean los cristianos que ya están dentro de la iglesia. Pero si salimos de nuestro rincón, ya no estaremos todo el tiempo con solo cristianos en el área de la iglesia.

Según iba hablando de estas cosas, miré alrededor y pude ver muchas miradas perplejas. Al fin alguien levantó la mano y preguntó si los líderes y los miembros de la iglesia me permitían hacer eso en vez de dedicar mi tiempo a las personas de la iglesia. Alguien comentó que ellos no podían ir a una cafetería para eso, puesto que la iglesia esperaba que ellos estuvieran disponibles en la oficina del templo durante la semana para atender a las necesidades del «rebaño» (su palabra).

> RESULTA MUY FÁCIL QUEDAR ATRAPADO EN LA SUBCULTURA DE NUESTRA PEQUEÑA IGLESIA Y EL RESULTADO ES QUE LOS ÚNICOS JÓVENES QUE PUEDE QUE NOSOTROS CONOZCAMOS SEAN LOS CRISTIANOS QUE YA ESTÁN DENTRO DE LA IGLESIA.

Eso me pilló desprevenido, de forma que pregunté si otros veían las cosas de esa manera, y para mi sorpresa muchos lo hicieron. Ellos sentían que su tarea como líderes de la iglesia es predicar las Escrituras y permanecer en la oficina de la iglesia toda la semana para estar disponible para los miembros de la iglesia. Una persona comentó que los no cristianos necesitan acercarse al edificio de la iglesia y que las reuniones de avivamiento y los llamamientos para «ir al altar» era la mejor forma de alcanzarlos. Muchos indicaron que no es la tarea de los líderes de la iglesia el salir a buscar a las personas; que son las personas las que deben acudir a nosotros. Otro comentó acerca de cuán «paganas» son las nuevas generaciones y cuánto necesitan escuchar predicaciones sólidas, lo que les llevará a arrepentirse de sus malos caminos. Otro me preguntó acerca de las personas con las que había conversado en las cafeterías. «¿Ha sellado usted el trato con ellos?», preguntó. Cuando yo le pregunté qué quería decir con lo

de «sellar el trato». Él me respondió: «¿Ha hecho usted la oración de los pecadores con ellos?». A lo que yo respondí: «No, solo estoy tratando de cultivar la
amistad con ellos y llegar a conocerlos». Mi respuesta en realidad me ganó una
reprimenda en público de parte de aquella persona. «Pues usted está perdiendo
el tiempo, hermano, y voy a pedirle a Dios que usted selle el trato con ellos».
Pude sentir que la mayoría de los presentes aprobaban lo que aquel hombre
acababa de decir e incluso escuché un «amén» de parte de alguien.

Estaba allí parado sin ser capaz de creer lo que estaba oyendo y sentí cómo
subía la sangre y la adrenalina en mi sistema. Mi cabeza se puso un poco roja, y
no supe qué responder. Me oí a mí mismo tartamudear: «No puedo creer lo que
estoy oyendo aquí... Esta es incluso una conferencia de evangelismo. Si hay
alguien en el equipo ministerial de la iglesia que debiera desear salir de la oficina del templo para hacer amistad con los no cristianos y conversar con ellos,
debieran ser los que están en esta reunión. Y si ustedes le tienen miedo a hablar
con los ancianos y líderes de su iglesia acerca de salir y dedicar tiempo con los
no cristianos durante la semana, entonces ustedes son... unos... ». Seguí tar-
tamudeando, tratando de pensar y encontrar la palabra correcta, y entonces la
solté: «¡Peleles!».

Pude ver el impacto de mis palabras pasando como una ola por el grupo.
Sentí una dosis doble de emoción nerviosa, la mitad de ella por mi pensamiento *¡No puedo creer que yo haya dicho eso!* y la otra mitad por el pensamiento
¡Me alegro de haberlo dicho! Cerca de la última fila de asientos un anciano caballero se puso en pie, se abrió paso por entre los demás, diciendo algo mientras
pasaba. Más tarde me enteré que al tiempo que se marchaba, les decía a los
demás a su alrededor: «Si siguen permitiendo que cualquiera hable en estas
conferencias; ¡yo me voy!».

La sesión terminó de forma embarazosa, y yo me acerqué a la persona que
me había invitado a la conferencia para pedirle disculpas por mi arranque. Para
mi alivio, me dijo que eso era lo mejor que había sucedido hasta ese momento y
que era exactamente lo que se necesitaba, de modo que estaba contento de que
lo hubiera dicho. Me explicó que muchos líderes de iglesia en su denominación
están perdiendo el contacto con nuestra cultura emergente, y que el resultado
era la pérdida drástica de jóvenes en la iglesia, así como la falta de personas
de las nuevas generaciones que no van a la iglesia. No obstante, todavía me
siento mal por haberlos llamado peleles, pero me alivió saber que era algo que
ellos necesitaban oír. En consecuencia, desde entonces me he preguntado cuán
extendida está la actitud de este grupo entre los líderes de iglesia en nuestra
nación.

NUESTRO MUNDO HA CAMBIADO NOS GUSTE O NO

En la obra *La hermandad del anillo*, de J. R. R. Tolkien, Galadriel, la reina enana, representada por Kate Blanchett en la película, dice una frase clásica de los cambios que están sucediendo en la Tierra. Ella le dice a Frodo: «El mundo está cambiando. Lo siento en el agua. Lo siento en la tierra. Lo huelo en el aire». He visto esta cita usada por otros líderes de iglesia que también sienten que eso es verdad en nuestro tiempo: El mundo que nos rodea ha cambiado, y esa es la razón por la que las generaciones emergentes están desapareciendo de nuestras iglesias.

Estamos viviendo cada vez en una cultura «post-cristiana». Los Estados Unidos fueron una vez una «nación cristiana» cuya influencia y valores estaba en línea con los valores y ética judeo-cristianos. Incluso la mayoría de los ateos tenían un buen sentido de la Biblia y de sus personajes principales, y generalmente respetaban la Biblia y a los pastores cristianos. Las películas y los medios de comunicación enseñaban en general valores y principios éticos que en gran parte estaban en consonancia con la Biblia.

Sin embargo, el mundo a nuestro alrededor ha cambiado drásticamente en estos últimos treinta años. En nuestra cultura cada vez más post-cristiana, las influencias y valores que conforman a las generaciones emergentes no están ya en línea con el cristianismo. Las generaciones emergentes carecen de un entendimiento básico de la historia de la Biblia, y no tienen un Dios como el Dios predominante a quien adorar. Más bien están abiertos a toda clase de creencias, incluyendo nuevas mezclas de religiones. Los pastores y ministros cristianos ya no son los «tipos buenos» en las películas y medios de comunicación. La mayoría de los líderes de iglesia no se sienten cómodos diciendo a las personas que son pastores. Algunos incluso eligen otros títulos en vez de pastores con el fin de no sentirse menospreciados por las personas fuera de la iglesia. Algunos no se sienten ni siquiera cómodos diciendo que son cristianos, sino que usan otros términos o expresiones como «seguidores de Cristo» para evitar las asociaciones negativas y distorsionadas.

Vivimos en un mundo que cambia rápidamente. Puede que usted se sienta seguro en el mundo de la iglesia en el que vive, pero si sale fuera al mundo real, notará que las cosas ya no son iguales para nada. Para muchos pastores y líderes de la iglesia, este es un reconocimiento que asusta. Me encontré no hace mucho con un pastor que me contó la historia de su iglesia. Allá en la década de 1970, era una de las iglesias más destacadas en su comunidad, pero ahora está disminuyendo y envejeciendo. Me enseñó una gráfica de la asistencia y la línea iba en descenso continuo. Él cree que la iglesia cerrará sus puertas en unos pocos años más. Me pregunto si esta historia no es la misma que está sucediendo en muchas iglesias, incluso las llamadas mega-iglesias.

Una vez escuché a alguien explicar que la iglesia en los Estados Unidos no está por encima de lo que está sucediendo en Europa. Las naciones europeas se han convertido en verdad en naciones post-cristianas. Sus grandes catedrales y edificios de iglesias estuvieron una vez llenos de fieles, pero ahora están casi vacíos los domingos por la mañana y sirven como atracciones turísticas. Mucha más personas pasan por allí para visitarlos y conocerlos que para adorar en ellos. No debiéramos pensar que una cosa así no puede ocurrir aquí. Con la creciente disminución en la asistencia de parte de las generaciones emergentes, puede ser que en unos treinta o cuarenta años el destino de los grandes edificios de las mega-iglesias, que ahora se llenan de fieles, terminen vacíos y quedarán como atracciones turísticas. Estoy seguro que los europeos jamás pensaron que ese sería su destino, y nosotros no debiéramos ser tan excesivamente confiados de que eso no sucederá aquí.

POR FAVOR, EXAMINE SERIAMENTE SU IGLESIA, INCLUSO SI ES UNA MEGA-IGLESIA

Esta no es una situación con la que están lidiando solo las iglesias pequeñas. Aunque muchas mega-iglesias contemporáneas se llenan hoy hasta los topes con adultos, los jóvenes están ausentes de muchas de ellas. Pero en las mega-iglesias no se hablan con frecuencia de estas cosas, o las ignoran y afirman que todo anda bien. Me encontré recientemente con un pastor de iglesia que tiene una membresía superior a las diez mil personas. Me dijo que la asistencia de individuos menores de treinta años es desalentadora. Dos tercios de los que se gradúan de la secundaria y permanecen en el área terminan dejando su iglesia. No obstante, él siente que el pastor principal sigue ignorando el problema debido al gran entusiasmo que se ve en todos aquellos mayores de treinta y cinco años que llenan el templo.

> DOS TERCIOS DE LOS QUE SE GRADÚAN DE LA SECUNDARIA Y PERMANECEN EN EL ÁREA TERMINAN DEJANDO SU IGLESIA. NO OBSTANTE, ÉL SIENTE QUE EL PASTOR PRINCIPAL SIGUE IGNORANDO EL PROBLEMA DEBIDO AL GRAN ENTUSIASMO QUE SE VE EN TODOS AQUELLOS MAYORES DE TREINTA Y CINCO AÑOS QUE LLENAN EL TEMPLO.

Acabo de leer un artículo escrito por el líder de otra mega-iglesia en el que habla de cómo su iglesia está construyendo puentes entre las generaciones e impactando a las generaciones emergentes. No obstante, hace poco hablaba con dos miembros de su equipo ministerial que trabajan con estudiantes de secundaria y jóvenes adultos. Me dijeron que las personas en sus veintitantos están desapareciendo y que su ministerio a ese grupo de individuos está disminuyendo rápidamente. Me dijeron que se imaginan que las tres cuartas partes de los que se gradúan de la secundaria dejan su iglesia en cuanto se liberan de sus padres que los hacen ir a al templo. Ese es un porcentaje muy elevado, y eso corresponde a los que siguen viviendo en el área para ir a la universidad. Con todo, ellos sienten que el pastor principal de la iglesia no piensa en eso; pues mientras tanto que siga viendo *algunos* jóvenes le parece que todo está bien.

Oro pidiendo que aquellos de ustedes que Dios está usando para ministrar a los creyentes adultos no sigan pensando que todo está bien puesto que ve que todavía quedan algunos jóvenes en su iglesia. Lo más probable es que dejen su iglesia en cuanto que se hagan mayores. Por favor no ignore esta realidad. Puede ser humillante admitir la verdad, pero por amor de los que viven en la comunidad, examine la situación cuidadosamente. Dedique tiempo a reflexionar sobre la información demográfica de los adolescentes y jóvenes adultos en su comunidad. Luego vea cuántos son parte de su iglesia o de todas las iglesias en su comunidad. Haga algo de investigación sobre cuántos de los estudiantes de secundaria permanecen en su iglesia después de la graduación. Puede ser que eso le ayude a despertar.

YO NO SOY EL ÚNICO

Entiendo bien cuán difícil resulta para los pastores y líderes de iglesia saber qué hacer con nuestra cultura que cambia tan rápidamente. Es descorazonador e incluso un golpe sutil a nuestra propia confianza el ver a nuestra propia iglesia envejeciendo y que no se incorporan muchas personas por debajo de los treinta y cinco años. De acuerdo, en algunas iglesias están sucediendo cosas muy emocionantes que son las excepciones en la tendencia, y me alegro mucho por esas iglesias y le doy a Dios muchas gracias por ellas. Les daré algunas noticias excelentes de iglesias que están viendo como acuden a ellas un número creciente de individuos de las nuevas generaciones. Pero la situación general no es tan buena en este momento. Y las implicaciones son demasiado importantes para no prestarlas atención.

Me han dicho: «Dan, esta es solo su opinión porque se enfoca en las generaciones emergentes. No todo el mundo piensa y siente de la misma manera, y es solo una tendencia que pronto pasará». Bueno, déjeme que le cite a Reggie McNeal, que vive y ministra en el llamado Cinturón de la Biblia en los Estados Unidos, y quien, además, es mayor y más sabio que yo y que ha estado en el ministerio a las iglesias por más de treinta y cinco años. En su libro, *The Present Future*, él escribe estas preocupantes palabras en negritas: «Estamos siendo testigos del surgimiento de un nuevo mundo… Este fenómeno lo han notado muchos que etiquetan esta cultura emergente como post-cristiana, pre-cristiana o postmoderna Lo que quiero decir es, *el mundo es profundamente diferente de cómo era a mediados del pasado siglo*, y todo el mundo lo sabe. Pero saberlo y actuar en consecuencia son dos cosas diferentes. *Hasta ahora la iglesia en los Estados Unidos ha respondido sobre todo con fuertes infusiones de negación*, creyendo que la cultura entrará en razones y volverá a la iglesia».[1]

Sus palabras son importantes porque hablan a pastores y líderes de iglesia que todavía están en la etapa de negación. De modo que escuche a medida que Reggie agrega algo de información demográfica y luego hace sonar la alarma sobre la desaparición de las generaciones emergentes de nuestras iglesias: «El ritmo de desconectados indica un dilema mucho más serio que una rebelión juvenil… Cuanto más desciende usted en la cadena generacional, más bajo en el porcentaje que cada siguiente generación habla de ir a la iglesia… eso es algo más que números. La cultura americana ya no sostiene la iglesia en la forma en que antes lo hacía, ya no acepta automáticamente a la iglesia como un jugador más en la mesa de la vida pública, y puede mostrarse bastante hostil a la presencia de la iglesia. El derrumbe del que estoy hablando involucra también el hecho de que los valores del cristianismo clásico ya no dominan la manera en que los estadounidenses creen o se comportan».[2]

> «HASTA AHORA LA IGLESIA EN LOS ESTADOS UNIDOS HA RESPONDIDO SOBRE TODO CON FUERTES INFUSIONES DE NEGACIÓN, CREYENDO QUE LA CULTURA ENTRARÁ EN RAZONES Y VOLVERÁ A LA IGLESIA».

Quizá usted ya es consciente de estos cambios. Si es así, me emociona y me alegra mucho que usted tenga corazón para las generaciones emergentes; creo que hay mucho en riesgo para tener un corazón dispuesto para ellos.

UNAS POCAS COSAS QUE DEBIERA SABER ACERCA DE ESTE LIBRO

Aquí vienen unas pocas cosas de las que debe ser consciente antes de seguir adelante con la lectura de este libro.

Este libro no es solo mi opinión. Este libro es el resultado de años de estar en el ministerio. Como pastor de jóvenes durante ocho años, tuve a mi cargo un ministerio de evangelización e innumerables conversaciones con adolescentes no cristianos. Durante los últimos nueve años, he estado involucrado en el ministerio de jóvenes adultos y de estudiantes universitarios y he hablado con un gran número de personas primeramente en las edades entre dieciocho y treinta y cinco años, tanto en la iglesia como fuera de ella. He formado parte del equipo ministerial de una mega-iglesia por muchos años, soy parte de un equipo que ha lanzado recientemente una iglesia nueva diseñada para ser una iglesia misional en nuestra emergente cultura post-cristiana. De manera que mis observaciones son el resultado de muchos años de ministerio directo en una variedad de contextos de iglesia. También he viajado un poco, visitando iglesias y hablando con los líderes de iglesias en todas partes del país. De modo que mi marco de referencias para este libro no es solo mi iglesia local o una sola experiencia de iglesia

Este libro no es acerca de estadísticas sino que está basado en personas reales y en sus opiniones e historias. Las estadísticas y los estudios pueden ayudar mucho, pero se pierden el corazón. Usted no ve los rostros y las expresiones de las personas en las estadísticas. No escucha sus historias, no percibe las emociones en sus voces. Las estadísticas no van a hacer que le duela el corazón por aquellos que rechazan la fe en Jesús debido a sus impresiones confundidas y distorsionadas del cristianismo y de la iglesia. Las estadísticas son solo números. Pero este libro está basado en los comentarios y experiencias de personas auténticas con las que he hablado personalmente. A lo largo del libro, leerá citas de personas de las generaciones emergentes que están interesadas en Jesús, pero que no van a ninguna iglesia. En el contexto de las relaciones que he estado formando con ellos, me reuní con estas personas varias veces para entrevistas extensas en las que ellos expresaron sus impresiones de la iglesia y de los cristianos. Ellos también expresaron por qué los convence Jesús y lo respetan. Confío en que algunas de las voces en este libro le llevarán a usted cerca del corazón y del pensamiento de las generaciones emergentes. Me gustaría que pudiera haber estado presente para hablar con ellos y sentir sus corazones. Confío en que sus palabras le tocarán y le inspirarán.[3]

Este libro probablemente le hará a usted sentirse incómodo. Escribir este libro me hace sentirme incómodo porque los comentarios de las personas que entrevisté fueron con frecuencia deprimentes. Ellos dijeron algunas cosas fuertes y sorprendentes acerca de la iglesia y del cristianismo. Escuchar sus expresiones me hizo sentir como si estuviera sentado en el sillón de un dentista, que me examinaba detenidamente y me juzgaba sobre cuán bien me había aseado la dentadura. Inicié estas conversaciones, pidiendo a estos individuos que me contaran sus impresiones, de modo que no fuera una situación en la que ellos venían a mí para quejarse. Ellos estaban simplemente respondiendo a mis preguntas. Pero resultaba embarazoso escuchar muchas de las cosas que ellos dijeron. En muchos sentidos me sentí avergonzado que la iglesia de Cristo hubiera llegado a ellos en la manera en que me lo describieron. Con sinceridad, después de escuchar y llegar a conocerlos, no los culpo a ellos. Pienso que usted también entenderá al seguir leyendo los capítulos que tiene por delante.

Este libro le dará esperanza. Al ir leyendo este libro, puede que al principio usted se ponga a la defensiva, quizá incluso se deprima un poco. Pero después de escuchar a las personas que he entrevistado, experimenté esperanza. Sí, ellos tenían algunas cosas fuertes que decir sobre la iglesia y los cristianos, pero

¿QUÉ ES *MISIONAL*?

A lo largo de este libro, usted se va a encontrar con el término *misional*. Ser misional es algo más que evangelizar. Aquí tiene algunas formas de pensar sobre este término como la filosofía subyacente de este libro:

- Ser misional significa que la iglesia se ve a sí misma como *siendo* misionera, más bien que tener un departamento de misiones, y que nosotros nos vemos a nosotros mismos como misioneros allí donde vivimos.

- Ser misional quiere decir que nosotros nos vemos a nosotros mismos como misioneros «enviados» por Jesucristo a nuestras comunidades, y que la iglesia se alinea en todo lo que hace con *la missio dei* (misión de Dios).

- Ser misional significa que vemos la iglesia no como un lugar donde ir solo el domingo, sino como algo que somos durante toda la semana.

- Ser misional significa que nosotros comprendemos que no «llevamos a Jesús» a las personas, sino que nos damos cuenta que Jesús está activo en la cultura y que nos unimos a él en lo que está haciendo.

- Ser misional quiere decir que nosotros estamos inmersos en el mundo e involucrados en la cultura, pero no nos conformamos al mundo.

- Ser misional significa que nosotros servimos a nuestras comunidades, y que cultivamos relaciones con las personas en ellas, en vez de solo verlos como blancos de evangelización.

- Ser misional significa que sabemos que dependemos de Jesús y del Espíritu por medio de la oración, las Escrituras y unos de otros en la comunidad.

como está implícito en el título de este libro, están abiertos a Jesús, y eso me da a mi mucha esperanza.

VIVIMOS EN TIEMPOS DE ESPERANZA Y EMOCIÓN

Creo que estamos viviendo en un período extraordinario y maravilloso cuando las generaciones emergentes están abiertas a las enseñanzas de Jesús e incluso a la iglesia. Otra cosa que me ofrece a mí gran esperanza es ver a las iglesias en todo el país conscientes de las cosas de las que hablo en este libro y que no están ignorando las críticas a la iglesia. Se dan cuenta de que necesitan pedir disculpas por la iglesia. Como consecuencia, Dios está haciendo grandes cosas. Cosas muy emocionantes están sucediendo en algunas iglesias en las que cientos e incluso miles de personas de las generaciones emergentes están siendo llevadas a Jesús y convirtiéndose en sus discípulos. Después de hablar con muchos de los líderes de iglesia que están viviendo esa gran respuesta, he aprendido que el elemento clave es que se ven a sí mismos como misioneros y a sus iglesias como misionales. Por misional quiero decir que estas iglesias no simplemente un programa de evangelismo sino que ve a su iglesia como una misión. Estas iglesias están haciendo mucho más que solo organizar conciertos o confiando en que los jóvenes acudirán a sus iglesia solo añadiendo velas, camas y café. Y debido a que son misionales, no se pueden dar el lujo de ser peleles. Eso no sería posible.

Vivo confiando en que el Espíritu Santo usará a la iglesia para alcanzar a las personas en nuestra cultura emergente. Confío que este libro le hará sentirse incómodo, le hará pensar y le llevará a un examen serio de sí mismo, pero tengo la esperanza de que al final del libro, el Espíritu le habrá entusiasmado acerca de lo que Dios puede hacer por medio de usted en su comunidad. Quiera Dios que tengamos la confianza y la esperanza de que Dios se interesa por las generaciones emergentes, y, sabiendo nosotros cuánto se interesa él, nos sintamos motivados a nunca ser peleles.

PARTE I

POR QUÉ LAS GENERACIONES EMERGENTES ESTÁN CAMBIANDO

Probablemente no me gustarían los cristianos si yo no fuera uno de ellos

1

Los cristianos son
difíciles de tolerar;
no sé cómo lo hace Jesús.

BONO

o me gusta ir al gimnasio, lo aborrezco. Yo no soy un atleta, a menos que usted considere que jugar a los bolos es un deporte, pero creo que Dios quiere que nosotros cuidemos de nuestros cuerpos, así que durantes ciertos momentos del año, con muy buenas intenciones, hago algunas intentos de ir al gimnasio para estar en mejor forma. Para alguien como yo, resulta suficientemente fastidioso tratar de usar las pesas y demás equipo del gimnasio, pero es aun más difícil debido a los espejos que tienen a todo alrededor de manera que no te queda otra que ver tu poco atractivo cuerpo mientras que maneja torpemente las pesas y el equipo.

Pero sé que es importante ir, de manera que en esta ocasión decidí probar con otro gimnasio diferente. Este nuevo tenía una serie de máquinas de pesas hidráulicas y una empleada que te enseña cómo usarlas, lo que funcionó bastante bien conmigo porque no me sentía tan tonto y no tenía que andar dando vueltas tratando de averiguar por mí mismo cómo funcionaba aquello. Y ese gimnasio tampoco tenía espejos.

NO CREO QUE SEA UN PASTOR... ¡LOS PASTORES SON REPULSIVOS!

La instructora, una mujer joven probablemente de unos veintitrés años, me ayudó bastante. Con una conversación agradable me mostró cómo funcionaban aquellas máquinas. Me habló acerca de la música y de cuánto la gustaban algunas bandas que fueron populares en la década de 1980, tales como los Cure. Siouxsie, los Banshees, y los Smiths. Yo estaba familiarizado con estas bandas y en realidad había visto tocar a dos de ellas, de modo que establecidos

25

instantáneamente una conexión musical. Hablamos acerca del escenario musical y acerca de otros músicos y bandas de la década de 1980 de Inglaterra que a los dos nos gustaban.

Al final de aquella serie de máquinas que me estaba mostrando, resumió sus instrucciones y me preguntó qué hacía yo para ganarme la vida.

Dado que nunca trato de ocultarlo, respondí:

—Soy el pastor de una iglesia

Su expresión cambió al tiempo que daba dos pasos atrás y tropezaba con la pata de una de las máquinas.

—No es posible que usted sea un pastor. No le creo.

Me ocupó varios minutos convencerla de que era de verdad un pastor. Ella me dijo que le resultaba difícil creer que a un pastor le gustaran los Smith o los Cure, y estaba asombrada porque yo parecía normal y no veía en mí nada de lo que ella pensaba era un cristiano y especialmente un pastor.

Su fuerte reacción me llevó a preguntarme por qué ella pensaría de esa manera, de modo que la pregunté qué pensaba ella de cómo sería un pastor. Me dijo: «Los pastores son repulsivos». Siguió diciendo que los pastores andan por ahí «tratando de hacer proselitismo para que se hagan republicanos de extrema derecha» y que «ellos odian a los homosexuales» y que «un pastor definitivamente no hubiera sabido quiénes eran los Martínez, los Rojas y los Fernández.

Cuando le pregunté si ella conocía a algún otro pastor, me dijo que no. Al parecer sus impresiones procedían de lo que había leído y de lo que veía en la televisión, y de los encuentros con predicadores ocasionales que veía en las calles, y por algunas conversaciones que había sostenido con cristianos cuando estudiaba en la universidad.

NO ES Solo EN CALIFORNIA

Puede que usted esté pensando que el punto de vista de esa mujer podría ser diferente si aquel Club de Salud no estuviera en California. Pero yo he vivido en New Jersey, Colorado y California, así como durante un año en Inglaterra y varios meses en Israel, y he viajado lo suficiente como para saber que ese punto de vista está bastante extendido. En ciertas áreas del país que son más conservadoras como el llamado Cinturón de la Biblia, históricamente hay una fuerte presencia cristiana y se ven iglesias por todas partes. Hay un cierto grado de respeto cultural por los cristianos y por los líderes cristianos, y por eso no encontrará una reacción tan fuerte como la de aquella entrenadora. Pero por favor no dé por supuesto que incluso en las áreas conservadoras no están cambiando los sentimientos hacia los cristianos y las iglesias, especialmente entre las generaciones jóvenes.

Cuando viajo trato de encontrar una cafetería para disfrutar de un poco de tertulia y escuchar, observar y hablar (no para hacer proselitismo) con las personas que se encuentran en el lugar. En realidad, mientras escribo este capítulo, estaba en una cafetería adyacente a la Universidad de Minnesota en Minneapolis. En la mesa colindante a la mía había una pareja leyendo unos libros y conversando. Uno de los libros tenía el nombre de Salomón en la cubierta y algunas letras hebreas, pero también tenían otros libros acerca de magia.[4]

Pregunté cortésmente acerca del libro sobre Salomón, y la pareja me dijo que tenía que ver con Salomón y los espíritus que le guiaban. Se mostraron amistosos y de buena gana abrieron varios de los libros que estaban estudiando para responder a mis preguntas. Me hablaron acerca de lo que estaban leyendo y también sobre la Cábala y me mostraron algunos diagramas de personas a lo largo de la Biblia Hebrea que tuvieron espíritus que los guiaban.

Puesto que ellos mencionaron la Biblia, les pregunté si ellos alguna vez habían hablado con cristianos sobre esto. Intercambiaron entre ellos una mirada rápida y luego con dolorosa emoción dijeron que sí, pero me advirtieron que la iglesia no le dice a la gente todo. Me dijeron que los líderes de iglesia evitan hablar a las personas de sus iglesias sobre los secretos y orígenes de la fe. Por causa de esto, la mayoría de los cristianos no conocen el origen de la Biblia y de la adoración a Dios a lo largo de la historia del mundo. Esa es la razón por la que en cuanto que hablan con los cristianos sobre esto, responden inmediatamente que ellos están equivocados y los acusan de estar involucrados con cosas demoníacas.

Ahora bien, por lo que pude observar, la Biblia condena lo que ellos estaban leyendo como siendo de origen maligno. Pero fue interesante oír que ellos sentían que los líderes de iglesia mantenían cosas en secreto para que sus iglesias no lo supieran y que lo único que ellos habían experimentado de parte de los cristianos es que los dijeran sin más cuán equivocados estaban.

SENTÍAN PENA POR LOS CRISTIANOS

Continuamos hablando acerca de los cristianos, y al final terminé diciéndoles que yo era un cristiano. Lo que fue interesante es que ellos no reaccionaron como la mujer en el gimnasio. En su lugar, sonrieron amablemente, siguieron mirándome directamente, y no dijeron nada. Entonces intercambiaron miradas como indicando que estaban teniendo el mismo pensamiento. Lo que me resultó extraño es que su reacción me comunicaba es que sentían pena por mí. No fue una reacción de repulsa, y pienso que ellos no respondieron negativamente debido al tono amistoso de nuestra conversación y debido a que había mostrado interés en lo que ellos creían. Cuando les dije que yo era cristiano, parecía como si les hubiera dicho que yo padecía de alguna enfermedad terminal y ellos sentían simpatía por mí, como si estuvieran pensando: «Oh, cuánto sentimos que tenga ese mal».

Ellos se mostraron muy abiertos al diálogo, y me imaginé que si hubiéramos pasado más tiempos juntos, podíamos haber comparado lo que ellos leían con la Biblia y dialogar sobre por qué ellos habían llegado a sus conclusiones. Les podía haber explicado específicamente lo que yo creía como cristiano y tener una conversación más profunda con ellos. La pareja me invitó a ir con ellos a una librería cerca de allí si yo quería leer más o hablar con alguien que podría responder a más de mis preguntas. Así que acepté su invitación. La librería era más grande de lo que yo esperaba y el librero se mostró amistoso. Me quedé con un folleto que explicaba las preguntas más frecuentes que les hacían y encontré que decía lo siguiente: «Nosotros adoramos los dioses y diosas propios de los países anglosajones y escandinavos *antes de ser cristianizados por la fuerza* en la Edad Media». De modo que la librería se esta refiriendo a las Cruzadas y propagando la negatividad de los cristianos al forzar su fe sobre otros.

> CUANDO LES DIJE QUE YO ERA CRISTIANO, PARECÍA COMO SI LES HUBIERA DICHO QUE YO PADECÍA DE ALGUNA ENFERMEDAD TERMINAL Y ELLOS SENTÍAN SIMPATÍA POR MÍ, COMO SI ESTUVIERAN PENSANDO: «OH, CUÁNTO SENTIMOS QUE TENGA ESE MAL».

Ahora bien, estoy de acuerdo en que la Biblia dice que la adoración de dioses y diosas es una adoración de dioses falsos. Pero tengo la impresión de que esta joven pareja no había encontrado todavía a nadie que les hablara sobre eso de una forma amorosa. Ellos no reaccionaron negativamente conmigo ni me condenaron por no creer lo que ellos creían o por ser cristiano. Por el contrario, me trataron con respeto incluso después de haberse enterado de que yo era cristiano. Hablo de este incidente simplemente para mostrar cómo en otra parte del país me encontré con alguien sentado cerca de mí que era otro ejemplo de lo que hablo en este libro.

Doy por supuesto que solo una pequeña parte de la población está involucrada con la magia y la religión pagana. Pero esta librería estaba allí entre otras muchas tiendas, y al juzgar por su calendario de actividades, este grupo se mantenía bastante ocupado. Algunas personas pueden pensar que fue un error que yo entrara en aquella librería. Pero confío que por mi iniciativa de dedicar tiempo a dialogar con ellos, ellos al menos tuvieron una conversación positiva con un pastor que les hacía preguntas, dedicó tiempo a escuchar lo que ellos creían en vez de simplemente decirles lo que ellos deberían creer, y les mostró respeto en vez de instantáneamente condenarlos, incluso a pesar de que no estoy de acuerdo con lo que ellos creen. Confío en que el Espíritu de Dios envíe a alguien que viva cerca para continuar la conversación que yo comencé con ellos (Hch. 8:29).

Siempre que voy a lugares como esa librería o inicio una conversación con personas que pueden ser antagónicas hacia los cristianos u otras creencias, pienso en la experiencia de Juan 4. En esa ocasión Jesús decidió pasar por Samaria, que era una región que los judíos normalmente evitaban. Mientras estaba allí, se puso a hablar con una mujer samaritana (con la que normalmente no habría hablado un rabí) con una vida cuestionable (suficiente razón por la que un rabí hubiera evitado acercarse). Pero Jesús se acercó a ella, y habló con ella, lo cual sorprendió a los discípulos (Jn. 4:27). Me gusta mucho el corazón de Jesús que habló con personas que vivían fuera de los círculos religiosos de su tiempo. Nosotros debiéramos prestar atención a su ejemplo.

MISIONEROS EN UN MUNDO POST-CRISTIANO

Las reacciones de la mujer en el gimnasio y de la pareja en Minneapolis no debieran en realidad sorprendernos, puesto que estamos viviendo en una cultura post-cristiana. Para ellos el cristianismo no es normal. Es importante que no demos cuenta de esto, y si usted no está sintiendo esto en nuestra cultura emergente, puede que usted está viviendo demasiado encerrado en su círculo y subcultura cristiano para poder ver claramente lo que está sucediendo.

Si usted tiene ahora entre 50-60 años o es de una generación anterior y nació en un hogar cristiano, probablemente mantiene relaciones con personas que todavía comparten los valores y creencias que están más en línea con el mundo judeo-cristiano, y puede que no vea los cambios en las generaciones emergentes. Si usted es más joven, fue criado en la iglesia, y se rodea socialmente con solo cristianos, puede que tampoco lo note de una forma notoria. Y por eso es importante que pensemos como misioneros. En vez de ver a nuestros pueblos y ciudades como judeo-cristianos y sentir que todos necesitan adherirse automáticamente a lo que nosotros creemos, necesitamos actuar como misioneros cuando ellos entran a una cultura diferente. Cuando los misioneros entran a otra cultura, ellos escuchan, aprenden, estudian las creencias espirituales de la cultura y tratan de obtener una buena idea de cuáles son los valores de esa cultura. Puede que ellos traten de descubrir qué experiencias han tenido los de esa cultura con los cristianos y lo que ellos piensan del cristianismo. Los misioneros en una cultura extranjera no practican la fe o adoptan las creencias religiosas de esa cultura, pero las respetan, puesto que los misioneros están en el territorio de otra cultura.

Puede que usted esté pensando: «¡No! ¡Este es el territorio de Dios! Ellos necesitan arrepentirse y seguir a Dios, no sus propias creencias. ¡Estos son los Estados Unidos de América!». Sí… y no. Sí, Dios es el creador, y «Del Señor es la tierra y todo cuanto hay en ella, el mundo y cuantos lo habitan» (Sal. 24:1), pero cuando los misioneros entran en otra cultura, ellos se encuentran en *una cultura diferente*. Dios es todavía Dios, y esa es la razón por la que necesitamos ser misioneros para hablar de su amor y salvación por medio de Jesús. Tenemos que darnos cuenta que en nuestra cultura emergente, estamos ahora en una cultura diferente y tenemos que verla y a las personas en ella como los vería un misionero. Los cristianos son ahora los extranjeros en una cultura post-cristiana, y tenemos que despertar a esta realidad si no lo hemos hecho todavía.

> LOS CRISTIANOS SON AHORA LOS EXTRANJEROS EN UNA CULTURA POST-CRISTIANA, Y TENEMOS QUE DESPERTAR A ESTA REALIDAD SI NO LO HEMOS HECHO TODAVÍA.

Quizá usted está luchando con esta idea debido a que los miembros de su iglesia en los veintitantos años no encajan con esa descripción. ¿Pero conoce usted e interactúa con individuos en la generación más joven fuera de su iglesia? Si no es así, creo de verdad que si usted sale fuera de su subcultura, recibirá reacciones semejantes a las que yo obtuve con la joven en el gimnasio o con la pareja en Minneapolis.

Lo que tenemos que darnos cuenta como líderes de iglesia es que ya no somos tan respetados por las personas que están creciendo fuera de la iglesia como lo éramos en el pasado. Ya no somos buscados como aquellos a los que acudir para recibir consejo, y ya no estamos en posiciones de influencia en nuestras comunidades como acostumbrábamos a estar. De nuevo, sé que hay ciertas regiones donde hay todavía un fuerte sentimiento positivo por los cristianos y respeto por la iglesia. Pero en general, hablando en base de mi experiencia después de hablar con innumerables personas, en particular con aquellos que se encuentran por debajo de los treinta y cinco años, y especialmente los más jóvenes en sus años de adolescencia y veintitantos años, hay una rápida y creciente percepción equivocada de lo que es el cristianismo, de los que la iglesia es, y de quiénes son los cristianos.

Pero esta no es la primera vez en la historia que se han producido percepciones equivocadas y extendidas acerca de los cristianos.

LOS CRISTIANOS FUERON UNA VEZ CONOCIDOS COMO CANÍBALES, ATEOS Y INCESTUOSOS

Cuando examinamos los primeros siglos de la historia de la iglesia, encontramos que los antiguos cristianos y los líderes de la naciente iglesia fueron mal interpretados por los de afuera. Por ejemplo, se pensaba que:

La iglesia practicaba el canibalismo. Debido a que corrieron los rumores de que los cristianos bebían sangre y comían carne cuando celebraban la Cena del Señor, se pensaba que eran caníbales.

La iglesia practicaba el incesto. Las personas podían oír ahora a los cristianos llamarse unos a otros hermanos y hermanas, incluyendo a las parejas casadas que se veía a sí mismos no solo como esposos sino como hermano y hermana en Cristo. Para los de fuera de la iglesia, oír a una pareja casada llamarse el uno al otro hermano y hermana implicaba que ellos eran biológicamente hermano y hermana y eso se veía como incesto para los de fuera.

La iglesia estaba compuesta de ateos. La mayoría de las religiones romanas y griegas usaban estatuas de sus deidades en su adoración, y a causa de que los cristianos no tenían una representación física del Dios que adoraban, fueron acusados de ateos.

Es fácil ver cómo pudieron darse esas malas interpretaciones, especialmente en un tiempo cuando el cristianismo era nuevo y las personas no sabían mucho acerca de él. El cristianismo fue visto como una nueva secta del judaísmo y quizá como parte de las otras religiones de misterio de ese tiempo. De modo que los primeros apologistas cristianos respondieron a estas acusaciones en sus escritos. Hoy nadie nos ve como caníbales, ateos o incestuosos; pero en nuestra cultura emergente, se dan otras percepciones equivocadas de las que debemos ser conscientes y saber cómo responder de forma apropiada.

HOY LOS CRISTIANOS SON CONOCIDOS COMO INDIVIDUOS QUE ASUSTAN, ENOJADOS, CONDENATORIOS, EXTREMISTAS DE DERECHAS CON UNA AGENDA POLÍTICA

Leer una descripción de los cristianos como esa que aparece en el subtítulo puede ponernos a la defensiva y decir: «¡Eso no es cierto!». Pero recuerde, usted está en el interior. Usted sabe por qué ciertos cristianos expresan cosas en la forma que lo hacen, aun si no está de acuerdo con ellos, porque usted sabe lo que hay detrás de sus declaraciones. Es de esperar que usted no sea una persona enojada, condenatoria y que apunta con el dedo a los demás, y probablemente otros cristianos que usted conoce tampoco funcionan así. Pero nosotros debemos vernos a nosotros mismos a la manera en que otros nos ven.

Quizá también se reúne principalmente con personas de más de treinta o treinta y cinco años de edad. Muchas personas mayores de fuera de la iglesia no tienen tantas impresiones negativas de la iglesia y de los cristianos como los miembros jóvenes de la cultura emergente. Pero, a semejanza de la gente en los primeros siglos del cristianismo, las generaciones emergentes de hoy no conocen al cristianismo. Ellos no conocen las diferencias entre bautistas, metodistas o episcopales. Ellos ven a los líderes cristianos evangélicos más vocingleros y de extrema derecha que son entrevistas en los medios de comunicación, y para muchas personas, ellos representan a todo el cristianismo. Muchos que han crecido fuera de la iglesia tienen impresiones sobre los cristianos basados solo en la televisión, o en encuentros ocasionales con cristianos que pasan folletos en la calle y que les dice que van camino del infierno, o viendo a grupos de cristianos que aparecen con pancartas que hablan de grandes pecados a las puertas de los conciertos de música rock o gritando por medio de megáfonos a todos los que pasan que ellos no encontrarán a Dios en el concierto. (No hace mucho yo experimenté eso personalmente en los dos últimos conciertos a los que fui.) Tenemos la reputación de que somos individuos extremistas fundamentalistas, políticamente de derechas, que apuntan con el dedo, y somos condenatorios. Si bien algunos cristianos encajan bien en esa descripción, ¡la mayoría de nosotros no! Tristemente, sí que lo hacen las voces más agresivas y ruidosas con las que las personas están familiarizadas.

NO PUEDE CULPARLOS, A MÍ TAMPOCO ME GUSTARÍA EL CRISTIANISMO

Puede que esto les suene extraño, pero con toda sinceridad, yo no culpo a las personas en nuestra cultura emergente por lo que piensan acerca de nosotros. Si yo no fuera un líder de iglesia o si no fuera amigo de cristianos que de verdad siguen a Jesús en una forma amorosa y equilibrada, yo probablemente juzgaría a los cristianos y al cristianismo basado en lo que pudiera ver desde fuera. Y no es un cuadro muy bonito. Basado en las observaciones desde fuera de los cristianos, de ninguna manera iba a querer ser uno de ellos. No me gustaría convertirme en una persona enojada, condenatoria, extremista de la derecha y que apunta con su dedo. No estaría diciendo eso animado por la rebelión en contra de Dios o de la iglesia; llegaría a esa conclusión por la observación de los cristianos y por no querer convertirme en algo que no me gustaría ser.

Durante el tiempo del nacimiento y desarrollo de la iglesia, las percepciones de los de fuera no eran correctas. Pero hasta que los primeros cristianos no se hicieron amigos de los no cristianos y hasta que los apologistas no explicaron lo que era en realidad el cristianismo, las personas no sabían otra cosa. Del mismo modo hoy, las personas fuera de la iglesia están sacando conclusiones que en la mayoría de los casos tampoco son ciertas, pero las están sacando porque no ven ni saben otra cosa.

LAS BUENAS NOTICIAS: LA MAYORÍA DE LOS PASTORES Y CRISTIANOS NO SON REPULSIVOS

La mayoría de los pastores y cristianos no son repulsivos (como pensaba la mujer joven en el gimnasio) o dispuestos a condenar a todo con el que se encuentren que cree de manera diferente a como ellos lo hacen (como sentía la pareja de Minneapolis). Pienso que en general, la mayoría de los líderes cristianos son personas excelentes y amorosas que están haciendo todo lo mejor que pueden para seguir a Jesús y darlo a conocer a otros en la mejor forma que pueden. La mayoría de mis amigos que son pastores y líderes cristianos no son para nada como los describió la joven en el gimnasio.

Sin embargo, sí pienso que hay muchos líderes cristianos y cristianos que necesitan repensar lo que significa vivir en un país post-cristiano. Creo sinceramente que hay cristianos sinceros y de buen corazón y también líderes cristianos que no se dan cuenta de cómo son vistos por otros en nuestra cultura de hoy. Me he encontrado con pastores, y también he leído en varios lugares en el Internet, que en realidad reafirman esas actitudes negativas y malas percepciones. Pero las buenas noticias es que la mayoría no son de esa manera. La mayoría de los líderes cristianos no son intencionalmente arrogantes y dominantes, y de verdad se preocupan de cómo son vistos por los que viven fuera de la iglesia.

Pero también hay malas noticias.

LAS MALAS NOTICIAS: LA MAYORÍA DE LAS PERSONAS NO VEN O CONOCEN AL CRISTIANO O PASTOR PROMEDIO

Cuando empecé por primera vez a dirigir un ministerio para jóvenes, uno de los estudiantes se acercó para hablarme de cómo todo el grupo de jóvenes le aborrecía. En aquel tiempo, había como veinticinco jóvenes estudiantes de secundaria en el grupo. Yo sabía que recientemente se había producido un conflicto entre él y otro joven. Me dijo que estaba pensando en no volver a las reuniones de los miércoles en la noche porque nadie le quería ver allí. Procuré calmarlo y le pregunté que me dijera específicamente quién le aborrecía. Él me mencionó a dos estudiantes. «¿Eso es todo?», le pregunté, y entonces nos pusimos a hablar sobre cómo su percepción de todo el grupo de jóvenes estaba en realidad condicionada por dos estudiantes, que resultó que en realidad no le odiaban sino que estaban enojados con él. Todos experimentamos cosas así de alguna forma. Solo se necesita que alguien nos diga que «los demás también piensan de esa forma en cuanto a ti» para que terminemos consumidos por la idea de que toda la iglesia o todos en la oficina piensan de usted en una manera determinada, cuando en realidad bien puede ser que sea solo una o dos personas.

Pienso que en el fondo mucha de la confusión es el hecho de que la mayoría de las personas están sacando conclusiones sobre los cristianos y el cristianismo basados en unas pocas malas experiencias. Pero son lo suficientemente malas y están suficientemente reafirmadas como para dar la impresión de que eso es cierto de todo los cristianos. Puede que para algunos sea una excusa porque así no tienen que encarar sus propios pecados y admitir que lo que están haciendo es malo, les es más fácil culpar a los cristianos. Pero no siento que eso sea cierto en la mayoría de los casos.

¿Pero no hacemos nosotros lo mismo con bastante frecuencia? Algunos cristianos hacen generalizaciones con mucha rapidez acerca de la comunidad homosexual o de los liberales o de cualquiera de los otros términos que lanzamos a nuestro alrededor. Debemos ser cuidadosos de que nosotros no hacemos lo mismo y hacemos suposiciones acerca de otros basados en unas malas experiencias.

PUEDE SER DEPRIMENTE, PERO EL FUTURO ES ESPERANZADOR

Puede que sea un poco deprimente escuchar algunas de las cosas que estoy diciendo aquí. No obstante, soy optimista acerca del futuro de la iglesia y de la manera en que las generaciones emergentes responderán a nuestros esfuerzos por alcanzarlos. Pero hasta que nosotros no salgamos a estar con los «nativos» de la nueva cultura, hasta que no nos relacionemos con ellos, no nos ganemos su confianza, escuchemos lo que tienen que decir, entendamos sus corazones y valores, no seremos de verdad buenos misioneros.

En el siguiente capítulo explicaré cómo me abrí camino a través de las paredes de la música pop cristiana, libros cristianos, baratijas sobre Jesús, actividades y reuniones de iglesia, escapadas de la oficina de la iglesia, y me encontré con las personas a las que Jesús los convence, pero la iglesia no.

VEA A SU IGLESIA
A TRAVÉS DE LOS OJOS
DE LAS GENERACIONES EMERGENTES

1. ¿Cuándo es la última vez que usted se ha encontrado con alguien como la joven en gimnasio o una pareja que está metida en la magia y el paganismo? ¿Qué dicen ellos acerca de los cristianos y de la iglesia? ¿Cuáles eran sus impresiones del cristianismo?

2. Si usted no ha tenido esa clase de encuentros, ¿por qué cree que usted no se ha encontrado con nadie con esos puntos de vista?

3. Si usted se hubiera criado fuera de la iglesia y no se hubiera encontrado con un cristiano que representa a Jesús en una manera buena, ¿piensa usted que le gustarían los cristianos? ¿Por qué sí o por qué no?

Por qué me escapé de la oficina de la iglesia

2

¡Dios mío! ¿Qué he hecho?
TALKING HEADS

«ONCE IN A LIFETIME»

En mi libro *La iglesia emergente*,[5] hablo acerca de unas entrevistas en vídeo que llevamos a cabo en la Universidad de California en Santa Cruz. La universidad tiene unas pocas organizaciones de estudiantes cristianos, pero cuando se considera el tamaño de la universidad, sería una estimación generosa decir que el número de estudiantes que participan en esas organizaciones está alrededor de un dos por ciento. Los estudiantes cristianos con los que hablé me contaron cuán seriamente es atacada la fe cristiana en la universidad y cómo oyen a otros estudiantes condenar consistentemente a los cristianos y a la iglesia. Basado en mis conversaciones con estudiantes no cristianos, estoy de acuerdo en que esa percepción es correcta. Hablé una vez con el líder de la mayor organización paraeclesiástica de la universidad, y me dijo que la tarea principal del grupo es la de rescatar a «cristianos desorientados y asustados». Si usted menciona la universidad a los líderes cristianos de la ciudad, es muy probable que escuche evaluaciones como estas: «Oh, esa es una universidad pagana», o «allí son muy liberales e impíos».

LES GUSTA JESÚS PERO NO LOS CRISTIANOS

Con este conocimiento sobre la universidad, el equipo de vídeo de nuestra iglesia se presentó allí dispuesto a entrevistar a varios estudiantes. Nosotros estábamos empezando una serie de enseñanza sobre el evangelismo y queríamos pensamientos de primera mano de parte de los estudiantes sobre el cristianismo. Pero en vez de hacer las preguntas habituales que hacen algunos ministerios paraeclesiásticos, tales como: «¿Crees que hay un único camino hacia Dios?» o «¿Hay absolutos morales?», preguntas que en mi opinión ponen a las personas a la defensiva y piensa que eso es una trampa, les preguntamos: «¿Qué piensas y te viene a la mente cuando oyes el nombre de Cristo Jesús?» o «¿Qué vienen a tu mente cuando oye la palabra cristiano?».

Las respuestas fueron sorprendentes y fascinantes. En respuesta a la pregunta sobre Jesús, los ojos de los estudiantes se abrieron y sonrieron. Cuando oyeron el nombre de Jesús, fue como si se estuviera hablando de un amigo de ellos. Escuchamos comentarios tales como: «Él es bello», «Él es un hombre sabio, como un chamán o un gurú», «Él vino para liberar a las mujeres», «Quiero ser como él». Una mujer nos dijo: «Él estaba iluminado. Estoy muy cerca de ser cristiana». Un estudiante incluso dijo con gran emoción: «Amo a Jesús».

¡Qué experiencia tan increíble! En una universidad con una reputación anticristiana y pagana, los estudiantes nos hablaron de Jesús con gran entusiasmo.

Pero cuando les preguntamos qué pensaban acerca del cristianismo y de la iglesia, las respuestas de los estudiantes fueron muy diferentes. Las expresiones de esas mismas personas, incluso el que nos dijo que amaba a Jesús, cambió drásticamente cuando el tema se centró en la iglesia, y escuchamos cosas como: «La iglesia estropea las cosas», y «Tomaron las enseñanzas de Jesús y las convirtieron en reglas dogmáticas». Un estudiante dijo: «Los cristianos no aplican el mensaje de amor que Jesús no dio». Y luego con un tono jocoso agregó: «Habría que fusilarlos a todos ellos».

¡Caramba! Qué gran diferencia entre lo que ellos piensan sobre Jesús y lo que piensan sobre los cristianos.

> MAHATMA GANDHI RESUMIÓ UNOS SENTIMIENTOS SIMILARES EN UNA CITA MUY CONOCIDA: «ME GUSTA VUESTRO CRISTO. NO ME GUSTAN VUESTROS CRISTIANOS. VUESTROS CRISTIANOS NO SE PARECEN MUCHO A VUESTRO CRISTO».

Mahatma Gandhi resumió unos sentimientos similares en una cita muy conocida: «Me gusta vuestro Cristo. No me gustan vuestros cristianos. Vuestros cristianos no se parecen mucho a vuestro Cristo».

Ahora bien, nosotros podemos desechar rápidamente esos comentarios diciendo: «A ellos les gustan algunas cosas de Jesús, pero obviamente no saben nada acerca de su juicio y de sus comentarios sobre el pecado». Eso puede ser verdad, y hablaremos de ello más adelante en el libro. Lo más probable es que las personas que entrevistamos nunca han leído completo el Nuevo Testamento para conocer todas las enseñanzas de Jesús. Pero lo que es importante, y tan inquietante, es que ellos están abiertos a Jesús. No solo abiertos, sino que se animan y sonríen cuando hablan acerca de Jesús. Tienen muchas cosas positivas que decir acerca de él.

TAN CONSUMIDOS CON REUNIONES QUE NO QUEDA TIEMPO PARA HABLAR CON PERSONAS A QUIENES LES GUSTA JESÚS

Después de estas entrevistas, me dediqué a reflexiona a fondo. No podía quitarme de la cabeza la diferencia entre las opiniones acerca de Jesús y las que tenían sobre la iglesia. Me seguí preguntando por qué los estudiantes piensan de esa forma. Entonces empecé a preguntarme por qué no hay más personas de las generaciones emergentes en la mayoría de nuestras iglesias. ¿Podría ser que nosotros, la iglesia, tiene una reputación tan mala entre los de fuera de la iglesia que los mantiene alejados? Yo sabía que no todos los cristianos son como los que los estudiantes describieron en las entrevistas, pero cuando les preguntamos sin ellos conocían a algunos cristianos, solo dos de los diecisiete entrevistados dijeron que sí. Eso fue asombroso para mí. La mayoría de ellos ni siquiera conocían a un cristiano personalmente, de modo que sus impresiones y conclusiones sobre los cristianos y la iglesia se habían formado de otra manera. ¿Podría ser debido a que nosotros nunca nos acercamos a ellos para conversar y relacionarnos, de manera que ellos forman estereotipos? ¿Podría ser que cuando nos acercamos para conversar con ellos o les damos «testimonio» usando nuestros métodos tradicionales, estamos perjudicando más que beneficiando? Habiendo hablado con suficientes personas que han tenido malas experiencias con cristianos que dan testimonio, me siento inclinado a decir sí. Quizá nosotros los de la iglesia nos hemos dedicado a hablar tanto que en realidad no escuchamos. ¿No deberíamos nosotros escuchar sus pensamientos y a sus corazones? ¿No debiéramos prestar atención a por qué creen lo que creen, en vez de lanzarnos a intentar hacerlos creer lo que nosotros creemos?

Al reflexionar sobre mis experiencias con aquellos que viven fuera de la iglesia, tuve un sentimiento deprimente. Revisé mi plan de actividad diaria como pastor en una iglesia activa. Parecía que había terminado consumido con reuniones: reuniones para revisar la asistencia durante la adoración del fin de semana, reuniones para planear la siguiente reunión de adoración, reuniones con los líderes de los grupos que se reúnen en las casas, reuniones con todo el equipo ministerial, reuniones sobre el presupuesto y metas para el año nuevo que se acercaba. Además, tenía ya dedicado una buena porción de mi tiempo a la preparación de los sermones, generalmente en mi casa o en la oficina en el edificio de la iglesia con la puerta bien cerrada para poder estar tranquilo y concentrarme. Llegué a darme cuenta que lo que hacia era reunirme con cristianos durante toda la semana. Estaba rodeado de cristianos, y como resultado, cuando preguntaba por opiniones, lo que recibiría eran respuestas cristianas y una perspectiva cristiana. Yo conocía a personas que habían llegado a conocer a Cristo Jesús en nuestra iglesia, pero generalmente no había hablado con ellas ni había tenido compañerismo con ellos hasta que se hicieron cristianos.

LA PRISIÓN DE LA OFICINA DE LA IGLESIA

Me puse a revisar mi pasado para determinar cómo había llegado yo a esa situación. Antes de ser parte del equipo ministerial de una iglesia, trabajé en una oficina donde no había cristianos. Trabajar con individuos no cristianos facilita cultivar amistades que proveen de oportunidades para escuchar los corazones, las creencias y las opiniones de los no cristianos, y comentaba con ellos mis puntos de vista y creencias, puesto que éramos amigos. Entonces me llamaron para servir como pastor de jóvenes y pasé los siguientes ocho años frecuentando las escuelas secundarias todas las semanas. Como pastor de jóvenes, me sentía naturalmente inclinado a encontrarme con estudiantes no cristianos y tenía la libertad para hacerlo. Pero entonces mi ministerio en la iglesia cambió, empecé a trabajar con adultos y algo cambió. Sutilmente quedé atrapado en dedicar gran parte de mi tiempo a reuniones y a dirigir un ministerio orientado hacia aquellos que ya eran cristianos. Perdí el contacto con los que viven fuera de la iglesia que no eran cristianos. Sin duda, tenía mucha relación con creyentes universitarios y jóvenes adultos, pero no con los que no eran cristianos. No me había dado cuenta de la severidad de esta desconexión porque, hasta cierto grado, todavía me sentía conectado en otras formas con las generaciones emergentes y la cultura fuera de la iglesia, como por medio de la música y las películas. Pero también me vi tan atrapado en las tareas habituales de la iglesia que me aislé de las verdaderas relaciones y amistades con aquellos fuera de la iglesia.

> ERA COMO SER UN MISIONERO DE LOS BUDISTAS EN CHINA, PERO PASARME TODO EL TIEMPO SOLO CON LOS QUE YA ERAN CRISTIANOS.

Tener relaciones solo con cristianos dificultaba obedecer las enseñanzas de Jesús acerca de estar en misión por él y ser la sal y la luz del mundo. Era como ser un misionero de los budistas en China, pero pasarme todo el tiempo solo con los que ya eran cristianos. Empecé a sentirme convencido de que había llegado a ser parte de la subcultura cristiana, esa extraña burbuja que poco a poco te encierra dentro de ella, y antes de que te des cuenta, estás escuchando solo la música cristiana y llevando extrañas camisetas con lemas cristianos en ellas y sus conversaciones están rociadas de jerga cristiana.

Pensé para mí mismo: «Bueno, esto pasa porque trabajo en una iglesia». Pero cuánto más lo examinaba, peor se hacía esta pesadilla. Hablé con los voluntarios en la iglesia y les pregunté qué hacían los viernes por la noche, con quiénes solían tener sus tertulias, por quiénes oraban, y resultó que ellos se sentían tan culpables como yo. Encontré que los jóvenes que son los que suelen tener más tiempo libre y libertad para el trato social en los fines de semana, no obstante ellos consumían su tiempo unos con otros, reforzándose de esa forma la burbuja cristiana. Creo que les pregunté a veinticinco o más personas en mi iglesia si habían tenido últimamente trato social con individuos no cristianos, y la respuesta fue un 100 por ciento negativa. La ironía es que todos ellos trabajaban con no cristianos. Eran amistosos con ellos en el trabajo y en la escuela; pero no iban más allá de eso porque estaban demasiado ocupados con su círculo de relaciones cristianas y las actividades de su iglesia, las mismas actividades que estaban programadas para ellos. No nos asombra, pues, que las diecisiete estudiantes que entrevistamos en la universidad no conocían a nadie cristiano. Ahora tenía sentido para nosotros que ellos sacaron sus impresiones sobre nosotros en los medios de comunicación y de los pobres ejemplos de aquellos que hacen proselitismo sin establecer una buena relación.

LA VIDA EN LA BURBUJA CRISTIANA

¿Se ha dado usted cuenta de que una vez que usted empieza a pensar en comprar un modelo determinado de auto, de repente empieza a verlo por todas partes en la ciudad? Ha estado allí todo el tiempo, pero usted no se había dado cuenta antes. Eso es lo que me estaba ocurriendo a mí. Al empezar a mirar alrededor, todo lo que vi fue parafernalia cristiana. Cristianos que llevaban con ellos a todas partes novelas sobre el fin de los tiempos, y en muchas ocasiones las leían más que Biblia misma. Personas que ponían emblemas cromados con el símbolo del pez en sus autos. Mientras iba manejando por la autopista vi una camioneta que llevaba dos grandes emblemas del pez que representaban a los padres y otros dos pequeños que representaban a los hijos. Me preguntaba qué pensarían los que veían aquello y no tenían ni idea de lo que aquel símbolo representaba. Quizá pensaban: «Esa familia se toma muy en serio la vida acuática». ¿Por qué nos sentimos compelidos a poner esos símbolos en nuestros autos? Usted puede ver toda clase de pegatinas en los autos de individuos cristianos que advierten a los no cristianos: «Si llega el rapto, este auto irá sin tripulación» Puede que usted haya visto la refutación chistosa de otra pegatina: «Si usted es arrebatado, ¿me puedo quedar con su auto?». ¡No puedo culparlos por decir esas cosas! Hemos creado tantos pequeños productos cristianos y baratijas que se ve todo muy extraño desde la perspectiva exterior. Cuanto más miro alrededor tanto más extraño me parece.

Después empecé a prestar atención a aquello de lo que más hablamos. Generalmente es de la última banda o concierto o de lo que está pasando en la iglesia. Al tiempo que reconozco que nosotros solo tenemos trato social con amigos cristianos, también reconozco que en general nos hemos vuelto despreocupados de aquellos que viven fuera de la iglesia. No estamos pensando en su destino eterno. No estamos interesados en si ellos están experimentando la vida abundante que Jesús ofrece. Estamos más interesados en si habrá suficiente nieve en las montañas para nuestro viaje a esquiar que acerca de la situación espiritual de nuestros vecinos y de las personas con las que trabajamos a diario. Me hice consciente de que no escucho mucha preocupación acerca de aquellos que todavía no conocen a Cristo. Todo tiene que ver con hacer que la iglesia sea mejor para nosotros y que nuestra vida sea lo más cómoda posible en la burbuja cristiana que hemos creado. No oí a muchos hablar sobre el deseo de ser una voz para los que no tienen voz, o estar preocupados con la justicia social, los pobres, el SIDA en África u otras grandes necesidades de la humanidad. (Estoy agradecido que desde entonces la iglesia parecer ser más consciente de la epidemia del SIDA y de otras cuestiones de justicia social en el mundo, pero todavía nos queda mucho camino que recorrer.) A medida que yo iba despertando a la realidad de esta subcultura en la que estoy metido y soy parte de la misma, oí y vi palabras y frases cristianas de moda que de repente sonaban tan increíblemente vulgares, frases tales como «alimento, compañerismo y entretenimiento». Y lo que era más inquietante es que cuando nosotros hablamos acerca del mundo no cristiano, tendemos a señalar con el dedo y quejarnos de las «cosas horribles que están sucediendo en la cultura».

Tampoco escuché mucha preocupación de corazón de parte de los líderes de iglesia por las personas fuera de la iglesia. Los líderes de iglesia están lidiando principalmente con quejas sobre el sermón del domingo pasado o con quejas sobre que la música no fue suficientemente buena, junto con las amenazas de que las personas se pueden ir a otros lugares donde esas cosas son mejores. Cuando los líderes de iglesia se sienten presionados por esta clase de quejas, naturalmente se enfocan en tener mejores programas, música y en actividades que conserven a las personas en sus iglesias. Los pastores se enfrentan a presiones sutiles de parte de padres que quieren que haya buenos programas de jóvenes para asegurarse de que sus hijos se mantienen lejos de los niños malos no cristianos y tienen la oportunidad de juntarse con otros cristianos.

Esta tendencia se alimenta a sí misma, aislándonos del mundo exterior. Parece que estamos edificando esa estructura de consumismo social y espiritual, y los cristianos están demandando cada vez más de eso: la formación de una burbuja más fuerte y gruesa a nuestro alrededor, para protegernos del exterior mientras creamos esa extraña subcultura en el interior. Pero eso me sucedió tan lentamente que ni me daba cuenta de ello.

LA TRANSFORMACIÓN DE MISIONEROS ENTUSIASMADOS EN CIUDADANOS DE LA BURBUJA

Estoy involucrado en el ministerio vocacional suficiente tiempo como para haberme dado cuenta de ciertas pautas. Permítame hablarle de una observación de lo que les sucede a muchos creyentes. Al ir exponiendo mi teoría en fases, confío que usted pueda sacar una buena idea de lo que sospecho está sucediendo con frecuencia entre nosotros. Aunque voy a recurrir a algo de hipérbole, pienso que la verdad subyacente es real.

Fase 1: Nos hacemos cristianos

Muchos cristianos pueden recordar perfectamente el momento cuando depositaron su fe en Cristo, entendieron la gracia de Dios, y experimentaron la emoción y el gozo de aprender cosas nuevas de la Biblia. Puede que en algunos individuos sucediera cuando eran adolescentes o incluso adultos. ¿Recuerda esa iluminación del conocimiento de la gracia y del gozo de Dios en Jesús cuando hablaba con sus amigos no cristianos acerca de su fe? Probablemente eso sucedió de una forma natural, puesto que no eran extraños sino que eran sus amigos. Recuerdo haber leído eso dentro del primer año de alguien que se entregó a Cristo, que hablan a unas veinte personas, de entre sus familiares y amigos, acerca de su fe y los invitan a ir al templo con ellos. Esto es muy natural porque generalmente todos en el círculo de relaciones de un nuevo cristiano son de fuera de la iglesia.

Fase 2. Nos hacemos miembros de la iglesia

Al ir involucrándonos en la iglesia, cultivamos la relación con amigos cristianos y participamos en las actividades de la iglesia con ellos. Si procedemos de un trasfondo donde se practica el abuso de sustancias o tener fiesta es lo normal, cesamos de ir a esos lugares donde podemos ser atraídos de nuevo a prácticas perjudiciales, aunque puede que continuemos la relación con amigos no cristianos en ambientes sanos o medios sociales. Pero en cualquier caso, tendemos a tener menos contacto con los amigos no cristianos y quedar mucho más inmersos en las actividades cristianas de nuestros nuevos amigos cristianos.

Cuanto más tiempo somos cristianos, menor es el número de amigos que tenemos que no son cristianos. Aunque con frecuencia los cristianos trabajan juntos con no cristianos o tienen vecinos no cristianos o se sientan en la clase al lado de estudiantes no cristianos, tendemos en general a no hacernos amigos de ellos, a no orar regularmente por ellos, ni nos involucramos en sus vidas con el fin de que confíen en nosotros y podamos ser para ellos la sal y la luz de Jesús para ellos. Cuando les preguntamos a los cristianos con quiénes van al cine los viernes por la noche o con quiénes fueron a la playa el pasado fin de semana, resulta en general que fueron con amigos cristianos miembros de la misma iglesia. (En algunos casos parece que las personas tienen trato social con cristianos de otras iglesias, pero no lo hacen con los no cristianos. Entiendo perfectamente que necesitamos amigos cristianos, no hay duda de eso. Todos necesitamos a la comunidad cristiana y debemos mantener la comunidad cristiana en medio de nuestra participación en la misión por Jesús. ¿Pero no debiera suceder que cuanto más caminamos con Jesús y entendemos la gracia de Dios, tanto más deseamos ver que otros también experimenten la gracia de Dios? Resulta muy irónico que a medida que maduramos y conocemos mejor las Escrituras, y tenemos más conocimiento sobre Jesús y somos más transformados por el poder del Espíritu, menos no cristianos llegan a experimentar esas cosas por medio de la relación con nosotros. No estoy hablando de dar testimonio en la calle a los extraños. Estoy hablando de relaciones en las que dialogamos y

43

cultivamos la confianza con personas que llegan a conocernos personalmente. Si Jesús nos envió en una misión para ser su sal y su luz a otros, ¿por qué es que básicamente hemos montado nuestro sistema y subcultura de iglesia para retirar a las personas maduras de la relación y comunicación con los de fuera de la iglesia?

Fase 3: Nos hacemos parte de la burbuja cristiana

Las cosas empiezan a cambiar de verdad en la fase 3. Al irnos retirando lentamente de nuestras relaciones con los de fuera de la iglesia y enfocarnos en las relaciones con los de dentro de la iglesia, algo sucede. Una vez nos resultaba muy natural e incluso emocionante compartir la vida con las personas en el trabajo o en la escuela, con los familiares o con nuestros vecinos. Pero lentamente empezamos a ver el evangelismo como algo que la iglesia hace a través de eventos. Nos entusiasmamos mucho más acerca de ir al campo misionero a otros países durante viajes de verano que ir el campo misionero en el que vivimos a diario. Empezamos a ver el evangelismo como invitar a las personas a que *vengan al templo*, donde el pastor llevará a cabo la evangelización y explicará el cristianismo, en vez de pasar nosotros tiempo con las personas y hablarles de Dios y *siendo la iglesia* para ellos.

> NOS ENTUSIASMAMOS MUCHO MÁS ACERCA DE IR AL CAMPO MISIONERO EN OTROS PAÍSES DURANTE VIAJES DE VERANO QUE IR EL CAMPO MISIONERO EN EL QUE VIVIMOS A DIARIO.

Durante esta fase, cesamos de orar a diario por aquellos que no conocen a Cristo y en vez de eso oramos por el último proyecto de construcción de la iglesia o el último programa. Aparte de una fiesta de Navidad que se ha organizado en la oficina a la que tenemos que ir, rara vez tenemos relación y tertulia con los amigos no cristianos o vamos al cine con ellos. En su mayor parte, solo contamos con cristianos en nuestro círculo de relaciones. Empezamos a comprar pequeñas pegatinas o ponemos pequeños símbolos de peces metálicos en nuestros autos, e incluso tenemos unas pocas camisetas con lemas cristianos. Sintonizamos nuestras radios solo en nuestra emisora de radio cristiana favorita, y la mayor parte de la música que escuchamos en cristiana. Hacemos un viaje a un parque de atracciones que tiene un día especial para cristianos y en el que actúan bandas cristianas. Muy pronto empezamos a usar cada vez más palabras, frases y clichés cristianos, tales como recaer, guerrero de oración, compañerismo, tiempo de quietud, misericordias viajeras, «Tengo un cheque en mi espíritu». (Aparte de la palabra compañerismo, ninguna de esas otras expresiones está en la Biblia.) La transformación es completa. Nos hemos convertido en ciudadanos de la burbuja.

Fase 4: Nos hacemos como Jonás

Después de varios años como ciudadanos de la burbuja, nos empezamos a quejar y a señalar las cosas tan terribles que suceden en la cultura. Como Jonás en el Antiguo Testamento que huyó cuando Dios le dijo que fuera a la ciudad impía de Nínive (Jon. 1:3), nosotros no queremos tener nada que ver con aquellos que no son seguidores de Dios como lo somos nosotros. Como Jonás, tenemos incluso pensamientos secretos en los que nos deleitamos cómo Dios un día castigará a los pecadores en nuestros pueblos y ciudades (4:5). Como Jonás, quien, incluso después que Dios le dio la segunda oportunidad y él vio al pueblo de Nínive arrepentirse y clamar a Dios, se quejó acerca de no tener una buena sombra sobre su cabeza y estar cómodo (4:8-9), nosotros nos quejamos acerca de cuán bien la iglesia nos está proveyendo de lo que nosotros queremos y nos encallecemos ante la realidad de que la gente a nuestro alrededor necesita el amor y la gracia de Cristo Jesús.

Podemos en realidad obtener un extraño sentido de gozo al sentarnos con nuestros amigos cristianos y hablar con ellos acerca cuán afortunados somos de que ya «no estamos en el mundo». Nos metemos en una mentalidad de retirada en la que pensamos de la iglesia como una protección de la terrible influencia del club social del mundo. (Ya sea que nosotros en realidad lo llamemos así, terminamos tratándolo de esa

> NOS SENTIMOS CONTENTOS DE VIVIR EN NUESTRA PEQUEÑA SUBCULTURA CRISTIANA COMO CIUDADANOS DE LA BURBUJA, PERO NI SIQUIERA LO SABEMOS PORQUE TODOS EN NUESTRO CÍRCULO SOCIAL ESTÁN DENTRO DE LA BURBUJA.

manera.) Podemos incluso abandonar la iglesia que Dios usó para llevarnos a su Hijo Jesús y nos vamos a otra basados en cuán buenos son sus programas, cuán excelente es la música, y cuán bien cumplen con sus funciones los líderes de la iglesia y nos alimentan, en vez de ser adultos y aprender a alimentarnos a nosotros mismos y ser parte de la misión de la iglesia. Nuestros calendarios están llenos por completo de actividades y reuniones de la iglesia. Nuestro lenguaje está lleno de jerga cristiana.

Puede que veamos a aquellos que nos rodean como perdidos (Lc. 15:3-32), y aunque quizá los invitamos a nuestros musicales de Navidad, en general no pensamos acerca de su condición de hijos pródigos perdidos como solíamos pensar cuando orábamos por ellos a diario mencionándolos por nombre. Nos entusiasmamos más acerca del último CD cristianos o de la última novela cristiana que lo que pensamos acerca de cómo Dios puede usarnos para el adelanto del evangelio en nuestra ciudad. Hacemos incluso cruceros cristianos en barco para nuestras vacaciones con nuestros predicadores favoritos de la radio o la televisión y nuestras bandas musicales cristianas. Nos sentimos contentos de vivir en nuestra pequeña subcultura cristiana como ciudadanos de la burbuja, pero ni siquiera lo sabemos porque todos en nuestro círculo social están dentro de la burbuja. Todos vemos las cosas de la misma manera.

Los triste de todo esto es que si en la fase 1 nosotros nos pudiéramos ver a nosotros mismos en la fase 4 como ciudadanos de la burbuja, lo más probable es que no nos reconoceríamos a nosotros mismos. Me pregunto si cuando estamos en la fase-1 pudiéramos vernos a nosotros mismos en la fase-4, ¿nos iríamos en la otra dirección? Tengamos la esperanza que el Espíritu de Dios nos haya transformado para vivir más como Jesús en la fase 1 de la vida cristiana.

«¡DIOS MÍO! ¿EN QUÉ ME HE CONVERTIDO?»

La letra del canto «Once in a Lifetime» de los Talking Heads habla acerca de alguien que ha llegado a convertirse en algo que él se asombra al finalmente reconocerlo. Él responde diciendo: «¡Dios mío! ¿Qué he hecho?». En la misma manera, me vi a mí mismo y la subcultura de la iglesia en la que había caído y tuve la experiencia de repentinamente clamar: «¡Dios mío! ¿En qué me he convertido?».

Después del horrible descubrimiento de lo que yo había llegado a ser, me di cuenta que necesitaba escapar de la burbuja en la que ahora estaba metido. Decidí hacer cambios importantes de forma que pudiera volver a la misión a la que Jesús nos envió, en vez de estar solo pensando en la subcultura cristiana. Sabía que necesitaba escapar de la subcultura de la que no solo había llegado a ser parte sino que también había ayudado a edificar sus paredes. Empecé a tramar como un prisionero buscando la manera de escapar. Al final empecé a escapar haciendo algunos cambios significativos en mi programa semanal, lo que era difícil pues me encontraba sirviendo en una iglesia grande y creciente. Planee estar lunes y martes en la oficina del edificio de la iglesia para reuniones programas con el equipo ministerial y cuidar de otras cosas que tenían que hacerse en la oficina. Pero entonces escapé reprogramando mi semana para estar fuera de la oficina con el fin de no estar recibiendo un solo punto de vista todo el tiempo. Quería estar inmerso en el diálogo regular y cultivar relaciones con aquellos que están fuera de la iglesia.

De modo que programé miércoles y jueves para trabajar fuera de la oficina de la iglesia. Usaba los miércoles para estudiar el sermón del fin de semana. La mayoría de los pastores que conozco se encierra en sus hogares o en sus oficinas para prepararse para la predicación y la enseñanza. Yo decidí irme a estudiar a una cafetería donde pudiera estar cerca de personas, con mi Biblia y comentarios abiertos a plena vista de todos. Usé también el tiempo para conocer por nombre a los empleados de la cafetería e iniciar breves conversaciones en las que ellos me preguntaban acerca de lo que estaba haciendo y lo que andaba leyendo. Poco a poco gané su confianza y pude llegar a preguntarles qué pensaban acerca del cristianismo y de la iglesia. Lo hacía diciendo simplemente que sabía que la iglesia y el cristianismo tenían en general mala reputación, y que me gustaría recibir sus opiniones y reacciones pues eso me ayudaría como pastor a conocer qué piensan los demás de la iglesia. Ha sido una buena experiencia en conseguir reacciones y cultivar relaciones con aquellos que viven fuera de la iglesia. Nunca me he encontrado con una persona que me dijera que no me iba a decir lo que pensaba. Les gusta dar sus opiniones cuando se les pregunta. Un hombre joven en sus veintitantos me dijo en realidad emocionado: «Me siento honrado que usted valore mi opinión lo suficiente como para preguntarme».

Una vez que escapé, busqué la oportunidad para estar cerca alrededor de los no cristianos. Eso significó declinar aceptar algunas ofertas. Los peluqueros miembros de mi iglesia se ofrecen amablemente para cortar y cuidar de mi cabello en sus peluquerías. Pero me prometí a mí mismo ir a cortarme el pelo con peluqueros no cristianos, puesto que esto me permite disponer de una media hora completa para conversar con alguien fuera de la iglesia. Aprovecho toda oportunidad que me permite mi programa y horario para dedicarlo a conversar con aquellos de fuera de la iglesia y hacer amistad con ellos. Ha sido una experiencia sumamente alentadora el volver a relacionarme con aquellos que viven fuera de la iglesia. Pero eso requiere tramar una escapada de la prisión de la oficina de la iglesia y de la burbuja cristiana y encontrar mi camino para salir. ¡Se puede hacer! Debemos hacerlo. No me pudo imaginar a Jesús dedicar todo el tiempo de la semana rodeando por las paredes de la oficina del templo.

JESÚS NO QUISO QUE NOSOTROS CREÁRAMOS UNA SUBCULTURA CRISTIANA

No puedo evitar pensar en la oración de Jesús por sus discípulos: «No te pido que los quites del mundo, sino que los protejas del maligno» (Jn. 17:15). Él no oró pidiendo que nos aisláramos a nosotros mismos de aquellos de fuera de la iglesia. No oró diciendo que seríamos felices y estaríamos contentos viviendo dentro de una burbuja cristiana escuchando a nuestra favorita banda de música cristiana o a nuestros favoritos cantantes en nuestros iPods. En vez de eso, Jesús parecía interesado en que sus seguidores no se aislaran del mundo que los rodeaban. Estaba interesado en que entendiéramos que el mal es real y que debiéramos ser conscientes y estar alerta de las maquinaciones del maligno (2 Co. 2:11) que nos desviarían de la misión a la que Jesús nos envió. C. S. Lewis en su libro *Cartas a un diablo novato* habla acerca de cómo el más grande engaño de Satanás es conseguir que las personas piensen que él no es real. Me pregunto que nuestro mayor engaño en la iglesia hoy es estar cómodamente adormecidos en la seguridad de nuestra burbuja cristiana con todas las camisetas con lemas cristianos y los dulces y los CD que podamos encontrar.

Yo sé que todos necesitamos la renovación y el ánimo que viene cuando nos juntamos todos como un cuerpo en la adoración corporativa y, en algunos grupos pequeños, animarnos unos a otros y orar unos por otros. Los que estamos sirviendo en un equipo ministerial necesitamos dedicar tiempo a varias reuniones. ¿Pero es eso lo que primariamente hacemos? ¿Qué es lo que hizo Jesús? «Mientras Jesús estaba comiendo en casa de Mateo, muchos recaudadores de impuestos y pecadores llegaron y comieron con él y sus discípulos. Cuando los fariseos vieron esto, les preguntaron a sus discípulos: —¿Por qué come su maestro con recaudadores de impuestos y con pecadores? Al oír esto, Jesús les contestó: —No son los sanos los que necesitan médico sino los enfermos» (Mt. 9:10-12)

Jesús prestó atención y dedicó tiempo a aquellos que no eran religiosos. Habló con ellos, los escuchó, se interesó por ellos, oró por ellos. Murió por ellos. Me pregunto si muchos de nosotros estamos tan ocupados dentro de nuestras iglesias que no hemos parado en realidad a observar y escuchar a aquellos que viven fuera de nuestras iglesias como Jesús probablemente hubiera hecho. Es muy fácil quedarnos cómodamente dormidos en nuestra subcultura y olvidarnos de la horrible tristeza de los que todavía no han experimentado la gracia salvadora de Jesús. Es fácil hacer eso cuando no estamos involucrados en relación personal con ellos. Pero le puedo decir que cuando usted cultivando auténticas relaciones y compañerismo con los de fuera de la iglesia, usted no puede olvidarlos. Porque usted los conoce. Usted es amigo de ellos. Usted se preocupa de ellos. Usted quiere que ellos conozcan a Cristo por lo que él significa para usted y cómo él le ha cambiado a usted. Necesitamos tener nuestro corazón constantemente abierto a los demás, como lo estaba Jesús. Necesitamos mirar a nuestro alrededor y ver a las personas con los ojos compasivos con que él las miraba (Mt. 9:36). La pregunta que tengo para hacerle es: ¿Está usted encerrado en la prisión de la burbuja cristiana? ¿Se ha quedado cómodamente dormido? Quizá usted no se ha dado cuenta de ello, pero usted está allí metido. ¿Se va rendir usted a esa realidad o está planeando escapar? Aquellos que se sienten atraídos por Jesús le esperan en el exterior para reunirse con usted.

VEA A SU IGLESIA
A TRAVÉS DE LOS OJOS
DE LAS GENERACIONES EMERGENTES

1. Durante la semana, ¿qué porcentaje de su tiempo dedica usted a reuniones de iglesia y a otras actividades cristianas? Si usted es un pastor, ¿qué porcentaje de su tiempo pasa en la oficina del edificio de la iglesia en reuniones o encerrado en su cuarto privado para estudiar?

2. ¿Qué porcentaje de su tiempo dedica usted cada semana a estar con personas que no son miembros de la iglesia, a escucharlas, observarlas y conversar con ellas?

3. ¿De cuántas personas no cristianas es usted amigo, especialmente los comprendidos en las edades entre 18 y 35 años, y ora por ellas?

4. ¿En cuál de las cuatros fases de ser cristianos se encuentra usted en estos momentos?

5. ¿Se ve usted a sí mismo como un pastor o un líder de un grupo de creyentes de la iglesia que «van a la iglesia», o como un líder y capacitador de una comunidad de iglesia de misioneros locales? ¿Qué más podría usted hacer para tener una mentalidad más misionera?

Permítame sugerirle un proyecto que puede ayudarle a ponerse en marcha. Examine su calendario semanal o mensual y pregúntese que podría usted quitar o cambiar de su programa de actividades de la iglesia o delegarlo a alguien. Luego escriba qué actividades podría usted hacer y dónde podría ir para estar cerca de personas no cristianas y hacer amistad con ellas. Es hora de escapar. Es hora de empezar a desarrollar un corazón misionero y pensar como Jesús. Las posibilidades son ilimitadas cuando usted empieza a pensar de nuevo como un misionero.

Jesús como el Hijo de Dios y una figura de acción plástica

3

Estoy de acuerdo con Jesús. Él es excelente

MIKE DIRNT
DE LA BANDA MUSICAL GREEN DAY

Jesús está en todas partes. Entré recientemente a una gasolinera para pagar por la gasolina comprada y vi a la venta en la estantería unas cabezas de Jesús que se movían. Fue una sorpresa ver a Jesús en una gasolinera, pero allí estaba, tres o cuatro cabezas suyas en fila en la estantería. Mientras esperaba para pagar mis quince galones de gasolina que había puesto en mi viejo Ford Mustang de 1966, las cabezas de Jesús me miraban silenciosamente, sonriendo amablemente y saludando al unísono.

No mucho después, entré en la tienda de una cadena importante de tiendas. Cerca de la entrada había una figura de Jesús en acción. Probablemente había una docena o más de esas figuras en un fino paquete plástico que decía: «Con brazos que sostienen y movimiento deslizante» Mientras estaba allí parado mirándolas, una mujer en sus veintitantos agarró una de la estantería, al tiempo que le decía con entusiasmo a quien la acompañaba: «¡Me gusta esto!» y se fue hacia la caja registradora con Jesús en sus bazos.

JESÚS ES MI AMIGO (o mi Líder o mi Héroe)

Vi de nuevo a Jesús en otro lugar inesperado. Mientras hacía línea en la caja de un supermercado, vi una revista semanal de entretenimiento con una foto de Pamela Anderson. Ella llevaba puesta una camiseta azul muy ajustada en la que parecía que había una imagen de Jesús en el frente.

Perplejo, agarré la revista de la estantería y la acerqué a mis ojos. Quería ver si aquella era en realidad una imagen de Jesús y lo que decían las palabras al pie. Al examinarlo de cerca puede ver que las palabras decían: «Jesús es mi héroe».

De repente recordé que estaba esperando en la línea de la caja con personas alrededor mientras yo estaba sosteniendo la revista en mis manos y mirando detenidamente la camiseta de Pamela Anderson. Así que devolví la revista a su sitio, mirando preocupado por todas partes para ver si alguien se había dado cuenta de que lo estaba haciendo. Cuando llegué a casa, entré al Internet y encontré una Website donde se venden esas camisetas. Ese lugar del Internet incluía una foto de Pamela Anderson llevando la camiseta de «Jesús es mi héroe», así como también las fotos de otros famosos, tales como Ben Affleck, Ashton Kutcher y Jessica Simpson,

Gráfico usado con la autorización de Teenage Millionaire[6]

todos llevando la misma camiseta. De manera que a Jesús lo exhiben con orgullo y haciendo que lo muestren varios famosos.

JESÚS EN LA MÚSICA Y EN LA MODA, Y BRILLANDO EN LA OSCURIDAD

Cuando sintonicé MTV, vi de nuevo a Jesús, esta vez en el video «Hurt», de Johnny Cash, con su canción titulada Nine Inch Nails. Y Jesús sigue apareciendo en otras muchas canciones y también en otros muchos sorprendentes lugares. Johnny Cash y Marilyn Manson grabaron versiones de «Personal Jesus» de Despeche Mode. Green Day escribió «Jesus of Suburbia». El cantante Morrissey sacó la canción «I Have Forgiven Jesus». Bruce Springsteen tiene la canción «Jesus Was an Only Son». The Violent Femmes cantan «Jesus Walking on the Water». Y el artista hip-hop Kanye West grabó su canción «Jesus Walks»; las tres versiones de su video muestran incluso dos versiones diferentes de Jesús. Kanye aparece incluso en la cubierta de los *Rolling Stone* vestido como Jesús con una corona de espinas en la cabeza.

Hice otro descubrimiento de Jesús cuando me encontraba en Portland, Oregon, visitando a mi hermano. Entramos en una tienda de tarjetas y regalos en un mercado al aire libre y vi a Jesús por todas partes. Se le veía en una caja metálica para el almuerzo que tenía impresa «La última Cena» de DaVinci. Había varias figuras de acción de Jesús colgando al lado de las muñecas de Pee Wee Herman lo que se miraba bien raro. También vimos dos figuras de Jesús de esas que brillan en la oscuridad, una en la cruz y otra parada. La tienda tenía papel para envolver regalos con figuras de Jesús al estilo de Andy Warhol. Era no era para nada una tienda cristiana o religiosa, era solo una tienda que vendía tarjetas y objetos de regalo.

No hace mucho leí un artículo muy agudo en el *New York Times* que decía que Jesús se está convirtiendo en parte de los diseños de la moda de vestir. El artículo incluía fotos de una modelo llevando un suéter con las palabras «Jesús me ama» en él. Otra modelo lucía una especie de poncho con una cruz grande decorativa en la espalda. Vi a Jesús en una camiseta (no una de una tienda cristiana) con sus manos y brazos extendidos y diciendo: «Deja las drogas y ven a recibir un abrazo». En otra cadena de tiendas importantes de ropa vi a Jesús en otra camiseta, deslizándose sobre sus rodillas en una pose de rock-star. En la camiseta se leía: «¡Jesus Rocks!».

Jesús en las camisetas, Jesús en la canciones pop, Jesús en cabezas que se mueven y figuras de acción, Jesús en la TV, Jesús en las cubiertas de la revistas, Jesús en cajas para el almuerzo y papel de envolver. Parece que últimamente no nos cansamos de Jesús.

EL DILEMA DE POSEER UNA CABEZA DE JESÚS QUE SE MUEVE

Con todo este interés de la cultura pop en Jesús, era inevitable que alguien me diera un regalo de Jesús. Un amigo mío me compró una cabeza de Jesús que se mueve como una broma. Se le veía bastante chistoso sobre el altavoz cercano a mi escritorio en la oficina del templo. A veces miraba a este Jesús y acariciaba su cabeza con mi dedo. Allí estaba moviéndose y sonriendo, como lo hacen todas esas cabezas. Pero algo inquietante sucedió. Cuando me reúno con personas en mi oficina, dependiendo de cuán conservadoras sean, retiraba esa cabeza de sobre el altavoz y la escondía en un cajón del escritorio. Me desgarraba. Era claramente divertido tenerlo allí cerca, pero yo seguía pensando, Jesús el Hijo de Dios, el Mesías, el Rey de reyes y Señor de Señores... ¿una cabeza que se mueve? ¿Es esto bueno? ¿Es malo? ¿Debo conservar esa cabeza de Jesús que se mueve? ¿Debo pensar que es divertido? Es divertido, ¿pero debiera sentirme culpable porque pienso que es divertido? ¿Debiera disfrutar del buen humor que eso representa? Yo no sabía, seguía pensando sobre ello. Al final ya no podía seguir viviendo más con la tensión y sentido de culpa, de modo que le di aquella cabeza que se movía a mi asistente administrativa en nuestra oficina. Ahora está allí sobre su escritorio para que ella viva con el sentimiento de culpa. Él está todavía cerca, pero al menos ya no puedo verlo mirándome a mí y sonriéndome en mi escritorio.

HAY ALGO ACERCA DE JESÚS

Hay algo sobre Jesús que nos fascina. Ya sea que lo queramos ver en nuestro tablero de mandos o en nuestra camiseta o en la letra de nuestras canciones, él se ha convertido en un icono pop de nuestra cultura. Como Mike Dirnt, el bajo de los Green Day, dice: «Estoy de acuerdo con Jesús. Él es estupendo». Cuán irónico es que al mismo tiempo que la cultura pop está produciendo parafernalia, los cristianos han creado también una subcultura de parafernalia. Entre a muchas librerías cristianas y las encontrará llenas de todo tipo de baratijas y de cosas sobre Jesús. No hace mucho entré a una de ella y vi sacapuntas con el nombre de Jesús en ellos, brazaletes de Jesús, visores contra el sol de Jesús, gafas para el sol con el nombre de Jesús en su montura, frisbees con el nombre de Jesús en ellos, pequeñas bolas de goma con el nombre de Jesús, muchas y variadas camisetas, tazas para el café e incluso sandalias con las palabras «Jesús me ama» para lucirlas en la playa. Resulta casi imposible qué parafernalia viene de los cristianos y cuál de la cultura pop. Para ser sincero, me gusta la parafernalia no cristiana más que la parafernalia barata que vemos por muchas partes.

Lo que hace que todos estos productos y atención sobre Jesús sean interesantes e incluso emocionantes es que, combinado con todo el interés y respeto por Jesús entre muchas personas, es que está resultando más fácil hablar de él. La mayoría de las personas hoy, ya sea que estén dentro o fuera de la iglesia, creen que Jesús es una buena persona que tiene alguna clase de conocimiento y penetración espiritual. Cuando Pamela Anderson explicaba por qué ella da dinero para las personas sin hogar, ella respondió: «Si rechazo a uno de ellos, me sentiría como: "Dios mío, ¿y si uno de ellos es Jesús?"».[7] No tengo ni idea de lo que ella cree, pero aun si ella no es una seguidora de Jesús, muestra respeto por Jesús. Es cada vez más común oír comentarios como esos de parte de músicos como Moby: «Amo de verdad a Cristo, y pienso que la sabiduría de Cristo es la más elevada y fuerte que jamás he conocido».[8] Alberto Einstein, no fue un cristiano profesante, no obstante, él respetaba a Cristo como lo hacen hoy muchos en las generaciones emergentes. Él dijo una vez: «Soy judío, pero me siento cautivado por la figura luminosa del Nazareno... Nadie puede leer los evangelios sin sentir la presencia real de Jesús». Una y otra vez tenemos un despertar hacia Jesús y un gran respeto por él en todas las áreas de la cultura.

«Y USTEDES, ¿QUIÉN DICEN QUE SOY YO»

En Mateo 16:15, Jesús le hizo a Pedro y a los demás una pregunta clave: «Y ustedes, ¿quién dicen que soy yo?». Esta es una pregunta que necesitamos hacernos. Muchas personas hoy dicen que les gusta Jesús, ¿pero quién es este

Jesús del que ellos hablan? Incluso si usted entra a una librería cristiana y les pregunta a los cristianos que encuentre allí qué piensan ellos de Jesús, quizá usted se pregunte de qué Jesús están ellos hablando. Parece que el Jesús de la Biblia no es siempre el mismo Jesús que vemos en la cultura pop o en la subcultura cristiana. Pienso que vemos vislumbres de él en ambos pero a mí me asusta darme cuenta qué versión de Jesús estamos creando en estos dos mundos.

En un extremo de la subcultura cristiana, hemos trivializado a Jesús mediante la moda de las camisetas, las pegatinas para los autos, las tazas para el café y pinturas extrañas en tiendas cristianas. Con frecuencia oímos que la gente se refiere a Jesús como nuestro cuate y nuestro amigo. Nos hemos enfocado demasiado en adoración de Jesús en eventos de conciertos con largas pantallas de video y luces intermitentes y máquinas de niebla. Puede que los cristianos no piensen de Jesús en una forma trivial, pero examinando desde fuera lo que producimos en la subcultura cristiana podemos dar sin duda esa impresión. Le cantamos alabanzas y le expresamos nuestro amor en nuestras iglesias, pero me pregunto si fuéramos a preguntar a los creyentes en nuestras iglesia que hagan una lista de todas las cosas que en realidad conocen sobre Jesús, cuánto más allá iría la lista de las afirmaciones: «Jesús me ama» y «Él murió por mis pecados». Es cierto que estoy exagerando las cosas un poco, generalizando para comunicar una verdad, pero me pregunto cuánto hemos convertido a Jesús en una sombra de lo que él realmente es conforme a la Biblia. Sí, él nos ama y murió por nuestros pecados, pero hay mucho más acerca de él y de sus enseñanzas.

En el otro lado del espectro cristiano, el campo fundamentalista más extremo ha hecho de Jesús una figura enojada y vengativa. En vez de tener compasión y amor por los pecadores, él solo tiene enojo y apunta con su dedo a los pecadores para condenarlos. Este Jesús probablemente vota solo por un partido político y tiene opiniones muy fuertes sobre todas las cosas que están fuera de lo que él dice en la Biblia, incluyendo el papel de la mujer en la iglesia, qué clase de música tenemos que oír, qué versión de la Biblia debemos usar. Se habla mucho de este Jesús en términos de su juicio y de su venida en las nubes para separar a las cabritos de las ovejas. Una respuesta favorita de esta grupo para aquellos que están en desacuerdo con ellos es Mateo 10:35, donde Jesús dijo: «Porque he venido a poner en conflicto al hombre contra su padre, a la hija contra su madre, a la nuera contra su suegra; los enemigos de cada cual serán los de su propia familia». A veces hay incluso un tono de placer en sus voces.

De nuevo, estoy exagerando para comunicar una verdad, pero, no obstante, a este Jesús lo encontramos también en algunas partes.

Los cristianos tienen una buena variedad de opiniones acerca de cómo es Jesús. Nosotros pensamos que Jesús tiene las mismas creencias que nosotros tenemos. Probablemente pensamos que él cree que la adoración y la predicación debieran ser como la adoración y predicación en nuestras iglesias. Si nosotros enfatizamos la justicia social en nuestras iglesias, nosotros sentimos que eso es lo que Jesús haría. Si hacemos hincapié en el evangelismo universal, nosotros sentimos que Jesús quisiera que nosotros pongamos el mayor esfuerzo en esa actividad. Los calvinistas probablemente piensan que Jesús es un entusiasta de los cinco puntos TULIP. Generalmente pensamos que Jesús tiene el mismo temperamento y personalidad que nosotros tenemos. Para los extrovertidos, Jesús es una persona abierta y de conversación fácil siempre listo para las bromas y las risas. El introvertido piensa de Jesús como siendo más serio, profundo e introspectivo. Resulta fascinante escuchar las diferentes ideas y opiniones que los cristianos tienen sobre Jesús.

Y tenemos, además, la idea sobre Jesús de la cultura pop. Este Jesús es el amigo que defiende a los pobres y los necesitados y es un revolucionario a favor de los oprimidos. Este Jesús se enfoca en el mensaje de amor y no de odio. Este Jesús en realidad no juzga, excepto en lo que tiene que ver con los hipócritas religiosos. Entre tanto que usted ame a las otras personas y sean felices, Jesús es feliz. Él es un maestro sabio, un gurú. Es un icono pop y moderno, de modo que es aceptable llevarlo grabado en su camisa o decir que usted es de Jesús. Él está en los cielos junto con otras grandes figuras religiosas como Martin Luther King, la Madre Teresa y el Dalai Lama. La cultura pop sobre Jesús tiene una conexión mística con Dios, y él puede que los resucite también de los muertos, aunque las personas no piensan demasiado en lo que eso puede significar para la vida diaria. La cultura pop de Jesús es el personaje amoroso, un hombre de paz que odia a los hipócritas, que nos enseña a no juzgar a los demás.

Así que, hay una buena variedad hoy de Jesús en el escenario humano.

ASÍ, PUES, ¿QUIÉN ES EL JESÚS «CLÁSICO»?

Yo no tengo la intención de entrar en este libro en una discusión teológica de quién es Jesús, puesto que hay muchos excelentes libros bien basados en las Escrituras que hacen eso. El propósito de este libro es examinar lo que otros piensan sobre Jesús y la iglesia con el fin de que nosotros podamos pensar como misioneros, entender mejor a las generaciones emergentes y conversar con más eficacia con ellos acerca del evangelio. Pero pienso que será útil para los lectores conocer lo que está en mi mente y corazón cuando dialogo con las personas sobre el «Jesús clásico».

Estoy convencido de que Jesús era un revolucionario, pero hay mucho más en él que eso. Jesús enseño el amor a otros, pero hay mucho más en él que eso. Jesús buscó a los parias y los marginados de la sociedad, pero hay mucho más en él que eso. Todas estas son cosas acerca de Jesús que respetan las personas de las generaciones emergentes. Pero hay mucho más en él que esas cosas.

Cuando pienso en Jesús, pienso en el Dios trino, que existe eternamente en tres personas —Padre, Hijo y Espíritu Santo— que son coeternos en su ser, coeternos en naturaleza, iguales en poder y en gloria, y que las tres personas tienen los mismos atributos y perfecciones (Dt. 6:4; 2 Co. 13:14). Estos términos pueden sonar técnicos para las personas, pero estas ideas son tan increíblemente difíciles de percibir que las palabras técnicas a veces las transmiten mejor que las respuestas emocionales. Pienso de Jesús como aquel que fue concebido por el Espíritu Santo y nació de la virgen María (Lc. 1:26-31). Él fue un rabí judío (Jn. 1:38), un maestro que asombró a las personas con sus enseñanzas llenas de sabiduría y autoridad (Mt. 7:28-29). Pienso en su corazón lleno de compasión por las personas (Mt. 9:36) y cómo él lloró por las personas, incluso por aquellos que le rechazaron (Lc. 19:41). Pienso en Jesús como el defensor de los pobres, de los marginados y de los oprimidos (Lc. 4:18-19; Mt. 19:16-30; Lc. 14:13; Mt. 25:31-46). Pienso en él como aquel que se mantuvo firme frente al legalismo religioso de su día (Lc. 20:19-20). Pienso en él como uno que no solo bebió vino sino que lo proveyó (Jn 2:1-11). Pienso de él como aquel que no simplemente se sentó con un grupo santo o señala las cosas equivocadas de nuestra cultura, sino que se junta con los pecadores y come con ellos (Mt. 9:10). Pienso en Jesús como uno que fue tentado y entiende la tentación, pero no obstante, era sin pecado (He. 4:15; 1 P. 2:22). Pienso en Jesús como aquel que fue enviado por Dios debido a su gran amor por la humanidad para llevar sobre sí nuestros pecados (Jn. 1:1-2, 14, 29; 3:16-21). Pienso en el Jesús que llevó a cabo nuestra redención por medio de su muerte en la cruz como un sacrificio substituidor y luego resucitó corporalmente de entre los muertos (Ro. 3:24; 1 P. 2:24). Pienso en el Jesús que apareció a sus discípulos y les dijo que les daba la misión no de crear una comunidad encerrada en sí misma y quejarse acerca del mundo, sino más bien de salir con el poder del Espíritu Santo y vivir vidas misioneras, llevando la luz de Cristo a otros (Hch. 1:8). Pienso en el Jesús que ve a la iglesia como su esposa (Ap. 21:2, 9) y ama a la iglesia, incluso a pesar de que le desilusionamos. Pienso en el Jesús que ascendió a los cielos y ahora está exaltado a la diestra de Dios Padre, donde, como nuestro Sumo Sacerdote, intercede por nosotros y sirve como nuestro Abogado defensor (Hch. 1:9-10; He. 7:25; 9:24). También pienso con seriedad en el Jesús que un día vendrá de nuevo para juzgar a los vivos y a los muertos (1 P. 4:5; Ro. 14:9; 2 Ti. 4:1). Jesús es nuestro amigo y el amigo de pecadores, pero él es también un juez justo que un día nos pedirá responsabilidades por la forma en que vivimos nuestra vida. Debemos tener una perspectiva equilibrada de Jesús, siendo cuidadosos de no irnos de un extremo al otro.

La razón por la que estoy escribiendo este libro, y la razón por la que salgo de mi medio habitual para encontrarme, relacionarme, conversar y hacerme amigo de aquellos a quienes Jesús los convence, pero la iglesia no, es porque deseo que otros experimenten al Cristo Jesús completo, no solo al maestro bueno o al amigo, sino también al Señor de señores y Reye de reyes, y al Salvador que transforma nuestras vidas.

«TE EXTRAÑO JESÚS»

Pienso que la parte más memorable e inquietante del libro *El caso de la fe*, de Lee Strobel, es la descripción de su encuentro con Charles Templeton. Templeton fue uno de los compañeros de equipo y amigo íntimo de Billy Graham en los primeros días de su ministerio. Pero Templeton terminó dudando de su fe y al final la abandonó por completo. No solo la abandonó, sino que empezó a criticar fuertemente al cristianismo. Él escribió un libro titulado *Farewell to God: My Reasons for Rejecting the Christian Faith*. Templeton tenía ochenta y tres años en el momento que Strobel le entrevistó y le preguntó por su evaluación de Cristo Jesús.

«En mi opinión», él declaró, «él es el ser humano más importante que jamás ha existido». Fue entonces cuando Templeton expresó las palabras que nunca esperaba escuchar de él: «Y si quiere que sea de verdad sincero», dijo con su voz temblando: «¡Lo extraño!».

Después de decir eso las lágrimas rodaron por sus mejillas. Volvió su cabeza y miró al suelo, levantando su mano izquierda para ocultar su rostro de mí. Sus hombros se estremecieron mientras lloraba.[9]

Esto es increíblemente triste. Charles Templeton había rechazado el cristianismo, la iglesia, su fe en la Biblia, y su antigua vocación como predicador y evangelista. Pero al final de su vida, cuando le preguntaron acerca de Jesús, no pudo contenerse se echó a llorar, confesando que echaba mucho de menos a Jesús. Hay algo acerca de Jesús que trasciende al cristianismo y a todo lo que Charles Templeton había rechazado. Jesús agarra a las personas y se mete en ellas y resulta difícil ignorarle o no pensar en él cuando usted ha llegado a conocerle. Esa es la razón por la que tengo tanto optimismo y esperanza sobre las personas en las generaciones emergentes. La mayoría de ellos todavía no conocen plenamente a Jesús. Aunque puede que ellos conozcan unas pocas cosas sobre su vida, no conocen sus enseñanzas, y no conocen la plenitud de su amor y pasión por las personas, incluyéndolos a ellos.

ESCUCHEMOS A AQUELLOS A QUIENES JESÚS LOS CONVENCE, PERO LA IGLESIA NO

En el siguiente capítulo, usted va a conocer a varias personas que no son parte de la iglesia pero que están abiertos a Jesús. Ellos se sienten intrigados por él y les gusta hablar acerca de él. Sí, puede que ellos tengan una perspectiva de Jesús propia de cultura pop, y desde luego ellos no van a mencionar su señorío o su futuro juicio, pero tengo esperanza por ellos y por otros muchos como ellos porque he visto a personas a quienes les gusta Jesús, pero no la iglesia, y terminan depositando su fe en Jesús y creyendo que él resucitó de entre los muertos y es su Salvador, no solo un hombre sabio o un profeta.

Creo que Jesús se interesa por aquellos a quienes les gusta Cristo pero no la iglesia. Él quiere que le conozcan de una forma más completa, confiar en él y creer que resucitó de entre los muertos. Él quiere que entiendan que el reino de Dios está ahora en esta tierra, no solo que nosotros entremos al cielo después de morir (Mr. 1:15). Creo que él quiere que ellos entiendan lo que es de verdad la iglesia y no solo tener suposiciones sobre ella. Pienso que Jesús quiere que su iglesia pida disculpas a las personas cuando es necesario, y pienso que Jesús quiere que aquellos a quienes él les gusta perdonen a la iglesia si esta los ha herido. Pero yo sé que Jesús quiere que ellos experimenten la iglesia y sean parte de su esposa, una comunidad sobrenatural. Nos perdemos mucho cuando no somos parte de su iglesia. Eso es lo que me motiva a estar bien apasionado por alcanzarle. Creo que cuando oramos por ellos y los vemos a la manera en que Jesús los ve —con compasión— nosotros también podremos tener nuestros corazones cambiados. Vamos, pues, a conocer a algunos de ellos ahora en el siguiente capítulo y escuchar lo que tienen que decir acerca de Jesús.

VEA A SU IGLESIA
A TRAVÉS DE LOS OJOS
DE LAS GENERACIONES EMERGENTES

1. ¿Cuáles son algunas formas en que usted ha visto que Jesús aparece en la cultura pop?

2. ¿Le entusiasma a usted el creciente interés de la cultura pop en Jesús a causa del potencial por iniciar conversaciones con otros, o usted lo ve como una amenaza al evangelio y al Jesús bíblico? ¿Por qué?

3. ¿Cómo se imagina usted a Jesús? ¿Cuánto de lo que usted se imagina en él refleja su propio temperamento y personalidad?

4. ¿Qué diría Jesús si él entrara en su templo un fin de semana para participar en la adoración de la iglesia? Imagínese a Jesús allí sentado durante todo el culto. ¿Qué pensaría él de lo que ve y oye? ¿Qué pensaría Jesús acerca de un concierto cristiano o una librería cristiana? ¿Qué observaciones piensa usted que él haría?

5. Pruebe esto usted mismo o como un experimento con miembros de su iglesia. Escriba el nombre de Jesús en una hoja de papel, y entonces al pie escriba palabras que le describen a él. Luego vea cuántas de sus descripciones puede usted verificar con las Escrituras. ¿Cuántos son en realidad sus propios pensamientos de lo que él es?

CONOZCA A AQUELLOS A QUIENES JESÚS LOS CONVENCE

4

> Jesús, Jesús, Jesús,
> que los cielos y la tierra le proclamen.
> Reyes y reinos todos pasarán,
> pero hay algo en ese nombre.
> BILL Y GLORIA GAITHER
> «HAY ALGO EN ESE NOMBRE»

L a letra del canto evangélico «Hay algo en ese nombre» expresa una gran verdad. Cuando usted habla acerca de Jesús, algo sucede, y la creciente fascinación con Jesús en la cultura emergente de hoy lo refleja. Qué experiencia tan maravillosa es poder hablar acerca de Jesús en una forma positiva y no quedar avergonzado. Podemos estar avergonzados del cristianismo, pero no tenemos que sentirnos avergonzados de Jesús.

En este capítulo le voy a presentar a algunos de los individuos sobre los que ya ha empezado a tener noticias en este libro. Van a decirnos lo que ellos piensan de Jesús y por qué lo respetan y creen que él fue un importante líder religioso. Con frecuencia, una vez que empecé a hablar con ellos sobre Jesús, resultó difícil pararlos. Encontraron que era natural hacerlo y se sintieron en libertad de decirme lo que pensaban de él. Pero ellos también hablarán de por qué no les gusta la iglesia y la mayoría de los cristianos. Ellos nos explicarán cómo llegaron a conocer a la iglesia y los cristianos y las experiencias que tuvieron con ellos.

> PODEMOS ESTAR AVERGONZADOS DEL CRISTIANISMO, PERO NO TENEMOS QUE SENTIRNOS AVERGONZADOS DE JESÚS.

ENFOQUÉMONOS EN LO QUE ELLOS CONOCEN DE JESÚS

Tengo ese sentimiento inquietante de que puede que algunos líderes cristianos consideren que no merece la pena escuchar estos comentarios. Si usted se encuentra en ese grupo, confío que este libro cambie su forma de pensar. Es importante escucharlos porque se va a encontrar con personas que hacen los mismos comentarios en su ciudad y otras cercanas. Y aunque ellos no lo saben todo acerca de Jesús y lo que él dice sobre el arrepentimiento y el pecado, sí podemos apreciar su respeto y admiración por lo que saben acerca de Jesús.

Conocí a la mayoría de estas personas que voy a citar *después de* escaparme de la oficina de la iglesia. Y yo no iba dispuesto a hacer proselitismo; me acerqué a ellos para entablar relación, para disfrutar de su compañía y conocer sus opiniones. Todavía me reúno con ellos, a pesar de que ya terminamos las entrevistas y no todos ellos están viniendo al templo o han puesto su fe en Cristo. Los veo como amigos, no como blancos de evangelización. Y no son personas que me encuentro al azar en la calle para hacerles una encuesta. Son individuos con los que he desarrollado una relación. Pasé bastante tiempo con cada uno de ellos, haciendo preguntas, escuchando sus opiniones y experiencias. Cultivar la confianza y establecer relaciones es lo que preparó el camino para el diálogo con ellos.

Las personas que menciono en este capítulo no son las únicas con las que he hablado. Hablé en profundidad con otros pensando específicamente en este libro, y estoy constantemente haciendo preguntas a las personas con las que me encuentro acerca de sus opiniones sobre la iglesia y el cristianismo. Tenga también en cuenta que las perspectivas y pensamientos de este libro están basados no solo en las personas que cito, sino también en años de ministerio, de viajar y de vivir en una variedad de lugares.

POR QUÉ ESCOGÍ A LAS PERSONAS QUE VA A CONOCER

Decidí hablar con un amplio espectro de personas en sus últimos años de adolescencia, en sus veintitantos años y en sus primeros treinta, cada uno de ellos con diferentes trasfondos, educación e intereses. Algunos tenían experiencia de iglesias en sus años de crecimiento. Los elegí a ellos porque hay un número creciente de personas que crecieron en el seno de las iglesias pero que abandonaron la fe cuando llegaron a sus últimos años de adolescentes. Otros no tenían trasfondo de iglesia para nada. Para el fin de este libro, me enfoqué en usar citas primariamente de aquellos que estaban en sus veintitantos, más bien que de adolescentes, porque esos ya tienen suficiente edad para reflexionar sobre las causas que los llevó a dejar la iglesia o sacar sus impresiones negativas sobre la iglesia. También, debido a que es muy bajo el número de individuos en sus veintitantos años que son parte de una iglesia, quería enfocarme en el grupo de personas de esa edad.[10]

Cuando les pregunté a cada uno de los entrevistados si estaban interesados en ser parte de este libro y en tener la oportunidad de hablar con pastores y líderes cristianos en todo el país, todos ellos inmediatamente dijeron que sí. Así que esta es su oportunidad para expresar a todos nosotros que estamos en posiciones de liderazgo cristiano cómo llegamos a conocerlos y cuáles son sus puntos de vista. Todos eran conscientes de por qué les estaba haciendo esas preguntas y se mostraron deseosos de darnos sus impresiones sobre el cristianismo y la iglesia. Y también se mostraron muy deseosos de expresar por qué ellos respetaban a Jesús y le tenían en tan alta estima. Todos ellos me dieron permiso para usar lo que dijeron en este libro.

CONOZCA A LAS PERSONAS QUE VA A OÍR EN ESTE LIBRO

Es importante que sepa que hablé con muchas más personas que las que conocerá en este libro. También va a escuchar a unos pocos más que los que le voy a presentar en esta sección. Pero aquí hay unas muestras de los comentarios que representan los pensamientos sobre Jesús de muchos de los que viven fuera de la iglesia.

Alicia, graduada en biología molecular, de 24 años de edad

Jesús para mí es una persona amorosa, perfecta y profética. No recuerdo de dónde saqué toda esta información. Quizá en parte de la televisión y en parte de mis lecturas.

Cuando pienso en Jesús, siempre he pensando sobre él como la misma persona como Dios. En el mismo equipo. Una vez escuché en alguna parte que Jesús es Dios en forma humana, y pensé que eso era muy interesante. Amado Dios... Amado Jesús... me parece lo mismo. Yo no veo ningún problema con eso.

Alicia es mujer de veinticuatro años y se graduó de la Universidad de California en Santa Cruz con una licenciatura en biología molecular. En el momento de nuestra entrevista, se encontraba trabajando en una empresa de biotecnología que hace investigaciones en los anticuerpos. Ella nació en la región central de los Estados Unidos y no creció en una iglesia. Tuvo algo de contacto con una iglesia cuando estaba en sus últimos años de adolescencia, cuando se encontraba saliendo con alguien que luego se hizo cristiano. Luego ella se trasladó desde su estado en el centro del país a Santa Cruz, en California, para estudiar en la universidad. Conocí a Alicia cuando trabajaba en una cafetería y asistía a la universidad. Me veía cada semana estudiando y conversando con personas en la cafetería, de manera que empezamos a hablar y a conocernos. Después que ella se graduó y consiguió un trabajo en la empresa de biotecnología, seguimos viéndonos en la cafetería donde ella había trabajado. Ella acudió a nuestra iglesia varias veces, como un resultado de nuestra amistad y conversaciones. Alicia es una mujer muy inteligente y muy consciente de los problemas del medioambiente. Ella ha regresado a su estado de origen para vivir cerca de su familia. No asiste ahora a ninguna iglesia, pero le gusta y respeta a Jesús.

Duggan, encargado de una cafetería, de 30 años de edad

Jesús fue un gran maestro. Un cuidador. Un carpintero. Un ser humano. Abordable. Él era el un hombre de cada día que vivía entre los demás y entendió las pruebas y tribulaciones de lo que se requiere para poner pan en la mesa. Pero al mismo tiempo, él fue capaz de organizar grupos de personas y fue un gran líder. Jesús fue una voz de paz y esperanza y una inspiración para muchas personas.

Jesús tenía fuertes convicciones morales acerca de la bondad de los seres humanos. En vez de ver la oscuridad en las personas, él vio la bondad. Pon la otra mejilla; si tu hermano peca contra ti, perdónale. Él creía en las personas.

Duggan tiene treinta años y es el encargado de una cafetería independiente. Nació y vive en Santa Cruz, California, y se le nota que es un producto genuino de la tierra, y le gusta practicar el deporte de bicicleta y surfing. Es un hombre extrovertido que sabe cómo lograr que los demás sientan que él es su mejor amigo. Tiene mucho talento para lidiar con los clientes en la cafetería. Es de origen irlandés e iba a la Iglesia Católica en las fiestas. Cuando tenía trece años su padre le entregó algunos escritos sagrados de distintas religiones —una Biblia, un Corán, el I Ching y otros más— y le animó a leerlos y a que buscara su propia dirección espiritual. Conocí a Duggan en la cafetería. Empezamos hablando de música y de bandas musicales que a los dos nos gustaban, pero al final terminamos hablando de Jesús y de los temas de la fe. Él ha venido a nuestros cultos de adoración e incluso le pedí que hablara a nuestra iglesia y nos diera su perspectiva como alguien que vive fuera de la iglesia. Él está dispuesto a venir al templo otras veces, pero en este momento no asiste a ninguna iglesia, aunque él respeta y le convence Jesús.

Erika, una estudiante graduada, de 23 años de edad

Jesús es alguien que admiro y respeto. Sus enseñanzas te tocan en un nivel personal y profundo.

Jesús es un hombre cuyas acciones, historia y vida son muy poderosas. Él obviamente tenía alguna clase de conexión espiritual con Dios

Erika tiene veintitrés años, graduada de la universidad con una licenciatura en estudios del medioambiente. Está lista para ir a otra universidad y sacar un master en paisaje arquitectónico. Erika creció en una iglesia denominacional, donde la llevaban sus padres, pero que nunca la presionaron para que se hiciera miembro de la iglesia. A los catorce años dejó de ir por completo al templo, principalmente porque la iglesia se enfocaba demasiado en las cosas negativas del mundo y ella era más optimista. Erika es una persona brillante y llena de energía. Ella ilumina un cuarto cuando entra en él y se muestra positiva y animosa. Conocí a Erika por medio de una amiga de ella que es miembro de nuestra iglesia. Su amiga todavía sale con ella y hace arreglos para que nos veamos y conversemos. Ahora vive fuera de la ciudad, estudiando en la universidad, pero viene a las actividades de nuestra iglesia en ocasiones especiales, y siempre se muestra receptiva, amistosa y animadora. A Erika Jesús le convence pero no es parte de ninguna iglesia.

Dustan, estudiante universitario, 27 años de edad

Creo que Jesús, históricamente, vivió. Me gusta pensar que él vivió de verdad entre nosotros. Respeto todo aquello que él representa y cómo se opuso al liderazgo religioso de su tiempo con su mensaje.

Jesús probablemente estaba espiritualmente iluminado, era carismático y compasivo. Estaba impulsado a ayudar a las personas a encontrar paz interna.

Jesús enseñó cosas de verdad buenas a las personas acerca del amor, y cómo tratarse unos a otros.

Este testimonio es un poco personal para mí. Dustan tiene veintisiete años y creció en una iglesia bautista en Santa Cruz. Cuando entró en la escuela secundaria, cambió de iglesia y se integró en el ministerio a estudiantes que yo dirigía. Se convirtió en un líder en ese ministerio juvenil y tuvo influencia sobre otros. Puesto que él era un líder en ese ministerio de jóvenes, pasé bastante tiempo con él durante sus años de secundaria. Sin embargo, como escuchará más tarde, él terminó dejando la iglesia en su último año de secundaria y no ha regresado. Él ya no piensa de sí mismo como cristiano. Recientemente decidió regresar a la universidad y está estudiando para sacar su título en psicología, y planea trabajar como consejero. Dustan tiene un asombroso parecido con Elvis Presley cuando Elvis tenía buena salud y estaba en sus veintitantos años. Durante los años en que fui un prisionero de buen grado de la subcultura cristiana, no vi a Dustan con mucha frecuencia. Pero después de mi escapada, me esforcé por reavivar nuestra amistad, y él se ha mostrado receptivo para vernos, hablar y pasar juntos algunos ratos. Él no asiste a ninguna iglesia, pero le convence Jesús y lo respeta.

Penny, gerente publicitaria, 35 años de edad

Tengo a Jesús como un hombre sabio. Era muy inspirador y puro. Era un hombre maravilloso con grandes lecciones que enseñar acerca del amor, la aceptación y la paz.

Jesús fue alguien que vivió su mensaje y no era un hipócrita como muchos de los líderes religiosos modernos. Jesús se destacó mucho por encima de todos los demás en su tiempo.

Creo sin ninguna clase de duda que Jesús caminó por esta tierra, y que a causa de su enseñanza, puso la materia gris de muchos a trabajar.

Creo que hay Dios. No creer no tiene sentido para mí. Estamos aquí por una razón.

Penny tiene treinta y cinco años y trabaja en un periódico como directora de publicidad. Es lesbiana, se dio cuenta durante sus años de adolescencia que era gay. Penny nació y se educó en Inglaterra. Ella fue a una iglesia anglicana durante sus años en la escuela primaria, pero aquella experiencia fue en su mayor parte neutral en la formación de su pensamiento acerca de la iglesia y del cristianismo. Llegué a conocer a Penny por medio de una amiga que trabaja con ella. Apareció un artículo en el periódico sobre el cristianismo y la homosexualidad, de modo que nos vimos la primera vez para hablar de ese tema, lo que nos llevó a la amistad. Penny es alguien con la que usted puede hablar fácilmente durante horas sobre cualquier tema: arte, música, modas. Muchas veces cuando nos juntamos para conversar no podía creer con qué rapidez pasaba el tiempo. Ella no asiste a ninguna iglesia, pero la convence Jesús y lo respeta.

Gary y Erica, joven pareja casada, 31 años de edad

Jesús es modelo de fortaleza y carácter. Aró el camino para dejarlo derecho. Él fue mucho más que Gandhi; creo que él resucitó de entre los muertos. Jesús fue la fusión del poder del bien y de la carne que tiene un mensaje para las personas para hacer lo que es recto y amoroso.

Jesús fue un hombre carismático y motivador que enseñó una filosofía revolucionaria y bella. Les dijo a las personas que podían cambiar. Él amaba y se daba a las personas.

Gary y Erica se casaron no hace mucho. Yo participé en su boda. Ambos tienen treinta y un años. Gary es el cantante principal en una banda local y trabaja en una imprenta. Erica tiene una licenciatura en psicología y trabaja como consejera en una residencia donde se ofrece tratamiento para personas que sufren de abuso de sustancias y enfermedades mentales. A ambos les gusta la ropa y música moderna, y parecen una pareja del tiempo de 1956. Les tengo envidia por su moda de vestir y por su gran colección de discos.

Gary creció en una iglesia pero dejó de asistir durante la adolescencia. Él sintió que el pastor estaba usando la Biblia para expresar su angustia y su agenda. Erica creció fuera de la iglesia. Sus padres no iban a la iglesia y tampoco la llevaron. Me encontré con Gary en una tienda de modas donde trabajaba. Me contó que era parte de una banda de música rock, así que fui a ver y oír a su banda tocar, y nos hicimos amigos. Gary y Erica no asisten a ninguna iglesia, pero también Jesús los convence y lo respetan.

Maya, una peluquera estilista y esteticista, tiene 27 años de edad

Jesús fue un líder bueno y poderoso. Las personas confiaban en él, y la confianza es muy importante.

Jesús les dio esperanza a muchas personas. Les dio la esperanza de que hay otra vida después de esta, pero lo que es más importante, les dio esperanza para esta vida. Les dijo a las persona que las cosas no tienen que ser en la forma que son y que pueden cambiar.

Jesús fue un rebelde, un pensador moderno que dirigió una rebelión en contra de una religión corrupta.

Jesús fue un Mesías. Fue un buen líder que vino a ayudar a muchos. Jesús fue alguien que tenía algo importante que decir.

Maya es una peluquera estilista de veintiséis años que trabaja en un salón local de peluquería y solía cortar mi cabello. Me relacioné con ella durante unos cuatro años. Charlamos por horas mientras me cortaba el cabello, y en ocasiones tomamos juntos un café o Coca-cola. Ha estado varias veces en nuestra casa para cenar con nosotros. Ella fue quien cortó el pelo por primera vez a nuestras hijas. Durante sus años de crecimiento, sus padres la llevaron a la iglesia a veces en el día de Resurrección o Navidad. Creció en un vecindario de clase media cerca de San Francisco y se trasladó a Santa Cruz para seguir con su carrera. Siente pasión por la música rock y tiene en su brazo uno de los tatuajes más lindos que jamás he visto. Yo no llevo tatuajes, pero si alguna vez me hago uno posiblemente elija el que ella lleva. Ella no asiste a ninguna iglesia, pero le convence Jesús y lo respeta. Para mi tristeza, no hace mucho Maya se trasladó a Austin, Texas. No obstante, seguimos en contacto. Ahora voy a otro peluquero que ella me recomendó, y esa nueva persona es también alguien que le gusta Jesús pero no la iglesia.

¿QUÉ IGLESIA ES LA QUE NO LES GUSTA?

Como puede ver hay una buena diversidad de trasfondo entre las personas mencionadas, con todo, sus pensamientos acerca de Jesús son parecidos en que les gusta y respetan a Jesús. También va a oír acerca de otros individuos en este libro, pero creo que esos que le he presentado son una buena representación de las personas en nuestra cultura emergente. Lo importante a lo que debemos prestar atención es la consistencia de lo que ellos dicen acerca de Jesús. Todos ellos hacen comentarios muy buenos y positivos acerca de él, pero como usted verá, sus pensamientos sobre la iglesia y los cristianos son muy diferentes. Si usted se siente desalentado por sus comentarios sobre la iglesia, por favor vuelta a este capítulo para recordar lo que dicen acerca de Jesús.

Generalmente, la iglesia que no les gusta no es en realidad la iglesia bíblica. Puede que ellos hablen de lo que piensan de los cultos del domingo en la iglesia, pero la iglesia bíblica no es exactamente las reuniones que tenemos los domingos. La iglesia bíblica son las personas. Puede que ellos describan a un cristiano o dos (o varios) que los han herido a ellos, pero la iglesia de Cristo Jesús no queda definida por un individuo. La iglesia bíblica es toda la comunidad de aquellos que siguen a Jesús en todos los tiempos y en todos los lugares (Hch. 9:31). La iglesia bíblica es también la iglesia local, una comunidad específica de seguidores de Jesús en un determinado lugar y momento (Hch. 5:11; 1 Ts. 1:1). Pero cuando unos pocos seguidores de Jesús no actúan a la manera en que Jesús, la cabeza de la iglesia, lo aprobaría, la gente da por supuesto que eso es representativo de todas las iglesias y de todos los cristianos. Ellos no ven a la iglesia como algo bello y precioso para Jesús, como su esposa (Ef. 5:25-27). Ellos usualmente solo ven cómo actúa la esposa y que a veces no honra al esposo. La mayoría de los comentarios que ellos hacen acerca de la iglesia tienen que ver con experiencias que han tenido con miembros de la iglesia. Pero viéndolos desde su perspectiva, resulta difícil culparlos a ellos por haber llegado a esas conclusiones.

PRESENTEMOS EXCUSAS Y HAGAMOS UNA APOLOGÍA DE LA IGLESIA

Las críticas y percepciones erróneas de la iglesia debieran importarnos a todos nosotros, incluso si la crítica está dirigida en contra de una rama o denominación de la iglesia con la que nosotros no tenemos nada que ver. La crítica es todavía acerca de la iglesia, y todos nosotros somos parte de la iglesia universal. Cuando algunos de nosotros no representamos bien a Jesús, todos nosotros quedamos mal representados. De manera que los siguientes seis capítulos no son acerca de iglesias o cristianos específicos que han herido a personas o han representado mal a Jesús; son sobre cómo «nosotros» somos vistos y cómo «nosotros» hemos herido y mal representado a Jesús. Todos nosotros somos una familia y todos nosotros estamos en esto juntos.

En algunos casos, tendremos necesidad de decir a las personas que sentimos sinceramente la manera en que nosotros como iglesia hemos actuado. Puede que necesitemos pedir disculpas en nombre de la iglesia a aquellos que hemos herido o por haber representado equivocadamente a Jesús ante ellos. En otros casos, puede que necesitemos presentar una apología de la iglesia. Puede que necesitemos aclarar percepciones equivocadas sobre nosotros, de la misma manera que la naciente iglesia tuvo que hacer una apología cuando los acusaron de canibalismo, incesto y ateísmo. Como leerá, no todas las percepciones acerca de nosotros son correctas. Pero justo porque no son correctas no quiere eso decir que no haya buenas razones por la manera en que somos vistos.

LO QUE ENCONTRAREMOS EN LOS SIGUIENTES CAPÍTULOS

Los siguientes seis capítulos resumen seis percepciones equivocadas de la iglesia y de los cristianos que sostienen comúnmente aquellos que Jesús les gusta pero no la iglesia, percepciones equivocadas que les frena en querer ser parte de alguna iglesia. No importa con quién estoy hablando, estas percepciones equivocadas siguen saliendo. Según vaya leyendo, procure no ponerse a la defensiva, sino que pregúntese a sí mismo si lo que están diciendo en cierto. Todos desarrollaron sus opiniones basados en experiencias personales. Al entender el por qué detrás de sus opiniones, podemos entender mejor a las personas que las expresan, entonces podremos ver cómo ser misioneros más eficaces en la cultura emergente de hoy.

SEIS COMUNES PERCEPCIONES ERRÓNEAS SOBRE LA IGLESIA

1 La Iglesia es una religión organizada con una agenda política

2. La iglesia es condenatoria y negativa

3. La iglesia está dominada por los hombres y oprimen a las mujeres

4. La iglesia es homofóbica

5. La iglesia afirma con arrogancia que las demás religiones está equivocadas

6. La iglesia está llena de fundamentalistas que toman toda la Biblia literalmente

EL LIBRO COMPAÑERO, *JESÚS ME CONVENCE, PERO LA IGLESIA NO*

En este libro, yo no voy a tratar de responder a todas las cuestiones y críticas de las personas en las generaciones emergentes. Lo que sí voy a hacer es dirigirme a los líderes de iglesia y sugerir cómo podría responder la iglesia. Sin embargo, en un libro compañero, *Jesús me convence, pero la iglesia no*,[11] respondo a estas críticas y percepciones equivocadas (vea apéndice 2). El libro compañero es para todos, no solo para los líderes de iglesia, y muestra específicamente cómo podemos responder a las críticas. Es un libro que usted puede dar a alguien que Jesús los convence, pero la iglesia no, o a alguien que necesita respuestas para sus propias dudas acerca de la iglesia.

Al pasar la página, prepárese para escuchar lo que las generaciones emergentes están diciendo y pensando acerca de la iglesia y de los cristianos. Esté listo para sentirse incómodo, avergonzado, retado e incluso enojado. Pero también esté listo para sentirse fortalecido para la misión que tenemos por delante al salir a presentar disculpas o hacer una apología por la iglesia. Esté listo para quedar fortalecido para ser la iglesia entre aquellos a quienes Jesús los convence, pero la iglesia no.

VEA A SU IGLESIA A TRAVÉS DE LOS OJOS DE LAS GENERACIONES EMERGENTES

1. Usted ha leído algunos trasfondos de algunas personas a quienes Jesús los convence, pero la iglesia no. Si usted estuviera escribiendo este libro, ¿a quiénes abordaría usted en su comunidad para preguntarle qué piensan de Jesús y de la iglesia?

2. De las seis comunes percepciones que tratamos en este libro, ¿cuáles son las mismas que pudiera escuchar en su comunidad? ¿Cuáles son diferentes?

PARTE II

LO QUE LAS GENERACIONES EMERGENTES PIENSAN ACERCA DE LA IGLESIA

La iglesia es una religión organizada con una agenda política

5

No pienso que haya nada malo
con las enseñanzas de Jesús;
pero no confío en la
religión organizada.
MADONNA

oy me reuní con un amigo para almorzar juntos en un restaurante. Una de las camareras (meseras), en sus veintitantos años, tenía una buena amistad de camarera-cliente con él, puesto que él frecuentaba ese restaurante. Cuando me la presentó, él explicó que me conocía de su iglesia. Ella respondió en una forma amistosa, mencionando que es una persona muy espiritual. Mi amigo entonces le preguntó si iba a alguna iglesia, y ella cortésmente respondió con lo que casi se ha convertido en cliché: «No, no voy a la iglesia. Soy una persona muy espiritual, pero definitivamente no me atrae la religión organizada».

No puedo recordar cuántas veces he oído la expresión religión organizada para describir a la iglesia. Cuando se usa la palabra organizada en esa manera, no significa que refleja algo positivo de la iglesia. La ironía es que se usa en el contexto de una creciente apertura en cuanto a ser espiritual. Esta camarera (mesera) no tenía ningún problema en decirnos que era *muy* espiritual, pero dejó bien en claro que se distanciaba a sí misma de la religión organizada. Espiritual, sí; religión organizada, no.

Con bastante frecuencia cuando pido a las personas que me dicen algo como eso cómo definirían ellas a la religión organizada, la pillamos desprevenida. Sospecho que en realidad ellos no han pensando muy bien lo que eso significa. Pero al dialogar con ellos, lo que me dicen encaja bien en una pauta a la que debemos prestar atención, debido a que es una de las razones importantes por las que tantas personas se sienten ahuyentadas por la iglesia. Al tiempo que escuchamos lo que tienen que decirnos las personas que entrevisté para este libro, pregúntese a sí mismo: «Si yo lo estuviera viendo desde el exterior, ¿vería yo a mi iglesia de esta manera? ¿Es esta una crítica válida de mi iglesia?».

LA PRIMERA RAZÓN POR LA QUE VEN LA IGLESIA COMO UNA RELIGIÓN ORGANIZADA

Hay tres razones principales por las que las personas ven hoy la iglesia como una religión organizada. Aquí está la primera: *Me puedo relacionar con Dios si nada de la estructura poco natural que la iglesia organizada me impondría.*

Alicia, la graduada en bióloga molecular de veinticuatro años, rezuma gozo e inteligencia cuando habla. Muchas de las cosas que ella dice acerca de la iglesia son de verdad cortantes, pero su tono y expresión no revelan enojo o sarcasmo. Ella habla con un corazón amable y preocupado, así que, por favor, tenga eso en cuenta al leer sus comentarios.

> *¿Por qué necesito la iglesia? No es necesaria. Tengo relación con Dios, y oro bastante. Pero no veo la razón de tener que añadir todas esas reglas organizadas que los líderes de la iglesia piensan que usted debiera cumplir. Dan la impresión de que toman algo natural y bello y lo convierten en esa compleja estructura inorgánica en la que usted se las tiene que pasar negras y hacer las cosas en la manera que la iglesia organizada le dice que lo haga. Parece que pierde toda su inocencia cuando se hace tan estructurada y controlada.* ALICIA

Alicia no está en realidad diciendo nada nuevo, pero eso se está repitiendo hoy con mucha más frecuencia. Sus comentarios no debieran sorprendernos, puesto que la mayoría de las personas en algún momento en su vida buscan la eternidad que Dios puso en sus corazones (Ec. 3:11) y perciben las cualidades invisibles de Dios en la creación (Ro. 1:20). La mayoría de las personas entiende que si ellas quieren pueden orar a un Dios personal y amoroso. He hablado con muchos que no son parte de ninguna iglesia, y muchos me dicen que oran todo el tiempo y lo hacen con seriedad. Eso sería algo natural, si Dios es Dios y las personas tienen cierto sentido de él y quieren conocerle. Se están perdiendo lo que las Escrituras nos revelan acerca de Dios, de la salvación y Jesús, pero, no obstante, tienen un deseo natural de llegar a conocer a Dios.

Rara vez me encuentro con un ateo. Prácticamente casi todos creen en alguna forma de Dios o en un ser espiritual superior.

LO ESPIRITUAL, SÍ; LA IGLESIA, NO

Puede que usted piense que si las generaciones emergentes creen en Dios, ellos debieran querer de forma natural acudir a un templo para buscarle. Pero tenemos que recordar que más y más individuos en nuestra cultura emergente no han crecido en el seno de una iglesia. La mayoría no ve el templo como un lugar donde irían de forma natural a buscar a Dios y el crecimiento espiritual. En su lugar, ellos no tienen ningún problema en seguir adelante con sus vidas y orar y desarrollar una relación con Dios por sí mismos. Segundo, las impresiones negativas y estereotipos que las generaciones emergentes tienen del cristianismo y de la iglesia los mantienen alejados. En general ellos practican su propia forma de adoración y oración. Algunos deciden examinar otras creencias o crear combinaciones de creencias universales, pero la mayoría de las personas que he entrevistado es como Alicia. Ella cree en Dios, es respetuosa y abierta hacia Cristo Jesús, y mantiene una forma de fe personal. Pero termina allí. Las personas ven la iglesia como un lugar que controlará su libertad personal, y como algo foráneo e innecesario. Sería como usted y yo diciendo que necesitamos ir a un templo budista para ser espirituales. No pensaríamos para nada en ir allí, y aquellos que viven fuera de la iglesia tampoco piensan hoy en ir a un templo cristiano. Ellos no equiparan ir al templo con la espiritualidad. En realidad, es probablemente el último lugar donde ellos pensarían ir.

Las personas de fuera de la iglesia que ven a la iglesia como una religión organizada creen que los líderes de iglesia tratarían de controlarlos dictándolos cómo y cuando debieran orar. Muchos también sienten que los líderes de iglesia organizan su fe a la manera en que los líderes piensan que debiera ser. Temen que la religión organizada también tratará de controlar cómo pensar, vestirse y actuar. Ninguno de ellos jamás me ha dicho que está en contra de ser cada vez más semejante a Jesús o conformarse a los caminos de Jesús; pero se oponen y se resisten a que la iglesia organizada los conforma a su forma de pensar y funcionar.

Un buen ejemplo es Gary, el que toca la batería en la banda de rock que también trabaja en una imprenta. Gary es respetuoso con Jesús y tiene de él un concepto muy elevado. Tiene trasfondo de iglesia porque sus padres le llevaban a veces al templo durante sus años de crecimiento. Cuando tenía dieciséis años dejó de ir por completo. Cuando le conocí, me dijo repetidas veces que oraba con frecuencia. Es incluso muy inclinado a repetir el Padrenuestro. Pero no va a la iglesia porque no quiere ser parte de una religión organizada.

> *Llamo a la iglesia «religión organizada» porque si oro por mi mismo, siempre que yo quiero, hay una gran libertad en hacerlo así. Pero cuando voy al templo y hay allí alguien que dice: «Pónganse en pie ahora», «Siéntense ahora», «Cante ahora», «Ahora escúchenme». Es una clase de religión en la que siempre te dicen lo que tienes que hacer. ¿Por qué pasar por todo eso cuando es mucho más natural orar y hablar con el buen Señor* por mi propia cuenta sin ninguna clase de control?*
>
> * Gary usa palabra Señor con bastante frecuencia.

Gary representa a las personas que hoy se resisten a ser miembros de una iglesia porque sienten que van a perder la pureza y la sencillez de orar cuando ellos quieren. Siente que los líderes de iglesia les van de decir cómo tienen que expresar su espiritualidad, abarrotándolo de reglas y estrangulándolo con restricciones. No quiere que los controlen en su espiritualidad. Por supuesto, muchos líderes de iglesia entienden que pedir a los presentes que se levanten, o se siente, o respondan en cierta manera solo tiene la intención de guiarlos en la adoración. Al investigar este asunto, he descubierto que las generaciones emergentes están de verdad preocupadas por rituales sin vida y no bien explicados. Muchas personas en realidad dicen que no les importaría la tradición o el ritual siempre y cuando no sea algo muerto, aburrido y rutinario, que apaga la belleza y naturaleza de sus oraciones.

SEGUNDA RAZÓN POR LA QUE VEN LA IGLESIA COMO UNA RELIGIÓN ORGANIZADA

Veamos la segunda razón por la que las personas en la generaciones emergentes ven la iglesia como una religión organizada: *Todo en la iglesia tiene que ver con jerarquía, poder y control con una agenda política.*

Gary me habló del momento definido a sus dieciséis años cuando él decidió que no quería ser parte de la iglesia.

> *El predicador estaba predicando un sermón, y yo no me sentí bien con aquello. En vez de hablar sobre Jesús, parecía como que aquel hombre nos estaba pasando sus propias ideas acerca de varias cosas, y aquello era fastidioso. Se mostraba incluso enojado en ciertos puntos, y yo sentí que aquello era un mensaje con una orientación política donde estaba usando el nombre de Dios y la Biblia para expresar su propia angustia.*

Pensé que aquello no era correcto, me levanté y me fui; y desde entonces no he vuelto. Así no es como se supone que sea la iglesia. Se supone que debe estar centrada en Jesús y en sus enseñanzas acerca del amor y de ser mejores personas. Así que, ¿por qué perder mi tiempo yendo a oír individuos como ese que están luchando con sus propias inquietudes y ventilando su propia agenda política, más bien que enfocarse en el Señor. Yo puedo hacer eso por mí mismo. GARY

En estos días, mencionar cristianismo y política despierta fuertes emociones porque algunos piensan que ciertos líderes religiosos tienen la intención de persuadir a sus iglesias en cuando a su agenda personal en contra de ciertos problemas morales. Las generaciones emergentes sienten que la mayoría de las iglesias son fundamentalistas y que están influenciando al gobierno en formas en las que a ellos no les gusta. Usted puede escuchar críticas de cómo «los cristianos fundamentalistas de la extrema derecha» están tratando de dominar a los líderes políticos con su influencia sobre los votantes. Alicia hizo este comentario:

No confío en la iglesia. Todo lo que usted ve son hombres que tienen su propia agenda política lavando el cerebro de las personas en su iglesia de que si ellos no creen las mismas cosas que sus líderes de iglesia y votan en la misma manera, van camino del infierno. La iglesia no debiera ser acerca de política. Lo que ellos están haciendo es organizar su religión para controlar a las personas para que se conformen a sus puntos de vista y mezclan eso con su fe espiritual. Qué triste es que tantas personas se sienten allí y nunca hacen preguntas. ALICIA

Este asunto despierta fuertes emociones. Pero si usted trata con Alicia va a ver un espíritu amable. Ella nunca eleva su voz cuando habla de estas cosas. Más bien lo dice por la tristeza que le produce.

Si usted es un líder de iglesia, usted sabe que la mayoría de las iglesias no tienen agendas políticas. Pero en el exterior, la impresión que damos es que sí que la tenemos. Usted también sabe que no todos los líderes de iglesia creen que ciertos personajes de las tiras cómicas o juguetes de niños sean gays y que estén haciendo campaña en contra de ellos. Pero cuando un líder cristiano nacional o pastor hace ciertas declaraciones en ese sentido, eso inmediatamente se convierte en noticia nacional y comprensiblemente se convierte en motivo de chistes en los programas de televisión, y la percepción de que las iglesias están impulsadas por agendas queda resaltada e incluso es motivo de burla.

Gary tiene esto que decir acerca del contraste entre las agendas políticas de los líderes de iglesia y lo que él siente que es Jesús y su enseñanza:

> *La iglesia ha tomado a Jesús, que era un carpintero, un hombre de sencillez, y lo ha convertido en una religión organizada... un negocio, una corporación. Ha sido manipulado por ciertas iglesias e incluso lo han usado con fines políticos, de modo que lo que tratan es que usted vote en cierta manera.*
>
> GARY

Muchos piensan que los líderes de iglesia no solo tienen agendas políticas sino que también usan a Jesús para promoverlas. Pero la realidad es que generalmente son los políticos (no los líderes de iglesia) los que usan a la iglesia y a los cristianos para sus agendas y para ganar votos. Muchos cristianos, especialmente conservadores, son influenciados por los políticos que saben cómo tocar los botones clave de los miembros de iglesia. Oro a Dios pidiendo que los cristianos sepan discernir cuándo está sucediendo esta manipulación sutil de parte los políticos. Necesitamos recuperar el respeto de otros mostrando que los cristianos votan inteligente y reflexivamente y que no lo hacen por temor o manipulación. Y necesitamos mostrar que son principalmente los políticos, no la iglesia, los que equiparan a la fe cristiana con un partido político específico. La mayoría de la gente piensa que es la iglesia la que usa a los políticos, y no los políticos los que usan a la iglesia. Como resultado, nosotros los de la iglesia hemos quedado conocidos con el estereotipo de ser ciegamente obedientes a un partido político.

También necesitamos recordar que muchos de los padres fundadores de nuestra «nación cristiana» fueron deístas, no creían en la inspiración de toda la Biblia y fueron dueños de esclavos. Puesto que algunos cristianos estadounidenses hablan con insistencia de que regresemos a nuestra «raíces cristianas», debemos ser cuidadosos en no olvidar estas cosas. Cuando los examinamos con cuidado, descubrimos que algunas de nuestra raíces no eran tan cristianas. De manera que hablar de una «América cristiana» aparece como resultado de la iglesia mezclando religión y política.

SOMOS CONOCIDOS POR LO QUE ESTAMOS EN CONTRA, NO POR LO QUE ESTAMOS A FAVOR

Mencionaré esto de nuevo en el siguiente capítulo, pero cuando hablamos con aquellos que viven fuera de la iglesia, encuentro que nosotros los de la iglesia somos más conocidos por lo que estamos en contra políticamente que lo que defendemos espiritualmente. Cuán triste es esto, puesto que deberíamos ser conocidos por ser iglesias que aman apasionadamente a Dios, se aman unos a otros y aman a las personas. Debiéramos ser conocidos por ser seguidores de Jesús, por servirle, por servirnos unos a otros y a nuestra comunidad. Debiéramos ser conocidos por ayudar a los necesitados, por interesarnos en los marginados y por ser buenos vecinos. En su lugar, cuando las personas oyen acerca de los cristianos o de los líderes en los medios de comunicación locales y nacionales, o bien aparecemos como petulantes y enojados que señalan con el dedo a otros, o aparecemos como siendo tan alegres, con sonrisas ensayadas, que parecemos artificiales.

Estas son impresiones perdurables. No nos asombra que las personas tengan impresiones distorsionadas acerca de nosotros. La próxima vez que usted vea que entrevistan a cristianos en la televisión, imagínese verlos a través de los ojos de las personas fuera de la iglesia. Si eso es todo lo que ve de los cristianos, ¿qué pensaría usted?

LA TERCERA RAZÓN POR LA QUE VEN A LA IGLESIA COMO UNA RELIGIÓN ORGANIZADA

Aquí viene la tercera razón por la que ellos ven a la iglesia como una religión organizada: *La iglesia está dirigida por líderes que funcionan como Directores Ejecutivos y desean poder y control.*

En muchas iglesias, especialmente las más grandes, nuestro uso de las palabras apoya la impresión de que la iglesia es una religión organizada. En la mayor parte de nuestra historia, los títulos primarios que teníamos para los líderes de iglesia eran pastor o ministro o incluso reverendo. Estos títulos reflejan la función del pastor como el que cuida del bienestar espiritual de los cre-

«¿El pastor asistente? Por favor... mi título es "vicepresidente para el ministerio de adoración"».

Cartoon by Nick Hobart from *Leadership* journal. Used with permission.

yentes. Los pastores cuidan y alimentan el rebaño del Señor y se dan cuenta cuando una de las ovejas falta. Pero desde 1980 las iglesias empezaron a aplicar a la iglesia principios del mundo empresarial. Los pastores y líderes empezaron a usar vocabulario y metáforas del mundo de los negocios, incluyendo el agregar descripciones de negocios a nuestros títulos, tales como pastor ejecutivo, pastor principal, administrador financiero jefe, asistente ejecutivo para el pastor principal, la junta directiva, el equipo de administración, y otros.

Para muchos de la generación de los «baby boomers» esto tenía sentido. Ellos querían que sus iglesias estuvieran dirigidas de manera inteligente y eficaz, y los títulos relacionados con los valores y contexto de las personas pueden ayudar a entender las funciones en la iglesia. Un ejecutivo del mundo de los negocios puede apreciar saber que su iglesia tiene un pastor ejecutivo que dirige el equipo ministerial y la administración de la iglesia. Tenemos también que admitir que sea lo que sea que elijamos para nuestros títulos refleja nuestros valores y cómo queremos ser vistos por los demás, como lo ilustra el chiste de la página anterior.

Leí no hace mucho un artículo en una revista de negocios que hablaba del crecimiento de las grandes iglesias y grandes negocios en el mundo de la iglesia. En las fotos que aparecían en esa iglesia, la vestimenta del pastor, su porte y las poses encajaban bien las imágenes del mundo de negocios. Para aquellos que valoran las iglesias funcionando como una corporación o negocios, como lo hacen muchos «baby boomers» [los de la generación de la postguerra], esto estaba bien y tenía sentido. Pero en nuestra cultura emergente, eso no representa la idea que ellos tienen de Jesús, puesto que eso equipara a la iglesia con grandes negocios y solo sirve para reforzar la idea de que la iglesia en una religión organizada.

Los líderes de iglesia parecen enfocarse más en actuar como empresarios que recaudan fondos para construir edificios más grandes para sus propias corporaciones de organizaciones religiosas que en dedicar tiempo para enseñar acerca de acciones sociales a favor de los pobres. Pienso que Jesús se habría interesado mucho más en recaudar dinero para los pobres que en la construcción de otro gran centro religioso donde la gente se sienta con comodidad y siguen el espectáculo a través de grandes pantallas donde pueden ver muy bien al pastor gerente ejecutivo.

ALICIA

Entiendo perfectamente la necesidad de construir nuevos edificios de iglesia que estén bien equipados, y la mayoría de las iglesias tienen buenas razones para hacerlo. Dios usa edificios en su reino para la extensión del evangelio de su Hijo Jesucristo. ¿Pero qué si usted no conoce los corazones de los pastores y líderes de iglesia? ¿Qué si usted solo ve una serie de grandes y elaborados edificios? ¿Qué si usted solo ve los finos trajes y las poses de los pastores de las grandes iglesias siendo entrevistados en la televisión? Los pastores de las grandes iglesias suelen tener un tipo de personalidad fuerte e imponente, lo que es entonces percibido como la norma de los pastores o líderes de iglesia. ¿Qué si usted solo ve estas pequeñas piezas parciales del conjunto y no conoce en realidad los corazones de esos pastores y líderes? ¿Qué ocurriría si usted fuera a hablar con uno de esos pastores? Veamos lo que sucedió cuando una mujer en sus treinta años hizo exactamente eso.

> Fui a visitar la oficina de una iglesia, y sentí que era como entrar al bufete de un abogado o algo así. Tuve que ir primero a la recepcionista, que se encontraba hablando con otra secretaria mediante el sistema de intercomunicaciones. Entonces tuve que sentarme y esperar como si fuera a visitar al presidente de una corporación importante. Cuando al final entré a la oficina, sentí que aquello estaba más tenso que la oficina del agente mobiliario con el que trabajaba. Saqué la impresión de que yo era más una interrupción que alguien que andaba buscando ayuda espiritual. — IMPRESIONES DE DE UNA MUJER DE UNOS TREINTA AÑOS DESPUÉS DE SU VISITA A LA OFICINA DE UNA IGLESIA.

Hablé con un hombre de veintinueve años que toca la batería en una banda de música (no Gary) que asiste a una iglesia grande e incluso da sus diezmos y ofrendas allí. Se sintió muy desilusionado cuando trató varias veces de tener una cita con uno de los pastores, y no era ni siquiera el pastor principal. Estaba bien fastidiado y me dijo algo como esto: «Reciben mi dinero pero no tienen tiempo para verme a mí». Entiendo el dilema; no resulta fácil atender las necesidades de cada persona en una iglesia numerosa y creciente y reunirse con todos los que quieren hablar. Creo firmemente y estoy completamente comprometido con Efesios 4:11-12, que nos enseña que los líderes de la iglesia debieran capacitar a otros para la obra del ministerio de forma que los ministros pagados no tengan que ser los únicos que atienden a las personas. Pero en este caso, la impresión que sacó la persona de la iglesia como una religión organizada y de un negocio había quedado reforzada.

¿SON ESCUCHADOS LOS LÍDERES JÓVENES DE SU IGLESIA?
Una cuestión principal que tenemos que tratar es si los líderes jóvenes tienen un lugar de liderazgo y se les escucha en nuestras iglesias. Con mucha frecuencia solo los líderes adultos tienen la mayor parte de la autoridad. Por supuesto, los líderes de mayor edad tienen sabiduría y experiencia, ¿pero qué acerca de los que influencian y forman a los más jóvenes? Los músicos que escriben himnos

que ejercen influencia en un nivel nacional y global están principalmente en sus veintitantos. La creatividad y la capacidad innovadora de los individuos en sus veinte y treinta años son usadas en el mundo secular y en el mundo de la música, ¿pero se les están dando un lugar y oportunidad para ayudar a la formación de la iglesia? ¿Cuán fácil es para un líder joven de su iglesia acceder a un lugar de influencia e innovación? Esta es una cuestión importante, porque si usted no está abriendo oportunidades para que los más jóvenes aporten ideas e iniciativas para el bien de la iglesia usted está apagando sus corazones y mentes y reforzando la idea de que están sometidos en una religión organizada y jerárquica. Los individuos en sus últimos años de adolescencia y primeros de sus treinta años tienen mucho optimismo, idealismo y celo. Históricamente, podemos ver a individuos en esas edades empezando toda clase de movimientos y nuevas formas de pensamiento. Juan Calvino tenía veintiséis años cuando escribió *Instituciones de la Religión Cristiana*. Bill Hybels y Rick Warren tenían veintitantos años cuando empezaron iglesias innovadoras que cambiaron la cara de la iglesia en los Estados Unidos. Pero con frecuencia nosotros no prestamos atención a las voces más jóvenes, y nos perdemos las buenas ideas que ellos tienen para ofrecer que podrían ayudar a la iglesia. Necesitamos escucharlos y tener un lugar para que ellos expresen sus ideas y se involucren en el liderazgo a un nivel más elevado. En muchas iglesias, incluso en iglesias pequeñas, establecemos estructuras jerárquicas que desalientan todo deseo de los jóvenes de ayudar para traer innovación y cambio a un nivel superior.

Erika, que está inmersa en los estudios del medioambiente y busca un master en paisaje arquitectónico, tiene una personalidad efervescente, y cuando ella habla de Jesús, su entusiasmo en evidente, especialmente cuando habla acerca de la enseñanza de Jesús sobre el amor y el cuidado de los pobres y de los necesitados. Pero al hablar de la iglesia y de sus líderes, su expresión cambia inmediatamente. Es muy sensible en cuanto a la iglesia como una religión organizada.

> *La iglesia tiene muchos niveles de jerarquía. Se parece a la presidencia, con el pastor como el presidente y ejerciendo poder sobre sus miembros.* ERIKA

Erika no está sola. Muchos parecen pensar que la iglesia hoy tiene líderes que establecen estructuras con el fin de hacerse con el poder y control de las personas. La percepción exterior de que la iglesia es como una empresa ayuda a esa impresión de que es una religión organizada. Richard Halverson, un anterior capellán del Senado de Estados Unidos, puso la historia en perspectiva con esta observación: «Los historiados de la religión suelen decir que el cristianismo nació en el Medio Oriente como una religión, entró en Grecia y se convirtió en una filosofía, penetró en el Imperio Romano y se convirtió en un sistema legal, se extendió por toda Europa como una cultura, y cuando se traslado a América, el cristianismo se transformó en un gran negocio».[12]

> «LOS HISTORIADOS DE LA RELIGIÓN SUELEN DECIR QUE EL CRISTIANISMO NACIÓ EN EL MEDIO ORIENTE COMO UNA RELIGIÓN, ENTRÓ EN GRECIA Y SE CONVIRTIÓ EN UNA FILOSOFÍA, PENETRÓ EN EL IMPERIO ROMANO Y SE CONVIRTIÓ EN UN SISTEMA LEGAL, SE EXTENDIÓ POR TODA EUROPA COMO UNA CULTURA, Y CUANDO SE TRASLADO A AMÉRICA, EL CRISTIANISMO SE TRANSFORMÓ EN UNA GRAN NEGOCIO».

¿QUÉ PODEMOS APRENDER DE ESTAS PERCEPCIONES ERRÓNEAS?

Más bien que ignorar las falsas percepciones de la iglesia, debemos tratarlas y tomarlas seriamente. ¿Cómo podemos tratar la percepción errónea de que la iglesia es una religión organizada con una agenda política?

Podemos estar organizados sin ser una religión organizada

Todos necesitamos organización: en nuestras escuelas, hospitales, e incluso en nuestros automóviles. Nuestras computadoras y teléfonos celulares tienen organizada la información que queremos utilizar en ellos. Nuestros cuerpos son sumamente complejos con sistemas circulatorios, nervioso, digestivo, del esqueleto, y otros sistemas bien organizados para que puedan funcionar juntos. No hay, pues, duda que para funcionar bien en la vida necesitamos organización.

Sin embargo, hablar de la religión como organizada causa críticas fuertes y reacciones negativas. ¿Por qué? Porque la religión cristiana es una relación personal con el Dios vivo, con una familia de iglesia y con otras personas. Pero en toda relación o familia, la organización es necesaria. Por ejemplo, las comidas familiares requieren organización para buscar los alimentos que necesitamos, cocinarlos de una cierta manera, y asegurarse también de que hay sillas puestas alrededor de la mesa. Del mismo modo, una iglesia necesita una cierta organización. En realidad, no creo que el estar organizados sea lo que despierta las críticas. Más bien, la crítica viene sobre cómo nos ven las personas a través de nuestras actitudes, y la manera en que comunicamos cómo estamos organizados y cómo practicamos nuestra fe.

En el epígrafe a este capítulo, Madonna, la conocida cantante pop, nos dice que ella no encuentra nada malo con las enseñanzas de Jesús. (Me gustaría mucho tener una conversación con ella para saber lo que ella quiere decir con eso.) Pero agrega que ella no confía en la religión organizada. No obstante, Madonna se relaciona con una religión organizada en Cábala. He leído libros sobre Cábala, he entrado al lugar nacional que tienen en la Web y he recibido sus correos electrónicos. Puedo decir con confianza que ellos son una fe organizada. Pero son muy cuidadosos en cómo lo proyectan. De modo que están organizados, pero no son una religión «organizada». Creo que a la gente no le preocupa que la religión esté organizada en una forma sana.

Erica, la esposa de Gary, me dijo esto acerca de la religión organizada:

> *En concepto la religión organizada está bien y no es malo en sí mismo. Hay necesidad de una estructura y de un liderazgo bien enfocado y de lo que una iglesia hace. Eso no me preocupa. Pero lo que sí me preocupa es cuando una iglesia se organiza con la intención de controlar y manipular a las personas, como en la política. Ya no estamos en la Edad Media (la Era de la oscuridad). No tenemos que sentarnos y obedecer ciegamente a los líderes religiosos que tratan de controlarnos como lo hicieron en épocas pasadas.*

Si estamos tratando de desarrollar una perspectiva sana de nuestra necesidad de estar organizados, podemos sacar ejemplos de la Biblia, tales como Jesús organizando a los discípulos o Jesús y los preparativos para la comida de la Pascua. Él hizo estas cosas para facilitar el ministerio, no para controlar. Otros ejemplos clásicos incluyen Éxodo 18, donde Jetro, el suegro de Moisés, recomendó una cierta estructura y organización con el propósito de que más israelitas fueran servidos y Moisés no quedara agotado por el exceso de trabajo. O considere Hechos 6:1-7, donde la iglesia naciente se vio en la necesidad de crear una estructura organizacional con el fin de atender mejor las necesidades de los miembros de la iglesia. Comunicar las razones subyacentes para ejemplos bíblicos de organización puede ayudar a minimizar las connotaciones negativas. Todo comienza con comunicar claramente esas razones a las personas dentro de nuestras iglesias de modo que ellos puedan explicarlas cuando hablan sobre el liderazgo de la iglesia con los que viven fuera de la congregación. De esta forma podemos ayudar a deshacer los estereotipos.

El peligro de la organización inorgánica

En nuestra iglesia, estamos tratando de establecer un ambiente en el que los pastores y miembros del equipo ministerial no son vistos como en posiciones más elevadas que todos los demás desde la perspectiva organizacional. Es muy peligroso permitir que se filtre toda la mentalidad de Director-Gerente de arriba abajo, creando una religión organizada en una forma errónea. Es también peligroso dar demasiado poder y control a un solo pastor. El poder y el control pueden corromper incluso a las personas buenas. Cuando una iglesia desarrolla una cierta élite en el liderazgo, puede crear fácilmente una cultura de religión organizada. De modo que nosotros evitamos por todos los medios la mentalidad de superlíder. En realidad, nos esforzamos en ir hacia el otro extremo enfatizando constantemente que nosotros somos siervos de los creyentes y de los voluntarios de la iglesia. Procuramos establecer un ambiente en nuestra iglesia basado en Efesios 4:11-12, en el que la mayoría de los creyentes, no solo los ministros y empleados pagados, estarán organizados, en el buen sentido de la palabra, para pastorear, conocer, cuidar y guiar a los creyentes en la iglesia. Nos esforzamos por crear una cultura y una estructura en la que los ministros pagados se enfocan en capacitar a los creyentes para la obra del ministerio. Si tenemos éxito en lograr eso, entonces los que son parte de la asistencia regular de la iglesia tendrían satisfechas muchas de sus necesidades, puesto que la iglesia está funcionando como una comunidad que no depende de los ministros pagados o de elevados niveles de liderazgo. No tendremos que luchar con problemas de jerarquía, dado que el liderazgo está extendido, haciendo que resulte fácil el acceso a los que toman decisiones. No obstante, hay algo de estructura y niveles de liderazgo, pero la meta del liderazgo es ver a los miembros de la congregación poseer, compartir y desarrollar la visión de la iglesia usando sus dones, personalidades y habilidades.

¿Enfocados en el predicador o en enfocados en Cristo Jesús?

Piense en cómo coloca usted a los líderes en sus reuniones de adoración en la iglesia. Generalmente las iglesias los colocan en el centro focal de atención en el cuarto, lo que es comprensible, puesto que las personas necesitan ver a los líderes cuando estos hablan. En años recientes, sin embargo, especialmente en las iglesias grandes, hemos añadido la proyección del predicador en grandes pantallas. Cuando hacemos eso, necesitamos ser muy cuidadosos de que eso queda equilibrado mediante la comunicación constante de que la iglesia no está basada en la habilidad comunicativa del predicador sino en Jesucristo.

Incluso el lugar donde colocamos el púlpito demuestra nuestros valores. Antes de la Reforma del siglo XVI, los fieles no tenían acceso a las Escrituras, y líderes corrompidos de la iglesia usando mal las Escrituras para su propio beneficio. Para corregir eso, los predicadores de la Reforma empezaron a colocar los púlpitos en un lugar céntrico y destacado con el fin de enfatizar la autoridad de las Escrituras. Eso tenía mucho sentido entonces por todo lo que estaba ocurriendo culturalmente. Pero en la cultura emergente de hoy, el púlpito en un lugar elevado y centra solo sirve para recalcar que el predicador es el centro de atención. Usualmente ni siquiera pueden ver la Biblia, y la elevación de predicador refuerza la idea de jerarquía, el sentimiento formado por el hombre de la religión organizada. Y no es simplemente un asunto de las grandes iglesias. Sucedió una en una iglesia muy pequeña, y fue asombroso que el predicador estuviera detrás de un púlpito a bastante distancia de las fieles, más bien que acercarse a los oyentes en el aquel pequeño escenario.

En nuestra iglesia, hacemos todo lo que podemos para limitar el sentido de separación entre los ministros pagados y los miembros. Para las reuniones de adoración, hemos colocado una cruz grande y visible allí donde el predicador normalmente se para. Cuando yo predico, estoy debajo de la cruz y un poco a un lado de la misma. Subo a un pequeño estrado con el fin de que todos puedan verme, pero nuestro deseo es dejar bien en claro quien es el más prominente en aquel lugar. Es Jesús, no el predicador. También tenemos instalados a los músicos que ayudan en la adoración debajo de la cruz y no en el centro del estrado. Queremos promover la idea fundamental de que esta no es una religión hecha por hombres, que nosotros estamos sirviendo a Cristo Jesús, que los líderes no están desarrollando un programa en el que ellos son la pieza esencial. Jesús es el centro de toda nuestra atención. Fui no hace mucho a una iglesia en la que había tres mil personas, principalmente de veinte y treinta años. Habían instalado el estrado en el centro del salón, más bien que en uno de sus extremos. Estaba elevado con el de que fuera visible para todos, pero tenerlo en el centro lograba que el predicador estuviera claramente menos lejos de las personas. Los miembros de la banda de música se encontraban en un rincón de la plataforma, todos mirando al frente con el fin de no llamar la atención hacia ellos. . Bien que su congregación sea una megaiglesia o una pequeña, usted puede encontrar formas de comunicar que su iglesia no está centrada en los ministros pagados o en la separación de pastores y los oyentes.

¿La clásica iglesia en la casa o la gran iglesia espectáculo?

No subestime el poder del arreglo que hacen de las bancas en el templo. La forma en que ustedes se sientan en el templo para los momentos de adoración y predicación puede establecer un ambiente de un tipo de espiritualidad de familia orgánica en vez de una religión organizada. Nos hemos alejado de verdad mucho de las reuniones clásicas de la iglesia de la primitiva iglesia, que se reunía en las casas. Ellos contaban con líderes y enseñanza, pero la cultura de la iglesia en las casas hacia mucho más fácil tener un sentido de familia y comunidad. Hoy tenemos espacios gigantes con montaje de teatros y luces en el estrado. En las iglesias pequeñas tenemos bancas que están ordenadas en una posición fija frente al estrado, donde el predicador y los líderes son los actores principales. No estoy diciendo que tenemos que regresar a tener solo la iglesia en las casas. Nosotros estamos viviendo en un tiempo y cultura diferentes. Pero necesitamos pensar en cómo los espacios donde nos congregamos hacen hincapié en nuestros valores.

En nuestra iglesia, todavía tenemos reuniones de fines de semana con asistencia muy numerosa y confiamos en ver que Dios nos usa para ayudar a cientos y miles de personas en nuestra comunidad para confiar en Jesús y convertirse en sus seguidores. No todo lo que hacemos puede hacerse en los hogares, porque somos demasiados para poder reunirnos todos juntos en una casa. Pero además de la gran reunión de los fines de semana, nosotros hacemos hincapié en comunidades en los hogares que se reúnen en las casas durante la semana como una manera de conectarse y de formar auténtica comunidad. Estas comunidades son diferentes de las células o grupos pequeños; en su lugar, nosotros tratamos de definirlos como miniglesias. Entonces en el fin de semana, todas estas miniglesias se juntan para una gran reunión de adoración. Aun en estas grandes reuniones, las iglesias pueden organizar la manera en que los participantes se sientan para que aquello no sea simplemente hileras de bancas mirando todas en la misma dirección. Conozco una iglesia que retiró todas las bancas y preparó sillas cómodas en el salón de cultos. Cuando usted entra en el lugar usted tiene la sensación de comunidad y familia en vez de asientos controlados y de religión organizada. Estuve también en otra iglesia de varios cientos de miembros todos ellos en sus años veinte y treinta que tienen organizado el espacio como una cafetería con pequeñas mesas y sillas, y el pastor habla desde el centro del salón. De nuevo, estos arreglos del espacio tienen la intención de eliminar la idea de jerarquía y enfatizar los valores clásicos de familia y comunidad incluso en grandes reuniones. Cuando usted estudia la arquitectura de templos, por más de 1.300 años los templos no tenía bancas o asientos en hilera. Cuando los instalaron se rompió la dinámica de la adoración y del grupo. No estoy diciendo que sentar a las personas en hileras de bancas es automáticamente malo. Si Dios está haciendo crecer a su iglesia a un tamaño grande, puede que usted no cuente con otra posibilidad sino sentar a los oyentes en hileras de asientos. Pero si ese es el caso, eso significa que es muy importante la manera en que usted enseña a la iglesia que es una familia orgánica y explica como las grandes congregaciones encajan en ese concepto e idea. Yo sé que puede hacerse. He visto a grandes congregaciones que se sientan en hileras de asientos, y no obstante, es evidente que sus valores y enseñanzas no promueven la jerarquía y la religión organizada.

En una website cristiana satírica hay un artículo que se burla del abordamiento de iglesia estilo cinema-teatro.[13] Una foto en el artículo muestra un centro de cinema-teatro que había sido transformado en lugar de reuniones cristianas. Usted entra allí, deja a sus hijos en la guardería de niños, y entonces elige lo que más le apela o le gusta en una selección de «Treinta sermones ahora en marcha». Otra foto en el artículo muestra a los ujieres (o acomodadores) cortando la esquina de los boletines al entrar en el teatro, como si los boletines fueran las entradas al espectáculo. Por favor entiéndame, conozco muchas iglesias maravillosas y crecientes que se reúnen en edificios de cinemas o con apariencia de teatro. Lo que necesitamos es estar seguros de que, independientemente de dónde nos reunamos, la iglesia no es un espectáculo donde vamos a sentarnos pasivamente y ver a otros actuar. Necesitamos recalcar todo lo que podamos que la iglesia es una familia orgánica en misión, no simplemente un espectáculo de los domingos.

Del Hijo del Hombre sin hogar a un escenario estilo cinema con grandes pantallas

Imagínese tener veintitrés años y estar interesado en Jesús. Usted, que ha leído la vida de Jesucristo, nota que él tenía un gran corazón para los pobres y vivió como un nómada, enseñando en las laderas de las colinas, caminando con pescadores y relacionándose con los marginados, los mendigos y los paralíticos. Cómo entró en

Imagen usada con permiso de Larknews.com

el templo y trastornó las mesas de los cambistas. Cómo se iba a lugares tranquilos para descansar y orar. La imagen que usted tiene de Jesús es llevando sandalias, caminando por sendas polvorientas y hablando con las personas.

Usted también ha estado leyendo como la iglesia se reunía en las casas en un estilo informal y familiar, cómo ellos formaron relaciones en estas pequeñas reuniones en los hogares y oraban unos por otros al tiempo que cumplían con sus tareas cotidianas y llevaban a cabo su misión. Ha leído cómo los creyentes en la iglesia naciente disfrutaban comiendo juntos en estos hogares, y se imagina que hubo mucho diálogo durante esas comidas. Usted saca esas imágenes de este «cristianismo clásico» y piensa en cómo la iglesia estaría funcionando en aquel tiempo.

Ahora se imagina entrar a una reunión de adoración típica de hoy: bancas todas colocadas en hileras bien dispuestas, sonando música de órgano y todos los participantes con trajes y corbatas y los ministros revestidos con togas. O a un lugar lleno de asientos cómodos estilo cine-teatro frente a un gran escenario, con una proyección de Power-Point. Bandas que tocan música pop con fuerte volumen y sistemas avanzados de iluminación y sonido. Usted se sentirá bastante aturdido y le llevará un tiempo adaptarse después de haber leído la vida de Jesús. Probablemente no será capaz ni siquiera conectar de forma remota lo que ha leído acerca de Jesús y de la naciente iglesia con lo que está viendo y experimentando hoy. Por favor entienda, en nuestra iglesia nosotros usamos el Power-Point, la música pop, videos e iluminación. Pero tratamos constantemente de equilibrar eso con la enseñanza de lo que es de verdad la iglesia y la adoración para que los participantes no queden confundidos.

Estas cosas de verdad ayudan

Hace dos semanas alguien me paró en el vestíbulo del edificio donde se congrega nuestra iglesia. Una joven de veinte años me dijo que recientemente había orado en el culto de adoración para hacerse cristiana. Le pregunté qué la había llevado a esa decisión, y resultó que todo empezó con las relaciones. Después de confiar en las personas con las que se estaba relacionando, ella decidió acudir a nuestros cultos de adoración. Me habló con todo detalle de lo que vio en el salón y de cómo lo primero que observó fue el lugar central de la cruz. Me dijo que la había gustado ver a Jesús representado en el simbolismo de la cruz y que yo me encontraba allí debajo de la cruz. Para ella eso fue importante y eliminó toda idea de que nosotros éramos una religión organizada por hombres enfocada en el líder. Y también observó que el arreglo de los asientos en el templo era una clara indicación de que éramos una comunidad de «seguidores de Jesús» (sus palabras).

Por favor no sienta que estoy juzgando a las iglesias que tienen bancas o asientos de cine, grandes pantalla para videos y luces, o a los predicadores que predican desde plataformas elevadas. Dios trabaja en muchas formas y en todo tipo de escenarios. Para el propósito de este libro, estoy solo transmitiendo lo que algunas personas de fuera de la iglesia están observando y están diciendo que influencia sus pensamientos sobre la iglesia como una religión organizada. Cuanto más grande sea su iglesia, tanto más atención necesita usted prestarle a esto.

Una iglesia sofocada con organización

Otra forma en que la iglesia da la impresión de ser una religión organizada es mediante la formación de una infraestructura que estrangula la iglesia y no permite los cambios saludables y necesarios, ni que los más jóvenes sean oídos, o la habilitación de líderes jóvenes. Recientemente estuve en una iglesia cuya membresía estaba envejeciendo y no ven que muchos jóvenes se estén haciendo miembros de la misma. Al ir entendiendo su estructura de liderazgo, me quedé asombrado. Para simples decisiones, usted tenía que pasar por dos o tres comités, y podía pasar un mes antes de recibir una respuesta una simple pregunta sobre cualquier asunto. La organización, los comités y el proceso de toma de decisiones de esta iglesia la están estrangulando con su burocracia y control. No dejaba de preguntarles: «¿Por qué necesita usted un comité para decidir sobre eso?». y las respuestas, seriamente, solían ser: «Porque siempre lo hemos hecho de esta forma» y «El comité está encargado de esas cosas». No sorprende que no haya muchos jóvenes que vayan a esa iglesia. Han montado una estructura tan rígida para no permitir, o como mínimo desanimar, nuevas ideas y voces más jóvenes para participar. Me puedo imaginar la frustración de los más jóvenes llenos de energía e iniciativas que quieren participar y sugerir cambios en la iglesia, solo para quedar desinflados por la organización y los comités. Esas iglesias están reforzando la idea de que la iglesia es una religión organizada, más que una comunidad dotada por el Espíritu Santo para servir juntos en una misión

Podemos habilitar líderes más jóvenes sin burocracia

He hablado con iglesias grandes que están haciendo grandes cosas para Dios con un liderazgo compuesto principalmente por personas de 50-60 años o mayores. Al hablar con los líderes más jóvenes del equipo ministerial de estas iglesias, así como con los miembros de la misma, me dicen generalmente que los jóvenes no tienen mucha voz en la toma de decisiones. Por lo general ellos sirven en ministerios específicos orientados a los grupos generacionales pero no son invitados a niveles más elevados de influencia en la dirección de la iglesia. La increíble ironía es que es ese grupo el que está formando nuestra cultura a través de la música, los medios de comunicación y nuevas ideas, pero la iglesia les cierra el paso a su influencia y creatividad. De modo que cuando la iglesia toma decisiones, los líderes más jóvenes no tienen voz en la dirección que toma la iglesia. Si esa es la situación de los líderes jóvenes, imagínese cómo es para los de las generaciones emergentes que no son parte del equipo ministerial y desean tener una voz en la iglesia y compartir nuevas ideas. De nuevo, la ironía es que la mayoría de las grandes iglesias que tienen muchos miembros entre 50-60 años fueron iniciadas por pastores jóvenes y líderes con voces nuevas e ideas innovadoras. Ellos entendieron que la cultura estaba cambiando y diseñaron sus iglesias para tener una cultura de cambio. Pero ahora muchos de estos mismos líderes de iglesia se van haciendo mayores y están limitando a los líderes más jóvenes para hacer lo que ellos hicieron cuando eran más jóvenes. Los creyentes jóvenes de la iglesia necesitan tener la oportunidad de aportar nuevas ideas a los líderes mayores; si no se les permite hacerlo, la iglesia aparece ante ellos como una religión organizada sin sentido de libertad o de cambio orgánico, y las generaciones emergentes se sienten muy desconectadas de la cultura de la iglesia.

Las iglesias que quieren cerrar esa brecha en el liderazgo pueden encontrar maneras de hacerlo. Una iglesia puede querer asegurarse de que tiene uno o dos ancianos o diáconos jóvenes en el consejo de la iglesia para servir como representantes de los jóvenes. Una iglesia puede establecer una estructura de capacitación de liderazgo, en el que los creyentes sin importar la edad, son capacitados en su tarea de dones y son invitados a servir en todas las áreas de liderazgo de la iglesia. Yo sugeriría que necesitamos ir más allá de solo involucrar a los jóvenes en ministerios para adolescentes o jóvenes-adultos; yo sugeriría tenerlos en todos los tipos de ministerio. Podemos pedirles continuamente a los jóvenes que sean parte del proceso de toma de decisiones para toda la iglesia. Puede que ellos tengan ideas que toda la iglesia necesita mucho, no solo los departamentos de jóvenes y jóvenes-adultos. No solamente necesitamos hacer más fácil para ellos estar involucrados, sino también mostrarles que son necesarios en todas las áreas de la iglesia y que nosotros respetamos sus opiniones relacionadas con la dirección de la iglesia. Es triste con cuanta frecuencia me he encontrado con líderes jóvenes capaces, entusiastas y en creciente desarrollo que han dejado sus iglesias porque no había espacio para sus voces. Los líderes de más edad en la iglesia controlaban las cosas, y aunque los líderes más jóvenes podían liderar en sus áreas específicas de ministerio, no podía tener influencia en la dirección general de la iglesia. Muchos se sienten frustrados y al final terminan marchándose. La iglesia entonces se va envejeciendo cada vez más porque no habilita a líderes más jóvenes ni crea una cultura en la que ellos puedan florecer.

Podemos darle vida y sentido a los rituales que se ven como controladores o muertos

Algunas de las percepciones erróneas de que la iglesia es una religión organizada tienen que ver con nuestras reuniones de adoración. Muchas iglesias se han hecho aburridas y ritualistas, y las personas de las generaciones emergentes las ven como estructurando y controlando la manera en que las personas adoran, más bien que guiarlas en la adoración. A lo largo de los siglos, la iglesia ha guiado a los fieles en la adoración corporativa con muchas directrices y procedimientos bellos; por ejemplo, directrices para levantarse, o recitar una oración, o leer una lectura antifonal. Estos «rituales» pueden ser muy bellos y significativos. Pero aparecen para la persona como sin vida y sin gozo y no son explicados, parecen minar la vida de la adoración relacional. Puede parecer como que los líderes están forzando a los creyentes a hacer estas cosas.

Creo que las generaciones emergentes aprecian de verdad el ritual y las prácticas de adoración que se han usado a lo largo de la historia de la iglesia. Pero necesitamos explicarlas y luego practicarlas con vida y significado o, como dijo Gary, pueden aparecer para los participantes como tipo de adoración controlado dictada por los clérigos.

Podemos ser sensibles al uso del púlpito para agendas personales

Necesitamos predicar y adoptar posiciones firmes en asuntos que la Biblia enseña claramente, pero al mismo tiempo, necesitamos ser cuidadosos en cómo nuestros propios prejuicios y opiniones se filtran en nuestra predicación. Debemos ser cuidadosos en evitar decir: «Jesús piensa esto…» cuando en realidad no sabemos lo que él piensa, usando a Dios y a Cristo sutilmente para apoyar nuestras opiniones. Estoy convencido que las generaciones emergentes están abiertas para escuchar cosas duras que van en contra de la cultura. No debiéramos tener temor de mostrar cómo Jesús dice algunas cosas muy fuertes. Pero cuando nosotros hacemos eso con una indicación, por leve que sea, de una actitud maloliente o con un corazón enojado o amargado, los demás nos ven como que estamos empujando nuestra propia agenda y reforzamos la percepción errónea de que la iglesia es una religión organizada.

Podemos dirigir sin los adornos del mundo corporativo

¿Recuerda la mujer que entró la oficina de una iglesia y sintió como que estaba en el bufete de un abogado en vez de en la oficina de un líder espiritual? ¿Qué vibraciones transmite la oficina de su iglesia a los visitantes? ¿Por cuántas llamadas, correos electrónicos, recepcionistas y otros requisitos tiene que pasar una persona para entrar en contacto con alguien en el liderazgo?

¿Qué acerca de los títulos para los líderes de la iglesia? Si estamos usando títulos tales como pastor principal o pastor ejecutivo, ¿nos hemos parado alguna vez a pensar en por qué estamos usando esos términos? Si hay solo un pastor en el equipo ministerial, ¿por qué usar el título de pastor principal? ¿Cómo son percibidos estos títulos por personas a las que no les gusta que se equiparen los negocios y corporaciones con el liderazgo espiritual? ¿Qué impresión da el boletín dominical de su iglesia? ¿Qué comunica gráficamente? ¿Con cuanta frecuencia aparece el nombre de Cristo Jesús en su boletín o en la literatura de su iglesia? ¿Está lleno su boletín con información acerca de programas y nombres del equipo ministerial, pero es difícil de encontrar a Jesús? ¿Verán las generaciones emergentes, que son respetuosas de Jesús, a Jesús en la cultura de su iglesia? ¿O verá y oirán más acerca de los líderes de la iglesia que acerca de Jesús, que a final de cuentas es el líder de los líderes (Ef. 1:22; 5:23)?

Estas son pequeñas cosas, pero en una cultura emergente que critica a la iglesia por ser una empresa y una religión organizada, todo ayuda a la percepción errónea. Mientras que a muchos puede que no les importe para nada eso de los títulos de empresa, el uso de eso títulos para los líderes espirituales no cae muy bien con miembros de la cultura emergente y refuerza la percepción de la iglesia como una religión organizada. En nuestra iglesia, nosotros usamos el título «pastor» en todo lo que imprimimos, pero no etiquetamos nuestras funciones en orden jerárquico o antigüedad. Estamos decididamente estructurados con un liderazgo organizado, pero evitamos exhibir la jerarquía en nuestros títulos. En mis tarjetas de presentación, no pongo ninguna otra cosa que mi nombre y apellido, junto con el nombre de la iglesia y otra información. No veo la necesidad de promover títulos y rangos cuando el ministerio es acerca de relaciones y servicio. He estado en una iglesia emergente que incluso llama a todos sus voluntarios «equipo ministerial». Me resultó extraño y confuso cuando los visité, dado que la iglesia cuenta con 250 miembros y saludé a veinte o más que se presentaron a sí mismos como miembros del «equipo». Me pareció increíble que allí tuvieran un equipo ministerial tan numeroso. Pero el pastor principal me explicó que la iglesia quiere promover el valor de que los voluntarios son tan importantes como los ministros pagados. ¿Y quiénes son los que se sienten atraídos por esa iglesia? Las personas de las generaciones emergentes, muchos de fuera de la iglesia. Nosotros no decimos que nuestros voluntarios son parte del equipo ministerial, pero hacemos todo lo que podemos para crear un sentimiento de jerarquía corporativa.

LA VERDAD DENTRO DEL CLICHÉ

Estamos viviendo en un tiempo maravilloso cuando hay mucha apertura a Cristo Jesús e incluso a sus enseñanzas en contra de la cultura. Pero algunos de los adornos que hemos añadido a nuestra fe se pueden entrometer en el camino a Jesús y sus enseñanzas. Él vino a liberar a las personas de la religión organizada de su tiempo, cuando los líderes religiosos habían quedado enlodados en el legalismo, el poder, el control y otros adornos de la religión. Con todo lo duro que pueda sonar, Jesús no vino a hablarnos acerca de religión; sino que es verdaderamente acerca de relaciones.

Y no es solo sobre la relación del individuo con Dios; sino es también acerca de la relación con la comunidad de la fe. Cuando entramos a la comunidad de una iglesia, nos sumergimos en una relación comunal maravillosa y desordenada con Dios. Sí, necesitamos organización, como toda familia, la

> La iglesia es una religión organizada con una agenda política.

> La iglesia es una comunidad organizada con un corazón dispuesto a servir a otros.

Confío que, después de haber leído algunos de los comentarios de personas de las generaciones emergentes en este capítulo, seremos capaces de examinar sinceramente cómo podemos estar reforzando el concepto negativo de la iglesia como una religión organizada. Pequeñas cosas ayudan a hacer una grande diferencia. Quiera Dios que hagamos más fácil para las personas de las generaciones emergentes que andan buscando a Jesús que puedan verlo en nuestro medio.

VEA A SU IGLESIA
A TRAVÉS DE LOS OJOS
DE LAS GENERACIONES EMERGENTES

1. ¿Cómo definiría usted la *religión organizada*? ¿Ve usted a su iglesia como estando organizada en una manera buena? ¿Qué si está organizada en una forma mala?

2. ¿Cuáles son algunos ejemplos de cómo las iglesias agregan hoy a las Escrituras sus propias o inclinaciones políticas? ¿Ha ocurrido eso alguna vez en su iglesia? ¿Cómo?

3. ¿Hay algunos rituales y prácticas de adoración en su iglesia que se han hecho rutinarias y no son bien explicadas a las personas? ¿Cómo puede usted asegurarse de que las partes organizadas de sus cultos son vistas por los demás como una adoración vibrante y relacional con Dios?

4. Imagine que un visitante desconocido visita sus reuniones de adoración del fin de semana. ¿Qué verá el visitante que apunta claramente a Jesús como la razón suprema de su reunión? ¿Con cuánta frecuencia se menciona el nombre de Jesús? ¿Percibiría un visitante en una forma negativa que su iglesia a adoptado actitudes propias del mundo empresarial o de títulos que suenan más bien a religión organizada? Si es así, ¿cuáles son algunos ejemplos? ¿Qué hacen ustedes para diferenciarlos?

5. Esta puede ser una pregunta difícil para hacérsela a usted mismo, pero basado en lo que usted comunica sutilmente y sin intención, ¿describirían las personas su iglesia como centrada en Jesús o centrada en el pastor principal?

6. ¿Qué valores comunican a la cultura emergente el uso que ustedes hacen del espacio en sus reuniones semanales?

7. ¿Con qué facilidad puede una persona de veinticinco años involucrarse en la vida de su iglesia en una forma significativa? ¿Cuántos obstáculos tendría que saltar para poder pasar? ¿Puede usted decir con sinceridad que respeta a alguien de esa edad que está caminando con Dios, y que usted le ayudaría a descubrir los dones que Dios le ha dado para capacitarle como un líder en su iglesia? ¿Cómo está formando e integrando a los líderes jóvenes en su iglesia?

La iglesia es condenatoria y negativa

6

> Crecí en una iglesia, pero ahora soy budista. Cuando di a luz a mi hija, quise que ella tuviera una formación espiritual. Sin embargo, no quería que ella llegara a ser como los cristianos de la iglesia que conocí. Ellos eran siempre negativos y se quejaban de casi todo, y yo quería que mi hija tuviera un ambiente positivo. Me hice budista porque ellos son mucho más amorosos y pacíficos que los de la iglesia.
>
> JENNINE
> PROPIETARIA DE UN SALÓN DE BELLEZA

No podía creer lo que estaba oyendo. Maya, la mujer que usualmente cortaba mi cabello, se había trasladado a Austin, Texas, así que andaba buscando otra peluquería. Terminé conversando con Jennine, la dueña del salón, que ahora anda en sus treinta años. Mientras ella cortaba mi cabello, me preguntó en qué trabajaba, y le hablé de la iglesia en la que yo servía. Y al final la pregunté acerca de sus propias creencias, y ella me dijo que era budista, y no una simple simpatizante. Ella se toma la espiritualidad budista con seriedad, y se reúne una vez a la semana con alguien que la capacita en el budismo y la meditación. Eso no es lo que me pilló desprevenido, dado que un número creciente de personas se sienten atraídas por alguna forma de budismo. Lo que me llamó más la atención fue más bien su siguiente comentario, que es la cita que aparece en el epígrafe de este capítulo. Me contó que ella se hizo budista porque deseaba que su hija tuviera una formación espiritual, y decidió que el budismo sería mejor para ella que una iglesia cristiana porque los cristianos que ella había conocido era siempre negativos, se quejaban de casi todo y juzgaban a los demás. Ella quería algo más positivo y amoroso para su hija.

Aquello fue algo desalentador y deprimente de oír. Ella veía a los cristianos como individuos negativos, condenatorios de los demás y quejosos. ¿No se supone que debemos ser conocidos por todo lo opuesto? ¿No deberíamos ser conocidos como gente gozosa a pesar de toda circunstancia adversa? ¿No se supone que somos nosotros los que debemos impartir esperanza y ánimo a los que nos rodean? Jesús dijo: «Yo he venido para que tengan vida, y la tengan en abundancia» (Jn. 10:10). Él no dijo que había venido para que nos convirtiéramos en negativos, condenatorios y quejosos. Gálatas 5:22-23 dice: «El fruto del Espíritu es amor, alegría, paz, paciencia, amabilidad, bondad, fidelidad, humildad y dominio propio». Jesús nos dice que se espera que nosotros seamos sal y luz (Mt. 5:13-16) para otros, de manera que puedan ver algo en nosotros que los lleve a Jesús. Pero la experiencia de Jennine fue todo lo opuesto. Ella no solo se sintió repelida por los cristianos sino que fue también atraída por el budismo porque los budistas tienen mejor reputación que los cristianos.

«ABORREZCO TRABAJAR LOS DOMINGOS, PORQUE ESE ES EL DÍA CUANDO LOS CRISTIANOS ENTRAN»

Me gustaría poder decir que este es un incidente aislado, pero no lo es. En mis entrevistas para este libro, así como en otras muchas conversaciones, esta negativa impresión surgió una y otra vez. Cuando no hace mucho hablé con varios cientos de obreros para jóvenes y les pregunté que mencionaran algunas de las percepciones que ellos notan que las personas fuera de la iglesia tienen de los cristianos, las palabras criticones, negativos y condenatorios las dijeron muchas veces. Y en otra conferencia en la que estuve hablando, conversé con una miembro del equipo organizador de la conferencia. Me contó que había dejado la oficina de la iglesia en el templo y se había ido a estar con las personas en una cafetería en Dallas varias veces a la semana. Al ir haciéndose amigo de los empleados que trabajaban allí, les oyó decir que les disgustaba trabajar en los domingos. Les preguntó por qué, les respondieron que había una iglesia cerca de allí, y que los cristianos acuden y llenan la cafetería los domingos. Los empleados dijeron que les molestaba trabajar los domingos porque los cristianos se quejaban más que otros clientes, tenían malas actitudes, hacían mucho alboroto acerca de algunas cosas, y no daban propina. Así es como somos conocidos hoy en nuestra cultura. ¿Por qué está eso sucediendo?

SOMOS CONOCIDOS POR LO QUE ESTAMOS EN CONTRA, NO POR LO QUE ESTAMOS A FAVOR

Maya lleva cortando mi cabello cuatro o cinco años, por lo que he tenido numerosas oportunidades para hablar con ella sobre el cristianismo, la iglesia y la fe. Ella tuvo algunas experiencias de iglesia en su niñez porque su familia asistía ocasionalmente en domingo de Resurrección y Navidad. Ella me dijo que siempre había sentido que había Dios, y expresó con admiración que «Jesús era un líder bueno y poderoso». Me dijo que ella «confiaba en Él». Ella no había pensando mucho acerca del cristianismo o de la iglesia hasta que un amigo íntimo se hizo cristiano. Fue entonces cuando no solo se dedicó a pensar en ello, sino que el cristianismo vino a ser algo negativo para ella:

> *Antes de que mi amigo se hiciera cristiano, yo podía hablar con él. Era normal. Se hizo cristiano después de conocer a una mujer, y por medio de ella se convirtió. Pero después de su conversión, ya no pudo hablar con él nunca más. Cada conversación era para condenar algo acerca de mi estilo de vida. Todo lo que continuamente me decía era todo lo que estaba haciendo mal. No debería fumar. No debería beber. No le gustaba la manera en que me vestía o la música que escuchaba. Me enrabieté contra la iglesia por haberle convertido en esta clase de persona tan negativa.*

Puede ser que su amigo expresó estas ideas extremas porque era un cristiano nuevo o quizá debido a la influencia de la cultura de su iglesia. Pero en cualquier caso, con sus comentarios y actitud transmitió a Maya que eso era lo que sucedía cuando la persona se hacía cristiano. Así es cómo esta experiencia la impactó a ella varios años más tarde:

> *¿Usted me pregunta por qué no voy a la iglesia? ¿Por qué iba a querer yo convertirme en una persona negativa como los son la mayoría de los cristianos? Esa es la razón. El mundo es suficientemente negativo sin necesidad de que la iglesia no haga todavía más negativo. He visto lo que hizo con alguien muy cercano a mí, y no quiero convertirme en algo parecido.*

Una vez más, me gustaría que esta fuera una voz aislada, pero no lo es. La pregunta que quiero plantear es: ¿Por qué nos enfocamos en la iglesia tan intensamente en lo negativo? ¿Por qué es que las personas fuera de la iglesia nos conocen solo por aquello que estamos en contra? Escuché repetidas veces en las entrevistas para este libro que nosotros somos la gente que buscamos todas las cosas negativas en el mundo y luego protestamos de ellas. Veamos un par de estos comentarios:

La iglesia está compuesta de difamadores. Parece que de verdad les gusta pelearse unos con otros. Bien sean los homosexuales, u otras religiones, e incluso unos con otros. Esa es la parte más rara. Jesús dijo que nos amáramos unos a otros, pero siempre estamos oyendo cómo los de la iglesia se pelean incluso entre ellos y con los de otras denominaciones. Pero eso no es nada nuevo. Vea las Cruzadas. La iglesia siempre ha estado llena de gente enojada. GARY

Me gustaría que los líderes la iglesia fueran más comprensivos y amables hacia otras personas que no creen necesariamente en la misma forma que ellos lo hacen. En base de lo que he experimentado en la universidad o he visto en la televisión, parece que les gusta mucho decirles a otros que van camino del infierno cuando no están de acuerdo con ellos. He conocido a cristianos que han tratado de evangelizarme y en la realidad me estaban juzgando sin siquiera conocerme y me decía cuál era mi destino eterno. No son la clase de personas con las que quieres juntarte y tener tertulia los viernes por la noche, ¿no es cierto? ERIKA

Esta percepción poco favorecedora de la iglesia y de los cristianos viene de ver a los cristianos protestando en las calles con grandes letreros y pancartas diciendo a las personas que si no se arrepienten van camino del infierno. Viene de leer acerca de las varias cosas contra las cuales protestan los cristianos, tales como la enseñanza de la teoría de la evolución en las escuelas, o la retirada de los Diez Mandamientos de los tribunales, o el matrimonio homosexual. Viene de ver a los cristianos decir en la televisión que los desastres naturales son obra de Dios para castigar a los pecadores, y por ser abordados por cristianos que les hacen preguntas preparadas para darles testimonio, poniéndolos a la defensiva o invadiendo su privacidad.

Una vez me llamaron de una universidad local para que ayudara a ser un pacificador en una situación en la que cristianos celosos se enfrentaron al grupo de homosexuales y lesbianas de la universidad. Los de ese grupo estaban sentados en mesas en zonas públicas de la universidad pidiendo la asistencia para varias actividades y reuniones. Los cristianos se encararon con ellos públicamente y les dijeron que si continuaban, irían todos al infierno. Los cristianos no hicieron nada para establecer una relación, sino que simplemente se acercaron a los mesas y empezaron a discutir. Me dijeron que esta escena la estaban viendo docenas de estudiantes que se encontraban cerca. Una vez, más, este incidente reforzó el estereotipo negativo de los cristianos. Tuve que reparar en lo posible el daño y decirles a los del grupo que ese no era el abordamiento normal de los cristianos.

SI TODO LO QUE VEN ES LO NEGATIVO, NO CONOCERÁN LA DIFERENCIA

No hace mucho me encontraba en el aeropuerto de Dallas esperando montar en un avión cuando divisé a un hombre joven en sus veintitantos años llevando una camiseta de color negro con la palabra *Intolerante* en grandes letras en el frente. Debajo de la palabra, en la camiseta se leía: «Jesús dice», lo que parecía estar indicando que era Jesús el que decía: «Intolerante». También decía: «Él es el camino, la verdad y la vida». Cuando me di cuenta de la camiseta dije para mí: «¡Madre mía!». Me entró miedo de mirar la espalda, pero no me quedó otra opción. Cuando aquel hombre joven se disponía a abordar el avión, se volvió y pude leer todo lo que se decía en la trasera de la camiseta en grandes letras: «¡El Islam es una mentira! ¡La homosexualidad es un pecado! ¡El aborto es asesinato!». Todos a su alrededor se dieron cuenta de la camiseta. Mientras estábamos esperando para entrar a nuestro avión me puse a observar los rostros de los demás que había leído las frases y me quedé preguntándome: ¿Qué si un musulmán lee eso? ¿Qué si alguien llevara una camiseta diciendo: «¡El cristianismo es una mentira!»? Imagínese las emociones que sentiríamos por una cosa así ¿Qué si alguien que es homosexual estuviera leyendo la camiseta? Puede que esa persona esté abierta al diálogo, pero en vez de eso todo lo que recibí es el golpe impersonal del mensaje en la camiseta. ¿Qué si una madre y su hijito leen esos mensajes? Puede que la madre no quiera que su hijo de siete años lea esos mensajes, y entonces tener que explicar a su hijo lo que significan esos mensajes y por qué la persona está llevando esa camiseta. O imagínese a alguien en este escenario neutral del aeropuerto leyendo este tipo de mensaje. No vi a nadie saludando a aquel hombre y dándole una indicación de aprobación. Usted podía ver a las personas moviendo la cabeza y se podía imaginar lo que estaban pensando: «Esos cristianos… Son gente enojada que no paran de buscar pelea».

Francamente me sentí avergonzado por la manera en que ese hombre decidió dar a conocer sus creencias. Luché en mi mente preguntándome si le decía algo o no a aquel hombre. Quede claro que soy teológicamente conservador y a favor de la vida. Pero estoy totalmente en desacuerdo con la manera en que ese hombre estaba comunicando sus creencias. Le pregunté de qué iglesia era miembro, y me respondió:

—Una iglesia bíblica que predica la Biblia (creo que esas fueron exactamente sus palabras).

Se mostró amistoso y sonreía.

—¿Es usted cristiano? —me preguntó.

—Sí, lo soy.

—Alabado sea Dios —exclamó.

Y después de la forma más suave y amable dije:

—Pero yo no llevaría esa camiseta. Creo que ahuyenta a la gente en vez de atraerlos a Cristo Jesús.

Él siguió sonriendo y contestó:

—Bueno, no podemos ocultar la verdad, y si alguien se arrepiente como resultado de esta camisera, merece la pena.

Sentí que me subía el nivel de la adrenalina, y dije:

—¿Ha conocido usted alguna vez a alguien que se arrepintiera como resultado de una camiseta así?

—No —dijo él—, pero esa es la tarea del Espíritu Santo. Nuestra tarea es dar a conocer el mensaje.

Me di cuenta que una conversación breve y rápida no le iba a iba a hacer cambiar de idea. En ese momento me di cuenta que estaba estorbando a otros viajeros para que pudieran llegar con comodidad a sus asientos, y sentí que me metía en un debate mientas hacía de tapón en el pasillo, así que dije:

—Gracias por hablar conmigo.

Seguí adelante a mi asiento.

De nuevo, esta experiencia ilustra la manera en que muchas personas llegan a conocer a los cristianos como individuos apuntando con el dedo y cómo se refuerzan los estereotipos negativos. Este hombre joven estaba metiendo su camiseta por las narices de la gente al llevarla en público. Él sentía que había que dar a conocer el mensaje a los demás, ¿pero no deberíamos ser nosotros mismos el mensaje? ¿No deberíamos estar ganando la amistad de las personas con el fin de que vean el mensaje vivir en nosotros? Después de haber ganado su confianza, tendremos la credibilidad para dialogar sobre estas cosas. No presentaríamos mejor el mensaje a otros si nosotros fuéramos demostraciones del amor de Cristo. Estoy seguro que él tenía buenas intenciones, pero para mí, llevar una camiseta tan condenatoria me parecía una manera muy equivocada y barata de hablarles a los demás acerca de Jesús y de sus enseñanzas, una forma que solo sirve para reforzar la percepción de que los cristianos son negativos y condenatorios.

EL DÍA QUE ARRANQUÉ UNAS PÁGINAS DE UNA BIBLIA

Me pongo nervioso cuando cuento esta experiencia, porque puede ofender a algunas personas. Pero confío que usted perciba la intención y corazón de lo que estoy diciendo. Me encontraba sentando en una cafetería hablando con alguien que trabajaba allí. Habíamos establecido una buena relación después de varios meses, y en este día él me estaba haciendo una pregunta acerca de la Biblia. Él sabía muy bien que yo era un pastor, y habíamos hablado sobre la iglesia y Jesús antes de eso. Pero en ese día, sentí que había llegado el momento oportuno para preguntarle: «¿Le gustaría tener una Biblia?». Yo estaba emocionado porque él había respondido positivamente, después de meses de orar, que me despedí con un «hasta luego» y me dirigí a toda prisa a la oficina en el templo para conseguir una Biblia para él.

Al llegar al estacionamiento del templo, salté del auto y literalmente corrí a la oficina para agarrar una Biblia de una caja con Nuevos Testamento para nuevos creyentes que la iglesia distribuye en ciertas reuniones. Después me volví a meter en el auto y me dirigí directamente a la cafetería. Cuando me estacioné, pensé que convendría echar un vistazo a esta Biblia para nuevos creyentes para tener una cierta idea de que había dentro. Me quedé bastante sorprendido con lo que encontré. A lo largo de la Biblia había cajas de texto bien resaltado con comentarios acerca de las Escrituras. Eso estaba bien, pero no todos los comentarios eran apropiados. Por ejemplo, encontré una caja de texto que decía algo así: «Ahora que eres cristiano, ya no vas a tener relación sexual fuera del matrimonio nunca más». Estaba colocado en un lugar donde la Biblia habla sobre la sexualidad, pero el encabezamiento de esta caja y el vocabulario usado todo tenía que ver con lo que el lector no tenía que hacer. Mi amigo estaba viviendo con su novia, pero ese no era el asunto sobre el cual él estaba preguntando. Entregarle una Biblia que tenía bien señalado que él estaba pecando en esa área no era lo que yo quería que se dedicara a leer en este momento. Yo quería que él se dedicara a leer la vida de Jesús para que llegara a conocer a Cristo y su corazón. Pero yo quería que tuviera una Biblia, y pensé que quizá no notaría nada si saltaba de 1 Corintios 6 a 1 Corintios 8. Probablemente pensaría que los cristianos se saltan los números. Así que, arranqué esa hoja.

¡Por favor, entiéndame! Yo no estaba arrancando la hoja por lo que la Biblia dice allí. Lo estaba haciendo por causa del comentario dentro de la caja de texto que resaltaba por encima de todo.

Luego di un repaso rápido por otras secciones y encontré lo mismo una y otra vez. El comentario en otra caja de texto destacado decía que la homosexualidad es un pecado. Otro hablaba de beber y emborracharse. No podía creer cuántos comentarios así había decidido incluir los editores de este Nuevo Testamento para nuevos creyentes. Eran sobre todo acerca de todas las cosas negativas que se supone no debemos hacer. Arranqué cuatro páginas y al final me rendí. Regresé a la oficina en el templo y busqué una Biblia normal sin comentarios.

Recuerde, mi amigo nunca había leído la Biblia antes, de modo que él no sabía si aquellas cajas de texto destacadas eran parte de las Escrituras. Él podía sacar la conclusión de que Biblia solo trataba acerca de esas cosas negativas y que lo más importante en la Biblia era lo que estaba destacado y señalado.

AVERGONZADO NO POR LA BIBLIA SINO POR LO QUE HACEMOS CON ELLA

De nuevo, por favor entienda lo que estoy tratando de decir aquí. Yo no me sentía avergonzado por las Escrituras, y no estaba tratando de ocultarlas. Pero sí me sentía mal de darle a mi amigo esa Biblia en particular debido a que todos esos comentarios negativos le iban a distraer de leer acerca de tener una relación positiva con Cristo Jesús. Yo quería que fuera acerca de asuntos internos del corazón más bien que acciones exteriores seleccionadas. Me hubiera gustado que los editores de esta Biblia para nuevos creyentes hubieran hecho resaltar el gozo, la paz y los primeros pasos de seguir a Jesús. Estoy completamente de acuerdo en hablarles a las personas sobre el pecado; pero deberíamos hacerlo en la manera correcta y en el momento apropiado. A medida que la relación personal con Jesús se profundiza, debemos permitir que el Espíritu Santo nos lleve a una convicción de pecado y tenga lugar el proceso de santificación.

Un pastor de estudiantes de secundaria me habló no hace mucho de un estudiante no cristiano que asistió a la reunión de jóvenes. El joven adolescente dijo: «Ustedes los cristianos odian a los homosexuales, ¿no es cierto?». Esa fue la primera impresión que sacó de la iglesia ese estudiante. Él no dijo: «Ustedes los cristianos saben de verdad cómo amar a las personas» o «Ustedes los cristianos se interesan de verdad por las viudas y los pobres». Nada de eso. Una vez más la impresión es en cuanto a lo que negamos y condenamos, no en cuanto a lo que afirmamos. Y si la impresión que las personas sacan es que nosotros somos negativos, quejosos y condenatorios de las personas, no nos asombra que no quieran ser cristianos.

¿QUÉ PODEMOS APRENDER DE ESTA PERCEPCIÓN ERRÓNEA?

Quizá usted piense que yo soy blando o tengo temor a proclamar la verdad o estoy promoviendo solo la parte de pensamiento positivo del cristianismo. Quiero asegurarle que eso no es para nada de lo que estoy hablando. Yo sé que algunas iglesias se van al otro extremo y rara vez mencionan el pecado. Puede que nunca hablen del juicio y enseñen cosas que ayuden a las personas a sentirse bien, ignorando todo lo que la Biblia dice acerca del pecado y del arrepentimiento. Más bien, lo que yo pido es un sano equilibrio aquí, deseando que los cristianos y la iglesia sean conocidos por aquello que afirmamos, no solo por aquello contra lo cual luchamos.

Así pues, ¿cómo podemos enfrentar esa percepción errónea de que la iglesia es condenatoria y negativa?

Debemos saber cómo y cuándo hablar del pecado

Estoy convencido de que las generaciones emergentes quieren en realidad que se les hable acerca del pecado. Eso puede sonar raro, pero he estado en suficientes conversaciones como para decir que ellos quieren que se les informe sobre el camino de Jesús y las enseñanzas de la Biblia, incluso las que requieren arrepentimiento y cambio. Con regularidad veo en nuestra iglesia a muchos que se hincan de rodillas en arrepentimiento, hablando con Dios, confesando su pecado, pidiendo al Espíritu Santo que los cambie. Hace solo unos pocos meses, dedicamos una tarde a dialogar sobre la importancia de cumplir con lo que se enseña en Mateo 18 y Gálatas 6, donde se nos dice que es bueno hablarles a las personas de su pecado. Dimos incluso a los creyentes pequeñas tarjetas en las que les pedíamos que escribieran los nombres de cristianos a los que invitarían para que los ayudaran a ser responsables en su conducta cristiana. Daban de esa forma permiso a otros cristianos para hablarles si ellos veían indicaciones de que se desviaban del camino cristiano. Hace dos semanas, dedicamos un mensaje completo para enseñar qué es en realidad el arrepentimiento. De modo que creo por completo en el arrepentimiento y en el reconocimiento de pecado y responsabilizar a otros creyentes por su vida cristiana. Absolutamente. Pero cómo y cuándo lo hacemos hace que todo sea diferente.

Maya me hizo un comentario relevante sobre esto:

> *En realidad yo quiero que me digan si estoy haciendo algo que Dios no quiere que esté haciendo. Quiero de verdad llegar a ser una persona mejor y ser más como Jesús. Pero eso no es lo que se siente cuando viene de los cristianos y de la iglesia. Lo que se siente es que parece que te están avergonzando y que quieren controlarte mediante su forma de pensar y sus opiniones personales acerca de lo que es bueno o malo, más bien que ayudarte a ser más como Jesús y llegar a ser un ser humano más amoroso.*
>
> MAYA

Maya en realidad quiere ser una persona mejor y quiere llegar a ser más como Jesús. Ella no entiende plenamente qué significa eso, pero está abierta a ello. Aunque ella habla de cómo un cristiano se presentó ante ella de forma negativa y le señaló sus pecados, ella quiere cambiar y ser más como Jesús. ¡Pero esa es la clave! Si nosotros vamos por ahí señalando los pecados y siendo negativos y avergonzando a las personas, la reacción será generalmente negativa. Pero si les hablamos de cómo llegar a ser más amorosos y más como Jesús mediante ciertos cambios en nuestra vida, entonces es aceptado como algo positivo. Me gusta la manera en que Pedro abordó a aquellos que se encontraban en la puerta Hermosa del templo en Hechos 3:19: «Por tanto, para que sean borrados sus pecados, arrepiéntanse y vuélvanse a Dios, a fin de que vengan tiempos de descanso del parte del Señor». Él habla del arrepentimiento como «descanso» (otras versiones dicen «refrigerio»). Creo que podemos hablar acerca de todas las verdades bíblicas y no tener temor de hablar del pecado y el arrepentimiento. Pero el cómo, a quién y el cuándo pueden hacer que todo sea diferente.

¿Quiénes somos nosotros para juzgar y cómo vamos a hacerlo?

¿Qué acerca de la crítica abrumadora de que somos criticones y condenatorios? Trataré este tema en términos de Jesús como siendo «el único camino» en el capítulo 9. En cuanto a juzgar a otros, necesitamos tener bien claras ciertas directrices bíblicas. Jesús les enseñó a sus discípulos: «No juzguen a nadie, para que nadie los juzgue a ustedes» (Mt. 7:1). Pero creo que lo que Jesús estaba diciendo es que Dios está mucho más interesado en nuestros corazones y en la actitud con la que juzgamos a otras personas. Él nos explica: «Porque tal como juzguen se les juzgará» (v. 2). Aunque Pablo dice a los cristianos de Roma que no se juzguen unos a otros (Ro. 14:13), también les enseña a los corintios a juzgar a los creyentes pecadores y dejar que Dios juzgue a los que viven fuera de la iglesia (1 Co. 5:12-13). Mateo 18:15-20 y Gálatas 6:1 nos indican que debemos hablar con amor a otros cristianos sobre temas del pecado. Pero la pauta que encontramos aquí es juzgar a los *cristianos*, no a los que están fuera de la iglesia. Como seres contaminados por el pecado, los cristianos se verán atraídos y participarán en el pecado. De modo que necesitamos a otros cristianos que amorosamente nos ayuden a ser responsables y mantenernos en el camino cristiano. Como describí antes, en la iglesia en la que sirvo, tratamos de fomentar una atmósfera que ayude a hacer eso. Pero es una atmósfera diseñada para vencer la infección ¿Qué quiero decir? La iglesia es un cuerpo, y si un pie queda infestado por el pecado, entonces por amor de la salud de todo el cuerpo, todos los miembros del cuerpo necesitan trabajar juntos para restaurar la salud del pie. Debido a que todos somos vulnerables a la tentación, nos necesitamos unos a otros para conservarnos sanos, y por eso tiene sentido que enfrentemos el pecado en la iglesia de esta forma.

Deberíamos juzgar dentro de la iglesia en una manera amorosa, humilde y llena de gracia con la meta de restaurar la parte infestada del cuerpo. Pero en lo que se refiere a la personas fuera de la iglesia, tenemos que dejar el juicio en las manos de Dios. Nosotros deberíamos hablar a las personas acerca de Jesús y de su gracia salvadora más bien que juzgarlos y condenarlos.

Permítame añadir esta importante calificación: Debiéramos ser cuidadosos en no juzgar a otros basados en opiniones personales, sino en enseñanzas claras de las Escrituras. He hablado con muchos jóvenes cristianos heridos que dejaron la iglesia porque alguien se encaró con ellos en una forma legalista acerca de cosas extra bíblicas. Si bien las Escrituras nos dicen que no debemos embriagarnos (Ef. 5:18) o hacernos adictos al alcohol (Tit. 2:3), en ninguna parte se dice que no podemos beber. No obstante, cuán fácil nos resulta emitir juicio en estos asuntos extra bíblicos que tanto dividen. Los tatuajes y los aretes en diversas partes del cuerpo son también otro asunto de gran discusión en otros círculos. He oído a algunos líderes cristianos mayores hablar de los tatuajes como algo pecaminoso y propio del ocultismo. Pero la verdad es que nadie puede montar hoy un argumento bíblico en contra de los tatuajes. Las marcas en la piel a las que se refiere la Biblia hebrea (Lv. 19:28) estaban relacionadas con costumbres religiosas paganas de los pueblos que rodeaban al antiguo Israel. Esas marcan honraban a las deidades que ellos creían presidían sobre los muertos. Los tatuajes de hoy tienen que ver con expresiones artísticas personales. Generalmente tienen un significado personal, pero no tienen nada que ver con honrar dioses paganos. Si los cristianos se tatuaran con símbolos religiosos idolátricos, eso sería algo muy diferente. Pero muchos tatuajes de los cristianos son expresiones artísticas de su fe, y con gran frecuencia símbolos cristianos y versículos bíblicos. Con todo, he oído a algunos líderes cristianos hacer comentarios críticos severos y sutiles condenando los tatuajes. Imagínese a un joven adolescente oyendo esos comentarios negativos y condenatorios basados en opiniones personales, no es enseñanzas bíblicas.

«Esos jóvenes confundidos y perdidos que se tatúan y ponen aretes»
Hace unos pocos años, cuando yo servía como el pastor de jóvenes-adultos en una iglesia, un joven en sus veintitantos años que participaba en las reuniones y actividades del ministerio de jóvenes-adultos, expresó interés en hacerse miembro de la iglesia. Él tenía numerosos tatuajes y varios aretes en su cara. Y fui con él a la clase de preparación de nuevos creyentes. Durante la clase, el pastor que la enseñaba empezó hablando sobre la misión de la iglesia y cómo «nosotros queríamos alcanzar a «esos jóvenes confundidos y perdidos que se

tatúan y ponen aretes». Miré al joven que tenía sentado a mi lado y él me estaba mirando con una pregunta en sus ojos: «¿Qué diablos dice ese hombre?». A la hora del descanso hablé con el pastor y le comenté como había sido él visto por causa de su comentario. El pastor se sintió mal. Debido a que era de mayor edad y tenía sentimientos muy fuertes sobre esas cosas, no se estaba dando cuenta como estaba siendo visto por alguien que tenía en esos tatuajes y aretes. Lamentablemente, cuando hacemos comentarios descuidados basados en opiniones personales, las personas pueden sacar fácilmente la impresión de que somos criticones y condenatorios de otros.

Cuando yo empecé a ir al templo, me dijeron que toda la música secular es mala. Al no tener mejor conocimiento, lo que yo hice fue tirar a la basura toda mi música secular. Desde entonces, me di cuenta de que tomé esa decisión a causa de la opinión personal de alguien no basado en una enseñanza clara de las Escrituras. He vuelto a comprar otra vez muchos de aquellos álbumes, con excepción de algunos que yo consideré que no eran muy edificantes.

Una vez cuando me encontraba hablando en un campamento, hablé con una joven de unos veinte años que estaba llorando. El pastor principal de su iglesia le había dicho que no debería ir vestida de negro porque es deprimente. Ella me explicó que a ella le gusta la ropa de color negro y se vestía con el estilo gótico, pero ella se sentía herida por el juicio de su líder cristiano sobre su carácter basado en cómo se vestía. Déjeme decirle que eso no tenía nada que ver con la inmodestia. Muchas prendas de vestir estilo gótico requieren varias capas de tela que oculta cada centímetro. Pero ella se sentía herida, y ahora estaba atormentada porque temía que podía haber pecado por llevar prendas de vestir negras.

En algunos casos, los cristianos necesitan que se hable con ellos en una manera amorosa si su manera de vestir cruza la línea de lo sexualmente apropiado o si su música es de verdad inapropiada para un seguidor de Jesús. Pero en esas situaciones peliagudas, necesitamos verificar si nuestra preocupación está basada simplemente en preferencias y opiniones, o en las Escrituras. Conozco a un hombre que un líder de iglesia le dijo que no debería llevar un reloj del Ratón Mickey. El líder sentía que los cristianos no deberían apoyar a Disneyland, por tanto, era erróneo llevar ese tipo de reloj. Este hombre joven en sus veintitantos años, que era nuevo en la fe, quería hacer lo que era correcto, pero ahora estaba confundido por el juicio condenatorio de un cristiano que estaba basando sus críticas en sus propias opiniones más bien que en la enseñanza clara de las Escrituras.

Los más jóvenes se dan cuenta de nuestros corazones de crítica y condenación

Menciono algunos de estos ejemplos porque extralimitarnos en nuestros límites puede llevar a las personas a concluir que todos los cristianos son negativos, condenatorios y quejosos. En mis conversaciones con aquellos que se encuentran en sus veintitantos años que han dejado la iglesia, con frecuencia escucho que ellos sienten que los líderes o los miembros de iglesia tenían actitudes condenatorias y espíritus de crítica. Las personas se dan cuenta cuando peleamos entre nosotros. He sabido de cristianos que se despedazan unos a otros sobre si hay que creer en una interpretación literal de que el mundo fue creado en seis días de 24 horas literales o sobre cualquier otro asunto secundario. No estoy hablando de las doctrinas esenciales del cristianismo tales como las que aparecen recogidas en el Credo de Nicea, sino asuntos secundarios como es hablar en lenguas, las mujeres en el ministerio, escenarios del fin del mundo, y otros asuntos similares en los que cristianos fieles y piadosos pueden tener diferentes puntos de vista. Cuando nos obsesionamos con esas cosas, nuestros corazones pueden terminar amargados y peleones. ¿Y se imagina quién está observándolo? Los jóvenes en nuestras iglesias, y las noticias también les llegan a los que viven fuera de la iglesia. Los más jóvenes ven nuestros corazones llenos de críticas y condenación, y luego nos preguntamos asombrados por qué dejan la iglesia y se convierten al budismo a otras opciones.

Quizá necesitamos evaluarnos a nosotros mismos un poco y pedirle a Dios que nos ilumine si estamos siendo piedras de tropiezo mediante nuestros espíritus críticos o corazones condenatorios. Y no es solo lo que nosotros decimos desde nuestros púlpitos que nuestros hijos toman nota, sino es también nuestras palabras y actitudes en casa. Ellos escuchan las conversaciones que tenemos en los restaurantes después de los cultos, en las que criticamos el sermón o a otro líder o algún otro en la iglesia. En el trabajo, los compañeros escuchan si nosotros hacemos comentarios poco amorosos sobre personas o asuntos. Quizá debiéramos empezar evaluando nuestras propias vidas y luego examinar nuestros sermones. ¿De qué predicamos? ¿Buenas noticias o malas noticias? Cuando hablamos acerca de arrepentimiento, ¿es con regocijo porque las personas se enfrentarán a la ira y enojo de Dios? No estoy bromeando. Los que se enfocan excesivamente en la ira de Dios dan la impresión de que se alegran de que los pecadores sufran un día. En vez de tener un corazón humilde y quebrantado, transiten la actitud: «Me alegro de ser salvo, y qué malo que usted todavía no lo sea y será castigado» ¿Por qué comunicamos la idea de que el arrepentimiento es casi un castigo en vez de ser una forma de ser limpiado y renovado delante del Dios santo (Hch. 3:19).

El Espíritu los transforma para ser como Jesús

No hace mucho escuché la historia de alguien con trasfondo musical que se hizo cristiano. Llevaba un corte de pelo propio de los del rock duro e iba vestido con un traje de piel negra y otras prendas de vestir que van bien con el estilo de los músicos que a él le gustaba. Su estilo era parte de lo que hacía que él fuera singular. Se convirtió a Cristo y fue aceptado plenamente en la iglesia y abrazado como un nuevo creyente. Después de los dos-tres primeros meses, empezaron las sugerencias sutiles: «Quizá ya es hora de que empieces a dejar esa ropa». «Quizá tu corte de pelo debería ser un poco más normal». Poco a poco esta persona, no conociendo muy a fondo las cosas, se conformó a estos comentarios y cambió por completo su apariencia.

Con el tiempo ese hombre perdió su singularidad, lo que no tenía nada que ver con su transformación interior como discípulo de Cristo y tenía mucho que ver con conformarse a cómo una iglesia en particular pensaba que los cristianos deberían parecer o actuar. Era evidente que a fin de cuentas para ser aceptado en esta iglesia había que encajar en los gustos y tendencias de la iglesia. Fue aceptado como un convertido, pero luego tenía que acomodarse rápidamente a la norma cultural. Me dijeron que él cambio por completo, y que al hacerlo así, también perdió el contacto con sus amigos no cristianos, con los que se había relacionado mucho en esa subcultura musical. Imagínese que usted es uno de sus amigos, y al saber que se había hecho cristiano y verle adoptar el código de vestimenta de esa iglesia. Ellos probablemente no pudieron evitar pensar que hacerse cristiano significaba perder su singularidad y conformarse a la subcultura de la iglesia. Cabe la esperanza de que ellos vieran su vida transformada por el Espíritu, pero no obstante sería difícil no equiparar la iglesia y el cristianismo con un código de modas que hay que obedecer. Yo sé que no todas las iglesias hacen esto, pero la cuestión es: ¿Qué código, hablado o no hablado, tiene su iglesia? Puede que no tenga nada que ver con la moda, ¿pero qué estándares sutiles, hablados o no, tiene su iglesia que no tienen nada que ver con las Escrituras?

Cuando escuchaba acerca de esta historia, mi corazón se dolía. Parece que en muchas de nuestras iglesias, nos emocionamos cuando alguien viene a la fe en Cristo, pero después sutilmente dejamos bien en claro que para que sea plenamente aceptado, tiene que adaptarse a las costumbres de nuestra iglesia. Soy sensible a esto porque yo mismo pasé por una experiencia similar, una historia que relato en mi libro *Jesús me convence pero no la iglesia*. Es algo difícil y duro para un nuevo creyente cuando establecemos estos estándares extra de aceptación que no tienen nada que ver con el pecado y sí tiene mucho que ver con la subcultura de esa iglesia. Deberíamos dejar la tarea de transformar a las personas en las manos del Espíritu Santo, e incluso dejarlo que mantengan su singularidad, y dedicar tiempo a amarlos y aceptarlos en la comunidad de la iglesia.

Creo que en el tiempo oportuno de Dios, los nuevos creyentes cambiarán según el Espíritu los va transformando. Las iglesias que he visto que tienen abundancia de personas de las generaciones emergentes no están para nada evitando hablar del pecado y de la necesidad de arrepentimiento. Cuando los pastores y líderes enseñan, ellos dicen cosas difíciles de oír, llaman al arrepentimiento y a alejarse del pecado, pero en el contexto del amor. Cuando hay relaciones y se cultiva la confianza, las generaciones emergentes responden bien cuando se les habla acerca del pecado y del arrepentimiento. Jesús tenía mucho que decir sobre el pecado y estaba preocupado por el corazón de las personas. En nuestra iglesia, nosotros dedicamos muchos de nuestros cultos de adoración a darles tiempo a las personas para orar y evaluar si están extraviados en alguna área del pecado. De modo que no defiendo el que guardemos silencio a la hora de hablar del pecado con los jóvenes de la iglesia, lo que sí estoy diciendo en que debiéramos hacerlo en el momento oportuno y con la actitud correcta. Debiéramos guardar nuestros corazones y labios de lanzar críticas y condenación, dejando a Dios el juicio de aquellos que viven fuera de la iglesia.

Necesitamos enfocarnos más en aquello que afirmamos

Con toda esa crítica en contra de la iglesia por ser negativa y condenatoria, ¿por qué no darle la vuelta completa al argumento y dedicar nuestros esfuerzos a demostrar qué es lo que afirmamos¿ Jesús nos enseñó que nosotros debíamos ser un pueblo de sal y luz. La sal es un sabor que hace que la persona quiera aun más de ella. La luz es una guía y una fuente de calor que atrae a las personas. Lo que es interesante en las iglesias a las que asisten las generaciones emergentes usualmente hacen mucho hincapié en llevar el amor de Jesús a otros. Usted puede ver que las iglesias emergentes se interesan no solo con la justicia social a nivel local y global sino que también dan pasos firmes para implementarla. Eso es algo muy refrescante y positivo para contrarrestar lo negativo.

He visitado los sitios de la Web de varias iglesias crecientes que conozco en las que participan las generaciones emergentes. No me sorprendió observar cuán fácil les resulta involucrarse en programas de compasión tanto a nivel local como global. Uno de ellos tiene una conexión llamada «África» justo en su primera página y muestra cómo la iglesia está involucrada en orfanatos allí. En vez de solo un viaje misionero de una vez al año, su participación ocupa varias páginas. Otro sitio de la Web tiene varias páginas sobre su participación en un desastre reciente causado por un huracán y cómo ayudan de forma práctica en proyectos de reconstrucción. Otro lugar de la Web destaca de forma prominente la participación de la iglesia con niños sordos en Sudamérica y ayudando en un ministerio de niños en un campo de refugiados en Argelia. Otra tiene una promoción para la participación local en enseñar inglés a los hijos de inmigrantes. Y otra iglesia presenta una filosofía escrita sobre su participación en reconciliación racial en zonas urbanas.

Usted puede ver fácilmente cómo esas iglesias están adoptando posturas en acciones de interés local y global. Están siendo conocidos por esforzarse en hacer que la vida de otros sea mejor. Puedo decir que muchas iglesias emergentes están también llevando a cabo proyectos de acción social local. Conozco una iglesia que sus miembros se ofrecen de voluntarios para limpiar las calles y parques de la ciudad. Otra iglesia se dedica a repintar las paredes llenas de "graffiti" en el pueblo sin cargo para la ciudad. Sé de otra iglesia que solo cuenta con un pastor a medio tiempo dedicada a organizar las iglesias locales para trabajar juntas como un agente de cambio y luz en sus comunidades en todo lo que sea necesario. Ellos se dedican a organizar toda clase de servicios a la comunidad y proyectos de compasión. En esas iglesias usted encontrará personas de las generaciones emergentes que están viendo que los cristianos no son simplemente criticones y negativos sino que tienen iniciativas para ayudar a la comunidad y al mundo.

A los que Jesús los convence, pero la iglesia no, piensan en Jesús como aquel que se puso firme en defensa de los pobres y de los oprimidos. Por causa de eso tienen un gran respeto por él. Nuestras iglesias también necesitan pararse y manifestarse a favor de los

> HOY, UNA DE LAS PRIMERAS PREGUNTAS QUE MUCHAS PERSONAS NUEVAS NOS HACEN SOBRE NUESTRA IGLESIA NO ES A QUÉ DENOMINACIÓN PERTENECEMOS, SINO ¿QUÉ ESTAMOS HACIENDO POR LOS POBRES? ¿QUÉ ESTAMOS HACIENDO EN RELACIÓN CON LA EPIDEMIA DEL SIDA?

pobres y oprimidos, porque tenemos un mandato bíblico de parte de Cristo Jesús para hacer justicia con todos aquellos que sufren opresión. Pero al hacerlo también nos ganamos el respeto de los de fuera de la iglesia. Hoy, una de las primeras preguntas que muchas personas nuevas nos hacen sobre nuestra iglesia no es a qué denominación pertenecemos, sino ¿qué estamos haciendo por los pobres? ¿Qué estamos haciendo en relación con la epidemia del SIDA? ¿Cómo son estas cosas parte de la vida de nuestra iglesia y no algo que hacemos una vez al año? Aquellos a los que les gusta Jesús pero no la iglesia están observando para ver si nosotros tomamos a los pobres y los oprimidos con la misma seriedad que Jesús se lo tomó.

Podemos enseñar a nuestras iglesias a ser sal y luz

Podemos usar la predicación para fomentar el hábito de ser la sal y la luz en la vida diaria. Podemos enseñar a los creyentes en nuestras iglesias que sus actitudes impactan a los que viven fuera de la iglesia, y mostrarles lo que significa vivir la vida como embajadores de Cristo (2 Co. 5:20). Podemos enseñarles la importancia de romper con la subcultura cristiana a fin de salir y recuperar nuestra reputación como personas de amor y bondad más que de amarga crítica. A menos que creemos en nuestras iglesias la mentalidad de que los creyentes se vean a sí mismos como misioneros en su mundo de hoy, a menos que retemos a los cristianos a salir de la burbuja cristiana, solo las voces más fuertes,

| La iglesia es negativa y condenatoria | → | La iglesia es un agente positivo de cambio, que ama a otros como Jesús lo hizo. |

frecuentemente las más negativas, son las que se oirán. Podemos dejar de ser percibimos como negativos y condenatorios a ser agentes positivos:

Aunque hago hincapié en que la iglesia sea un agente positivo de cambio, yo sé que es el Espíritu de Dios en la iglesia el que produce el cambio. Reconozco por completo que amar a otros como Jesús va a significar hablar acerca del pecado, el arrepentimiento y el juicio, de modo que no estoy sugiriendo que nosotros simplemente «amemos» a las personas. Pero amar involucra relaciones. Amar requiere tiempo. Amar involucra hablar a las personas acerca de la bondad abundante de Dios y de sus «obras maravillosas». (Sal. 145:6-8), y no solo acerca de su ira y juicio. Amar involucra controlar nuestra lengua y ser sabios en la forma en que actuamos en relación con los de fuera de la iglesia, procurando que nuestras conversaciones sean siempre «con gracia» y «sazonadas con sal» (Col. 4:5-6, R.V.R. 1960). Amar es mucho más que pasar un tratado o sostener un letrero y sentir que hemos cumplido con nuestra tarea porque ya hemos informado a otros acerca de Jesús.

Vivimos en un tiempo de gran esperanza pues un cambio positivo se va introduciendo en nuestras iglesias. Más y más iglesias toman cada más en serio la crisis global sobre el SIDA y procuran involucrarse. Más y más iglesias se animan a ayudar cuando el desastre cae sobre una comunidad o región. Quizá un día cuando las personas piensen acerca de los cristianos y de la iglesia, pensarán acerca de cómo nosotros ayudamos a los necesitados y nos involucramos con compasión en proyectos locales y globales. Quizá piensen en nosotros como bondadosos más bien que abrasivos, incluso entre los que no están de acuerdo con nosotros. Tenemos la esperanza que ellos no nos desechen por ser fríos, negativos y condenatorios. Pero esa transformación requiere liderazgo para establecer un ejemplo. Creo que las iglesias seguirán si los líderes establecen una dirección y ritmo y promueven una cultura de ser sal y luz, de ser amorosos en vez de negativos y condenatorios. Cuando más nos enfocamos en lo que afirmamos en vez de recalcar y repetir aquello en lo que estamos en contra, tanto más estaremos en línea con Jesús y sus enseñanzas acerca del reino de Dios, y tanto más seremos vistos como personas que creen en la verdad y el amor.

VEA A SU IGLESIA A TRAVÉS DE LOS OJOS DE LAS GENERACIONES EMERGENTES

1. Si usted se pusiera a examinar los sermones de su iglesia durante un cierto período de tiempo, ¿diría usted que son más positivos o negativos en tono y contenido? Si son positivos, ¿cómo diría usted que el pecado y el arrepentimiento son tratados de forma que usted no va al extremo de ignorarlos?

2. ¿Cuál es la actitud de su congregación hacia aquellos que sostienen creencias diferentes a las suyas en asuntos doctrinales secundarios? ¿Cómo hablar usted acerca de otras denominaciones?

3. ¿Cómo es conocida su iglesia en su comunidad? ¿Cómo piensa usted que las personas en su ciudad describirían su iglesia y a los miembros de su iglesia? ¿Saben ellos incluso que ustedes existen? ¿Por qué cosas son ustedes conocidos? ¿Echarían de menos a su iglesia en su comunidad si desapareciera? ¿En qué sentido las echarían de menos?

4 ¿Hay formas en que su iglesia está involucrada en proyectos de compasión y justicia social local y global, demostrando así que la iglesia es una agente positivo de cambio en el mundo? Si no es así, ¿qué puede usted hacer acerca de eso?

5. Si usted fuera a preguntar a aquellos con los que se asocia a diario, tanto dentro como fuera de su hogar, si su forma de hablar es negativas y condenatoria o es amorosa y positiva, ¿qué dirían?

6. Puede que usted diga que es amoroso y acepta a las personas, pero si alguien entra al templo de su iglesia y empieza a seguir a Jesús, ¿puede usted decir sinceramente que ese será su mayor interés y preocupación, no cómo se les mira o cómo visten o si beben o fuman o qué lenguaje usan?

La iglesia está dominada por los hombres y oprime a las mujeres

7

> Yo siento que la iglesia es muy sexista, y no creo que Jesús fuera sexista. De lo que he podido observar, las mujeres en la iglesia están básicamente al margen y solo se les permite trabajar con niños, responder a los teléfonos, ser secretarias y servir a los hombres. Parece que carecen de voz. La iglesia se parece mucho a un club de hombres.
>
> ### ALICIA

«Un club de hombres». Así es como Alicia describe a la iglesia, ella siente que está dominada por lo hombres y que las mujeres están sofocadas y arrinconadas. Alicia no es miembro de ninguna iglesia, no obstante, incluso con su limitado conocimiento de las iglesias, eso es lo que ella había observado y sentía sobre la manera en que la iglesia ve a las mujeres. E incluso con su limitado conocimiento de las Escrituras, ella sentía que Jesús quería que las mujeres tuvieran más opciones que simplemente ser secretarias y encargadas de los niños en la iglesia.

Este es también otro asunto importante para las generaciones emergentes. ¿Cómo trata la iglesia a las mujeres? ¿Las valora y respeta? ¿Qué papeles y tareas pueden las mujeres desempeñar dentro de la iglesia? Cuando las personas de fuera de la iglesia nos miran, muchos piensan de nosotros que somos un club para hombres, concluyendo que la iglesia enseña que las mujeres no son tan valiosas y respetadas como los hombres. Esa conclusión mantiene alejados a muchos que podrían de otra manera confiar en la iglesia lo suficiente como para ser parte de nuestra comunidad.

ESCRIBIR ESTE CAPÍTULO ME PONE NERVIOSO

Siento una tensión nerviosa que se desarrolla en mi cuerpo mientras escribo esta frase. Me duele el cuello un poco, y eso rara vez sucede. Estoy pensando en líderes de iglesia que sostienen un punto de visto complementario (funciones ministeriales diferenciadas por genero) de las mujeres en el ministerio. Muchos de ellos son personas excelentes y piadosas que usan las Escritura para apoyar sus puntos de vista, y la gran mayoría respetan mucho a las mujeres. Con todo, ellos afirman que las mujeres no debieran ser parte del ministerio de enseñanza en la iglesia ni tampoco servir como pastores o ancianos. Al mismo tiempo, me imagino a aquellos que sostienen un punto de vista igualitario (igualdad de oportunidad en el ministerio para ambos géneros). La gran mayoría de los que piensan así son también gente muy buena y piadosa que usan las Escrituras para apoyar sus opiniones, y también respetan en gran manera a las mujeres. Ellos afirman que las mujeres pueden participar en todas las áreas del ministerio de enseñanza dentro de una iglesia y servir como pastores y ancianos.

Yo sé que hay mucha diferencia de opiniones en esta cuestión teológica. Debido a que suelo hablar en muchos lugares en todo el país, muchas veces les pregunto a los líderes de iglesia que asisten a la reunión: «¿Quiénes en este lugar creen que las mujeres debieran ser ancianos y pastores?». y por lo general la mitad de ellos levanta la mano. Luego pregunto: «¿Quiénes de los presentes piensan que las mujeres no debieran ser pastores o ancianos?». Generalmente la otra mitad levanta la mano, y quedan siempre unos pocos que no votan que parece quedarse preguntándose para qué estaré haciendo esas preguntas. Después de que todos ven esta división de opiniones en el cuarto, y entonces en todo de broma les digo: «¡Uno de ustedes está equivocado!». Pero les digo: «Mírense unos a otros. Todos ustedes aman a Dios. Todos desean servir a Jesucristo. Todos estudian las Escrituras y oran acerca de este asunto y piden al Espíritu Santo que les guíe. Y, no obstante, han llegado a conclusiones diferentes. Quizá este no es un asunto tan importante como ustedes pueden pensar». Usualmente todos suelen reír y sonreír y está de acuerdo, pero eso no significa que siempre se sientan tan generosos cuando salen del cuarto.

Escribir este capítulo me pone nervioso porque, tristemente, he sido testigo y he leído sobre algunas discusiones bien acaloradas entre líderes de las iglesias y otras personas dentro de las iglesias en relación con el papel de las mujeres. Yo sé que una diversidad de personas leerán este libro y que sus presuposiciones teológicas probablemente determinarán cómo leen este capítulo. No voy a tratar de resolver este asunto defendiendo ni la posición igualitaria ni el punto de vista complementario. No voy a tratar de convencerle de que cambie su punto de vista. Sin embargo, sí que le voy a pedir que examine de nuevo la actitud con la que usted comunica dentro de su iglesia su punto de vista, cualquiera que ese sea.

Confío que la misión a la que Jesús nos ha enviado a las generaciones emergentes nos ayudará a superar actitudes divisivas y de crítica hacia otros que sostienen puntos de vista diferentes. Quiera Dios que nuestra misión nos lleve a superar el orgullo o las tradiciones que podrían frenarnos en examinar con cuidado cómo funcionamos y somos vistos por las personas en nuestras iglesias. Así, pues, muchos ven a la iglesia como una entidad dominada por los hombres que oprime a las mujeres. Confío en que usted escuche lo que ellos tienen para decirnos a fin de entender por qué piensan así. Pregúntese así mismo, ¿hay algo de valor en lo que están diciendo? ¿Hay algo que podemos cambiar en nuestras iglesias sin comprometer nuestros puntos de vista con el fin de no ser una piedra de tropiezo para los individuos que están abiertos a Jesús pero no a la iglesia?

Los que abogan por la igualdad pueden preguntarse por qué están leyendo este capítulo, puesto que ellos no están siendo el centro de la crítica de parte de la cultura emergente en este asunto. Los defensores del punto de vista complementario encontrarán este capítulo más retador. Pero no creo que nada de lo que yo digo en este capítulo comprometa ninguna de esas perspectivas. Recuerde, la meta de este libro es examinar cómo somos vistos por las generaciones emergentes. No estoy sugiriendo que tengamos que cambiar nuestro particular punto de vista por causa de la cultura emergente, pero sí estoy pidiendo que seamos sensibles a cómo somos comprendidos por los que nos rodean en este asunto.

MI OBSERVACIÓN INICIAL SOBRE LAS MUJERES EN LA IGLESIA

Yo crecí fuera de la iglesia, de modo que no tenía un punto de vista formado sobre este asunto. De hecho, ni siquiera sabía que fuera un asunto en discusión. La iglesia a la que asistí durante un año en Inglaterra era pequeña y el pastor era hombre, pero la mitad de la membresía eran mujeres, y todos parecían participar de forma natural para ayudar en todo. Así que no pensé para nada en cuáles eran los papeles de los hombres y mujeres en la iglesia. Cuando regresé a los Estados Unidos y empecé a buscar una iglesia, visité varias. Fue entonces cuando me di cuenta desde una perspectiva exterior que la mayoría de las iglesias parecían dominadas por los varones. Recuerdo la sensación extraña que tuve al asistir a una iglesia y no encontrar ningún ujier femenino. Al estar acostumbrado a ver ujieres masculinos y femeninos en los cines y teatros, me dejó eso un poco perplejo. Con franqueza, los ujieres varones de esa iglesia en particular parecían y actuaron como si fueran miembros del Servicio Secreto o de la CIA. Llevaban trajes y corbatas negras e incluso se hacían señales unos a otros con las manos de pasillo a pasillo. Luego noté que el boletín mencionaba solo hombres para referirse al pastor y los ancianos. Yo ni siquiera sabía qué era un anciano, pero no pude evitar darme cuanta que no se mencionaba ni a una sola mujer. Lo mismo sucedía con los maestros de las clases de adultos de la escuela dominical: todos eran hombres.

Durante el culto de adoración, casi todo fue hecho por hombres. Un hombre hizo los anuncios. Un hombre dirigió el canto. Había mujeres en el coro, pero servía como acompañamiento para el cantante varón. Un hombre predicó. Los hombres recogieron la ofrenda y sirvieron la Cena del Señor. Había bautismos, y sin dura alguna, el que bautizó a los candidatos fue un hombre. Estaba allí sentado reflexionando en mi regreso a Estados Unidos desde Inglaterra donde Margaret Thatcher era la primera ministra. Ella era conservadora y mujer, pero tenía la enorme responsabilidad de dirigir todo el país. Las personas parecían mostrarla gran respeto, y ella pronunciaba discursos y aportaba informes que muchos en el mundo escuchaban con atención. Yo tenía como médico a una doctora y confié en ella para que me enseñara a cuidar de mi salud. Tuve varias profesoras en la Universidad del Estado de Colorado que eran de verdad excelentes educadoras de las que aprendí mucho. Pero no vi ningún nombre femenino en el boletín de aquella iglesia. Recuerdo que pensé que era extraño. Las mujeres podían ser reconocidas como extraordinarias maestras y líderes fuera de la iglesia, pero no las veía siendo reconocidas como tales dentro de la iglesia, a menos que fuera en el área de los niños y de mujeres.

Recuerde, en este tiempo yo no asistía con regularidad a la iglesia, y me di cuneta de estas cosas en la primera visita. Las personas en las generaciones emergentes también se dan cuenta si tenemos o no mujeres en la posiciones de liderazgo. No subestime eso. Nuestro punto de vista sobre las mujeres en el ministerio puede estar tan enraizado en la tradición de una iglesia en particular que nos olvidamos de pensar en cómo somos vistos y conocidos por los que viven fuera de la iglesia y fuera de nuestra comprensión de lo que creemos y por qué.

PEQUEÑAS COSAS HACEN UNA GRAN DIFERENCIA

Quizá usted está pensando en que no debemos preocuparnos en cómo los demás nos ven, porque, después de todo, lo único que necesitamos es permanecer fieles a la Biblia. Eso es absolutamente cierto. Pero tenga en mente que no son solo nuestras prácticas las que la gente rechaza, sino también nuestras actitudes. Recuerde que estoy presentando razones de por qué las generaciones emergentes evitan relacionarse con la mayoría de las iglesias y por lo que observan en nosotros. Si nosotros de verdad nos interesamos por ellos, debemos tomar sus comentarios seriamente.

Empecemos con algunas palabras de parte de Erika:

> *La iglesia tiene que comprender los sentimientos de las mujeres, y no solo los sentimientos de ser una mujer en la iglesia, sino una mujer en el mundo de los negocios, en la política, una mujer en todas partes en una sociedad dominada por los hombres. No puedo imaginarme que Jesús no prestara atención a estas cosas y se asegurara que la iglesia entendía lo que las mujeres sienten y que se las respete y se las honre.*

Estas son palabras llenas de sabiduría. Creo que Erika lleva toda razón cuando dice que Jesús prestaría atención a cómo las mujeres se sentirían en el seno de la iglesia y en la sociedad en general. Erika creció en una iglesia pero la dejó en su adolescencia porque sentía que se enfoca demasiado en las cosas negativas. Ella es una persona optimista y está estudiando paisaje arquitectónico, que tiene que ver con hacer cambios positivos en el medioambiente, de forma que puedo ver claramente porque ella no encajaría en una iglesia que se enfoca en lo negativo y en cuán horrible es el mundo. Su experiencia de crecer en una iglesia la impactó tanto que no siente la necesidad de regresar. Puede que ella no quiera saber nada de la iglesia, pero no de Jesús. De hecho, ella introduce a Jesús con cierta frecuencia en nuestras conversaciones. Ella tiene novio, e incluso expresó que ella no aboga por los derechos de las mujeres o en la liberación de la mujer. Pero cuando le pregunté durante nuestras conversaciones por qué ella no es parte de la iglesia, el papel de las mujeres apareció varias veces con fuerza.

> *Los Estados Unidos nacieron primariamente con las tendencias de una sociedad europea dominada por hombres. De modo que la iglesia está naturalmente enraizada en ese ambiente. Sin embargo, en nuestra sociedad de hoy, se han dado grandes pasos para lograr mayor igualdad para las mujeres en el mercado laboral y otros lugares. Así que pensaría que la iglesia está haciendo lo mismo, pero no parece que sea así. He visto solo y he oído acerca de algunas iglesias rebatiendo a las mujeres con aspiraciones en su fe y en su deseo de participar en el liderazgo de la iglesia.*

El asunto, como lo ilustran los comentarios de Erika, es mucho más grande que solo mujeres en la iglesia; tiene que ver con las mujeres en la sociedad. Aun así Erika confía en que la iglesia vaya acercándose a los avances en la sociedad, por favor, note el corazón de lo que ella está diciendo. Ella expresa tristeza porque si una mujer crece en su fe y quiere ayuda a liderar la iglesia, es arrinconada por ser mujer. Sin embargo, Erika dejó bien en claro que ella no tiene una agenda:

> *¡No soy una feminista o defensora de los derechos de la mujer! Todo lo que estoy diciendo es que es mucho mejor que la iglesia respete y trate a las mujeres con igualdad y dignidad por lo que ellas son, y las permitan contribuir en todas las áreas de la iglesia. Es vergonzoso que las iglesias estén manejadas solo por hombres, cuando las mujeres tienen tanto que ofrecer.*

Lo que ella dice es importante porque he oído desechar muchas opiniones de mujeres en este asunto simplemente porque las que expresaban las opiniones eran mujeres. Oí a un líder de iglesia desechar la voz de una mujer en esto porque ella era «mujer defensora de los derechos de la mujer, de modo que, por supuesto, ella iba a quejarse acerca del papel de la mujer en la iglesia». Examinándolo más a fondo con Erika, descubrí que sus puntos de vista estaban basados por lo que ella percibía al hablar con otros que sí habían crecido en la iglesia.

Escuche otra opinión sobre esto:

> *Cuando miro alrededor, lo único que veo son sacerdotes y ministros. Si usted es mujer, ¿es su única posibilidad unirse a la Iglesia Católica y hacerse monja?*

Puede que las mujeres estén más inquietas que los hombres en este asunto, pero eso no quiere decir que sean las mujeres las únicas que piensa eso acerca de la iglesia. En casi cada conversación que tuve en mis entrevistas para este libro, el tema salía al final de una u otra manera tanto con hombres como con mujeres. Fui testigo de los mismos sentimientos, de las mismas impresiones de que la iglesia está dominada por los hombres y las mujeres no reciben el mismo respeto que los hombres. Las conversaciones plantean varios puntos válidos. Alicia, a quien cité al comienzo de este capítulo, hizo este comentario fascinante:

> *Cuando pienso en Dios, pienso en Él en sus aspectos maternal y paternal. Los padres parecen más condicionales con su amor. Las madres se dedican más a cuidar y nutrir. Yo veo a Jesús más como una madre en términos de que él cuida, nutre y acepta a las personas. Pero no veo eso en la iglesia. Está principalmente*

> *dirigida por hombres, por lo que, por supuesto, ellos ven más un solo lado y tienen una deidad varón, e ignoran más el lado maternal de Dios y Jesús.*

Pienso que necesitamos pensar en lo que ella dice. Podemos decir que Dios es Espíritu (Jn. 4:24), no un género. Sabemos que Dios creó varón y hembra a su imagen y semejanza (Gn. 1:27). El hombre y la mujer son creados a la imagen de Dios, no simplemente uno de ellos, mostrando que Dios tiene características de masculinas y femeninas. La Biblia contiene unas 170 referencias a Dios como Padre, de modo que sabemos con certeza que Dios quería que le conocieran como protector y proveedor que son las características propias de un buen padre. Por eso nos acercamos a él y le llamamos Padre, puesto que así es como aun Jesús oró y habló de Dios (Mt. 6:9). Jesús habló de Dios como Padre más de 150 veces. En Juan 10:30, Jesús dice: «El Padre y yo somos uno». Así, pues, Jesús vino él mismo en la forma de ser humano varón revelando a Dios el Padre.

Personalmente quiero expresar claramente que la Biblia enseña que debemos ver a Dios como Padre, y no quiero alejarme para nada de esa verdad aquí. Dios quiere que nosotros le veamos y nos dirijamos a él como Padre. Sin embargo, también podemos ver lugares en los que Dios se describe a sí mismo con características femeninas en forma metafórica y poética. Isaías 66:13 dice: «Como madre que consuela a su hijo, así yo los consolaré a ustedes». En Isaías 42:14, Dios dice: «Pero ahora voy a gritar como parturienta, voy a resollar y jadear al mismo tiempo». Jesús incluso usó la metáfora de la gallina cuando él dice en Mateo 23:37: «¡Jerusalén, Jerusalén, que matas a los profetas y apedreas a los que se te envían! ¡Cuántas veces quise reunir a tus hijos, como reúne la gallina a sus pollitos debajo de sus alas, pero no quisiste!». Menciono estos pasajes de la Biblia para mostrar que Dios mismo usó las características bellas de la mujer para describirse a sí mismo poéticamente. De manera que deberíamos preguntarnos a nosotros mismos, como iglesia, ¿estamos reflejando la plenitud de Dios y la realidad de que los seres humanos, hombres y mujeres, están creados a la imagen de Dios?

MENCIONO ESTOS PASAJES DE LA BIBLIA PARA MOSTRAR QUE DIOS MISMO USÓ LAS CARACTERÍSTICAS BELLAS DE LA MUJER PARA DESCRIBIRSE A SÍ MISMO POÉTICAMENTE. DE MANERA QUE DEBERÍAMOS PREGUNTARNOS A NOSOTROS MISMOS, COMO IGLESIA, ¿ESTAMOS REFLEJANDO LA PLENITUD DE DIOS Y LA REALIDAD DE QUE LOS SERES HUMANOS, HOMBRES Y MUJERES, ESTÁN CREADOS A LA IMAGEN DE DIOS?

LA IGLESIA ES UNA ESPOSA, NO UN CLUB DE HOMBRES

Resulta irónico que la iglesia sea vista como un club de hombres cuando las Escrituras llaman a la iglesia la esposa de Cristo (Ap. 19:7). Por supuesto, hay otras varias metáforas que se usan para la iglesia, incluyen la imagen del cuerpo (1 Co. 12:12-27; Col. 1:18), un ejército (2 Ti. 2:3-4; Ef. 6:10-17), y otras. Dado que club de hombres no es una de las metáforas para la iglesia, pero esposa sí lo es, y puesto que Dios creó al varón y la hembra a su imagen y semejanza, ¿no quiere decir eso que nosotros necesitamos tener características, opiniones y puntos de vista de ambos géneros reflejados en nuestras iglesias? Podemos sin duda asegurarnos que hombres y mujeres están representados para ayudar a darle forma a lo que hacemos y quienes somos como iglesia. Necesitamos ser conscientes de que la Biblia no solo muestra la valores de hombres y mujeres sino que también las generaciones emergentes están buscando que el liderazgo de la iglesia muestre esos valores de hombres y mujeres.

No estoy diciendo que usted necesite cambiar su particular teología a causa de la cultura. De hecho, sé de iglesias emergentes que sostienen un punto de vista complementario y tienen cientos, en unos pocos casos miles, de jóvenes en su seno. También sé de iglesias emergentes que defienden un punto de vista igualatorio que tienen cientos e incluso miles de jóvenes en su seno. ¿Qué tienen estas iglesias en común? Sin importar que perspectiva teológica afirman, todas ellas son sensibles en cómo van como ellos en honrar, respectar y habilitar a las mujeres dentro de su contexto. Son sensibles en cómo son vistos por los demás en sus prácticas y actitudes.

Déjeme sugerir una pocas formas en las que la iglesia puede ser sensible a cómo es vista por la cultura emergente.

¿QUÉ PODEMOS APRENDER DE ESTAS PERCEPCIONES ERRÓNEAS?

Muchos lectores que tienen una perspectiva complementaria pueden encontrar que algunas de estas sugerencias van en contra de la naturaleza, historia y tradiciones de su iglesia. Pero en vez de desechar lo que se dice aquí, por favor sean abiertos a una sincera autoevaluación. Al ir leyendo estas sugerencias, evalúen sus respuestas emocionales preguntándose si su reacción está condicionada por sus sentimientos y subcultura de iglesia o por un estudio serio de las Escrituras. Estoy convencido que aquellos que sostienen una perspectiva complementaria pueden ir mucho más allá que lo que suelen hacer la mayoría de las iglesias y, no obstante, no estar en contra de sus creencias teológicas en esto.

Necesitamos tener un equilibro de hombres y mujeres

Para aquellos en iglesias que ya tienen mujeres en posiciones de liderazgo, la mayoría de las sugerencias en este capítulo no se van a aplicar a ellos. Sin embargo, si sus principales líderes, pastores o ancianos son mujeres, yo les animaría a asegurarse que se refleje una equilibro en su liderazgo. Si sus principales líderes y pastores son mujeres, ¿buscan ustedes tener un buen balance con representantes varones? Y por supuesto, si sus principales líderes son hombres, ¿los equilibran ustedes con mujeres?

También es importante que los complementarios se muestren respetuosos de los igualatorios, y viceversa. Las personas notarán inmediatamente las actitudes que se tienen hacia otras iglesias o denominaciones, de modo que de verdad necesitamos demostrar gracia y respeto unos con otros.

Necesitamos tener una comprensión bien pensada de la Biblia

Una razón principal por la que las personas piensa que la iglesia está dominada por hombres y oprime a las mujeres es debido a la manera en que nosotros explicamos nuestro punto de vista sobre las mujeres en la iglesia. Me siento entristecido y con frecuencia abatido por la manera en que muchas iglesias explican el papel de las mujeres en la iglesia. Estoy hablando aquí sobre todo de los complementarios, porque ellos son los que están limitando las funcionen que las mujeres pueden desempeñar. ¿No vemos la necesidad de explicar las razones para nuestras restricciones? Puesto que este es un asunto divisivo y sensible, deberíamos ser capaces de expresar nuestra posición de una forma clara e inteligente. Sin embargo, en mi experiencia, las respuestas que usualmente dan los líderes y miembros de las iglesias cuando dicen que las mujeres no debieran enseñar o ser pastores están basadas más bien en la subcultura de su iglesia que en las Escrituras. Y cuando ellos usan las Escrituras, generalmente emplean versículos que están sacados de su contexto. No ser capaces de dar razones claras, inteligentes y compasivas es perjudicial para las generaciones emergentes. Les debemos el ser capaces de explicar bien lo que creemos. Algunos de los pasajes de las Escrituras acerca de las mujeres y la iglesia, a primera vista, parecen bastante extraños, de manera que ayudan bastante el que nos pongamos en el lugar de los de fuera de la iglesia para ver cómo esos pasajes aparecen ante ellos.

Imagínese que usted es una mujer inteligente de veintisiete años, graduada de la universidad, diplomada como farmacéutica, abogada o maestra de literatura e inglés de escuela secundaria. Usted es una persona bien formada, buena lectora y con buen entendimiento de la cultura. Digamos que usted se está interesando en la espiritualidad cristiana y abre una Biblia se encuentra cara a cara con versículos como estos:

Guarden las mujeres silencio en la iglesia, pues no les está permitido hablar. Que estén sumisas, como lo establece la ley. Si quieren saber algo, que se lo pregunten en casa a sus esposos; porque no está bien visto que una mujer hable en la iglesia. (1 Corintios 14:34-35)

La mujer debe aprender con serenidad, con toda sumisión No permito que la mujer enseñe al hombre y ejerza autoridad sobre él; debe mantenerse ecuánime. Porque primero fue formado Adán, y Eva después. Además, no fue Adán el engañado, sino la mujer; y ella, una vez engañada, incurrió en pecado. Pero la mujer se salvará siendo madre y permaneciendo con sensatez en la fe, el amor y la santidad. (1 Timoteo 2:11-15)

Imagínese que está pensando: ¿Qué demonios es esto? ¿Las mujeres deben guardar silencio? ¿Las mujeres no pueden enseñar a los hombres? ¿Las mujeres se salvarán teniendo hijos? ¿Es esto un chiste? ¿Los cristianos de verdad creen en esto?

LA GRAN MAYORÍA DE LOS CRISTIANOS NO ESTÁN PREPARADOS PARA RESPONDER A ESTAS PREGUNTAS

He hablado con suficientes personas y líderes de iglesia para saber que la mayoría no están de verdad preparados para dar una buena explicación de estos pasajes. Podemos citar estos versículos y dar una explicación débil usando clichés cristianos, ¿pero estamos de verdad entrando en el contenido y contexto cultural de esos pasajes? ¿Estamos listos para hacer que tenga sentido lo que a primera vista parece ridículo? Y nos preguntamos por qué las generaciones emergentes nos ven con tanta frecuencia como gente fundamentalista, opresiva, estrechos de mente, fanáticos con mentalidad de hace siglos. Sin importar cuál sea nuestro punto de vista, ¿estamos listos para hablar de forma inteligente acerca de estos versículos de la Biblia?

Yo sé que no estaba. Estaba sirviendo en el equipo ministerial de una iglesia conservadora basada en la Biblia que sostiene un punto de vista complementario en una manera sana y equilibrada. Ellos permitían a las mujeres enseñar clases «bajo la autoridad» de los ancianos varones, y las mujeres desempeñaban posiciones elevadas de liderazgo. Yo enseñaba parte de la clase para nuevos creyentes y siempre dejaba tiempo para un período de preguntas y respuestas. Nadie en la docena o más de veces que había ayudado a enseñar aquella clase había preguntado sobre el asunto de las mujeres en la iglesia. En su mayor parte, los que asistían a la clase para nuevos creyentes eran personas de la generación conocida como los «baby boomers» o mayores y estaban trasladando su membresía de otras iglesias conservadoras, y probablemente ellos daban por supuesto que solo los hombres eran pastores y ancianos, pues esa era manera en que habían crecido y los habían enseñado en sus iglesias anteriores. Ellos probablemente nunca lo cuestionaron pues estaban acostumbrados a ello.

Pero entonces empecé un ministerio para jóvenes adultos que Dios usó para llevar a muchos jóvenes adultos a la vida de la iglesia. Muchos se encontraban entre las edades de dieciocho a treinta años y no tenían antecedentes de iglesia o la habían abandonado y ahora estaban regresando. Decidimos organizar una clase para nuevos miembros para ellos. Aunque yo iba a enseñar lo mismo que solía enseñar en el segmento de más edad en la iglesia, no estaba preparado para enfrentar todos los retos que me iba a encontrar.

Cuando llegó el momento de preguntas y respuestas con estos jóvenes adultos, una de las primeras preguntas casi cada vez era: ¿Por qué no había pastores o ancianos mujeres? Me sorprendió, pero ese continuar en el ministerio con las generaciones emergentes, descubrí que ese era un asunto importante para ellos. Al principio, en respuesta a su pregunta, yo solía abrir la página en el manual de miembros que hablaba de nuestra posición y la leía en voz alta. Pero leérselo resultaba increíblemente incómodo. La manera en que estaba redactaba la declaración asumía que usted ya tenía adoptado ese punto de vista. La redacción no tomaba en consideración a alguien para quien todo eso fuera nuevo, ni tampoco tenía las referencias bíblicas incorporadas en el texto. Solo daba el libro, el capítulo y versículo en paréntesis después de cada declaración. El resultado es que la manera en que se presentaba venía a decir: «Así es, no hay más. Lo tomas o lo dejas, y no lo cuestiones».

Cuando alguien me preguntaba qué decían esos versículos, me encogía por dentro, sabiendo lo que iba a leer a ese grupo. Abríamos la Biblia y leía esos versículos en voz alta. ¿Se puede usted imaginar lo que era estar allí sentado en aquel cuarto con una docena o así de jóvenes adultos, la mitad de ellos mujeres, y leyendo en voz alta esos versículos completamente fuera de su contexto: «Porque no está bien visto que una mujer hable en la iglesia» y «debe mantenerse ecuánime (silencio)» y los otros versículos que se citaban? La escena era de verdad horrible y bastante embarazosa, no por las Escrituras en sí sino por el hecho de que no podía explicarlas. Recuerde, este grupo no estaba tratando de retarme en este asunto; ¡querían unirse a la iglesia! Confiaban en mí como el pastor con el que estaban familiarizados y estaban allí para incorporarse a la membresía de la iglesia. Estaban sinceramente haciendo preguntas porque ese asunto era importante para ellos. Les di la mejor explicación que pude, pero de verdad yo no estaba preparado esa vez. Tuve que pedirles disculpas por no ser capaz de profundizar en el grado que ellos necesitaban.

Esta experiencia me forzó a revisar teológicamente lo que me habían enseñado con cierta rapidez en el seminario. También conocía a una mujer pastora alrededor de ese tiempo que era una maestra excelente y que causó en mí el deseo de re-estudiar todo este asunto. La iglesia en la que yo servía en se tiempo era complementaria, como también lo eran las personas en mis círculos de iglesia, de modo que no me estaban retando a examinar otros puntos de vista, puesto que todos creíamos lo mismo. También, al empezar a servir a los jóvenes adultos, ya no podía simplemente leer la declaración de nuestra posición sobre las mujeres y ver cabezas moviéndose en aprobación. Estos inteligentes jóvenes adultos que pensaban y cuestionaban esperaban algo más que declaraciones con unos pocos versículos que, con toda franqueza, generaban más preguntas y preocupaciones. De modo que empecé de nuevo, abordando el asunto como si estuviera de regreso en el seminario, pero esta vez examinando la historia de la iglesia y estudiando los diferentes puntos de vista. Me quedé de verdad bastante sorprendido al ver buenos razonamientos en ambos lados. Nunca había considerado los argumentos sobre las mujeres partiendo del otro punto de vista. En mis años formativos de estudiar teología, me enseñaron en realidad un solo punto de vista. De forma que fue iluminador y retador hacer el estudio en profundidad de los diferentes puntos de vista.

Pero de todo esto aprendí una dura lección. Ya no podía evitar por más tiempo estudiar este asunto en profundidad. Necesitaba ser capaz de considerar este tema desde una perspectiva diferente. Con las generaciones emergentes, necesitamos tener un mejor conocimiento de las Escrituras y del contexto en el cual fueron escritas. No podemos escaparnos simplemente soslayando las preguntas difíciles sobre el asunto. Necesitamos ser más abiertos y honestos y ayudar a las personas a entender el sentido de algunas cosas con sonido de tonterías que el apóstol Pablo dijo acerca de las mujeres. (Quizá usted se sienta ofendido por lo que dije de «sonido de tonterías», pero cuando las personas de hoy leen que las mujeres no pueden enseñar, que deben permanecer en silencio, y se salvarán engendrando hijos, eso suena a insensatez.)

Así que déjeme plantear la pregunta: ¿Está usted de verdad listo como líder de iglesia a dar respuestas serias y profundas a las preguntas de las personas sobre el papel de las mujeres en la iglesia? Y si es así, ¿cuál es su actitud al explicar su posición? ¿Reconoce usted que este no es un asunto preparado, en blanco y negro, que usted puede abordar con respuestas enlatadas? Esos pasajes difíciles debieran hacer nuestros corazones un poco más humildes y llenos de simpatía. Creo que las personas respetarán nuestras posiciones, sean las que sean, siempre y cuando que las expliquemos con humildad y respeto por aquellos que difieren de nosotros. Sea cual sea su punto de vista, debería ser bien obvio que nosotros honramos a las mujeres y las habilitamos para que sirvan en posiciones de liderazgo hasta las más altas capacidades que las Escrituras permiten, de manera que nuestras iglesias reflejen una balance sano de características masculinas y femeninas y no levanta barreras artificiales que repelen a las generaciones emergentes.

Tenemos que enseñar a los miembros de nuestras iglesias nuestra posición

Debido a que muchos en nuestra cultura emergente no asisten a las actividades de la iglesia, no cultivan en realidad amistad con pastores y otros líderes de iglesias. Pero sí se encuentran con otros cristianos. De manera que no es solo importante que los líderes de iglesia sean capaces de dar explicaciones claras de nuestra posición; es aún más importante que los cristianos promedio sean también capaces de explicar esos pasajes.

No hace mucho hablé con alguien que es miembro de una iglesia y me dijo que a él no le gustaba que las mujeres predicaran y dirigieran en la iglesia. Le pregunté por qué, y él me respondió (no estoy bromeando) que tener mujeres líderes hace que los hombres sean más femeninos. Esta es una persona con educación universitaria que trabaja en la industria de las computadoras. No podía creer lo que estaba oyendo. Le pregunté si él conocía a alguien que se hubiera vuelto más femenino como resultado de la enseñanza de una mujer. Me dijo que no, porque él no iba a iglesias que permiten que las mujeres prediquen. Siguió diciendo que la Biblia dice que las mujeres no debieran enseñar a los hombres. Le pregunté dónde, específicamente. No lo sabía con seguridad, pero empezó a citar partes de versículos acostumbrados. Le respondí que si esos pasajes son aplicables a la cultura de hoy, entonces ¿por qué su esposa no lleva un velo sobre la cabeza? Si ella debiera permanecer en silencio, ¿por qué entonces habla en el templo? Le pregunté si su esposa comentaba alguna vez lo que había aprendido y lo que ella había dicho en los estudios bíblico en las casas, y él me dijo que sí que lo hacía. Y entonces le pregunté por qué está bien que una mujer comente lo que había aprendido en un grupo mixto de un estudio bíblico en las casas, pero no estaba bien que la mujer hablara desde el púlpito en los cultos de adoración de los fines de semana. Me respondió que en realidad las reuniones en las casas no son en realidad actividad de iglesia en el templo, y por eso es permisible. Yo le dije que el estudio bíblico en su casa estaba probablemente mucho más en línea con lo que hacía la naciente iglesia en los tiempos del Nuevo Testamento, que se reunía en las casas, que lo que nosotros hacemos hoy en el templo los fines de semana. Él me respondió que no había pensando acerca de eso. Hablamos sobre su concepto sobre el púlpito como el lugar oficial de enseñanza para la iglesia, y yo le expliqué que en la iglesia primitiva no había púlpito porque se reunían en las casas.

Ahora bien, yo entiendo que en los tiempos posteriores al Nuevo Testamento y a lo largo de la historia de la iglesia ha habido declaraciones formales para definir lo que es un culto de adoración y predicación de la iglesia, y algunas personas pueden pensar que enseñar y compartir en una casa sea lo mismo que la reunión formal de la iglesia los domingos en el templo, pero ese no era el asunto. El asunto era su conclusión dogmática que las mujeres no pueden enseñar a los hombres la Biblia en ningún escenario.

No me cabe duda que este hombre tiene un buen corazón. Hablamos por un rato, y le hice esta pregunta: Imagine que damos una Biblia y los mismos comentarios y otras herramientas de estudio bíblico a un hombre cristiano y una mujer cristiana. Los dos son creyentes de oración y se disponen a estudiar el mismo pasaje durante ocho horas. Después de un estudio diligente, ambos llegan a las mismas conclusiones sobre lo que el texto bíblico está diciendo. Cada uno escribe exactamente el mismo bosquejo y contenido para un sermón. ¿Por qué puede el hombre pararse en frente de una audiencia mixta y enseñar lo que ha estudiado, pero la mujer, aunque ha llegado a las mismas conclusiones y ha preparado el mismo contenido, no puedo enseñarlo a una audiencia mixta? ¿Por qué tiene ella que enseñar solo a mujeres? Le dije con franqueza que me gustaría aprender de todo aquel, hombre o mujer, que estudia con diligencia la Biblia y aporta buena enseñanza. Pero él no estuvo de acuerdo y reafirmó que la «Biblia dice que una mujer no debiera enseñar ni tener autoridad sobre el hombre». Él no podía responder a mi pregunta sino solo mediante la repetición una y otra vez del mismo versículo de la Biblia, y tampoco pudo explicarme los otros pasajes bíblicos.

Fue una conversación interesante y difícil, y nada de lo que dije cambió su mente. En momento, él incluso dijo: «Este asunto ya está decidido en mi mente». Oír eso me entristeció porque significaba que no estaba dispuesto a seguir aprendiendo en este asunto, a pesar de que por nuestra conversación, puedo afirmar que él no había hecho un estudio serio y profundo del tema. No obstante, él había llegado a una conclusión a la que se aferraba apasionadamente. Después de que hablamos, seguí pensando en todas las personas fuera de la iglesia con las que él podía expresar su punto de vista y las impresiones que eso podía dar. Ese hombre una buena persona que ama a Dios, pero en mi conversación con él, sostenía opiniones extremadamente fuertes pero no estaba preparado para defenderlas adecuadamente.

En este asunto, es clave que nosotros tengamos un entendimiento sólido de lo que creemos, sea cual sea nuestro punto de vista. Pero eso no termina con los líderes de iglesia. Necesitamos capacitar a los miembros de nuestras iglesias para conocer y comprender el contexto cultural del Nuevo Testamento de manera que no sacan versículos de la Biblia fuera de su contexto y refuerzan para las generaciones emergentes que la iglesia está dominada por hombres y oprimen a las mujeres. ¿Cuán bien cree usted que los miembros de su iglesia entienden el punto de vista de su iglesia? ¿Le meterán a usted en apuros con las respuestas que ellos den a las preguntas acerca de esa perspectiva y por la impresión que ellos dan a otros? ¿Perpetuarán ellos las percepción de que su iglesia está dominada por los hombres y oprime a las mujeres?

Antes de continuar, permítame hacer también hincapié en esto para aquellos que sostienen un punto de vista igualatorio. ¿Está usted listo para explicar los pasajes clave que dicen que las mujeres deben guardar silencio y no tener autoridad sobre los hombres? No hace mucho le pregunté a una mujer que era anciana en una iglesia igualatoria cómo explicaría ella esos pasajes. Su respuesta fue: «En realidad no lo sé, pero creo y siento firmemente que mujeres debieran ser pastores y ancianos». ¡Eso es tan malo como en la situación opuesta! Si usted sostiene un punto de vista, usted debería ser capaz de explicarlo con las Escrituras en la mano. Sin importar la perspectiva que usted apoya, tiene que tener más base que solo el sentimiento de que las cosas debieran ser en cierta manera determinada. Necesitamos estudiar cuidadosamente y explicar nuestro punto de vista con las Escrituras.

Necesitamos dejar de pensar en estereotipos

Una vez aprendí una lección difícil. Estábamos enseñando una serie sobre relaciones y el matrimonio, y habíamos invitado a una orador que era conocido por su conocimiento en esas áreas para hablar en nuestro culto de adoración. Sin embargo, aquella persona me metió a mí en problemas. Él enseñó de la Biblia algunas cosas muy buenas sobre relaciones y matrimonio, pero lo que nos creó dificultades fueron sus intentos de humor usando algunos estereotipos tales como: «A todas las mujeres les gusta ir de compras, así que es bueno que los hombres guarden las tarjetas de crédito», y "A todos los hombres les gusta ver el fútbol los domingos, así que las esposas deberían prepararle el té helado». Él estaba bromeando y exagerando, pero terminó insultando e hiriendo a las mujeres presentes. Yo estaba sentado al fondo del santuario, observando con dolor cómo algunas personas se levantaban y se marchaban. Tuve que dedicar la segunda parte de nuestra reunión tratando de calmar a las personas y explicando a las personas nuevas que aquel hombre era un conferenciante invitado. De nuevo, lo que es interesante es que ese humor, que es común y los líderes de iglesia lo usan, va bien con congregaciones donde abundan los mayores, que no les afecta esos estereotipos y se ríen y disfrutan con ellos, pero no caen de la misma manera entre las generaciones emergentes, no todos lo aprecian. Va en contra de lo valores de muchos en la cultura emergente.

> LO QUE ES INTERESANTE ES QUE ESE HUMOR, QUE ES COMÚN Y LOS LÍDERES DE IGLESIA LO USAN, VA BIEN CON CONGREGACIONES DONDE ABUNDAN LOS MAYORES, QUE NO LES AFECTA ESOS ESTEREOTIPOS Y SE RÍEN Y DISFRUTAN CON ELLOS, PERO NO CAEN DE LA MISMA MANERA ENTRE LAS GENERACIONES EMERGENTES, NO TODOS LO APRECIAN. VA EN CONTRA DE LO VALORES DE MUCHOS EN LA CULTURA EMERGENTE.

Me encontraba una vez en una reunión de pastores en la que estábamos hablando sobre cómo se toman las decisiones en los equipos ministeriales. Sugerí que un pastor llevara a su asistente administrativa a la reunión de toma de decisiones, y su respuesta fue: «¿Por qué voy a hacer eso? Ella es solo una secretaria». La impresión que me dio es que su papel como secretaria era insignificante en términos de aportar información válida, pero también estaba implicando: «Ella es una mujer, de modo que debe enfocarse en sus tareas secretariales y dejar la toma de decisiones para los hombres de la iglesia». Usar incluso el nombre de secretaria puede ser negativo, puesto que el papel de la mayoría de las secretarías es simplemente sentarse detrás de un escritorio y copiar en la computadora. Pero además de eso está el estereotipo muy enraizado de que las mujeres en la iglesia no están incluidas en el proceso de toma de decisiones o en aportar ideas para la dirección de la iglesia. No pedir las opiniones de las mujeres significa que nosotros no pensamos que sean valiosas, porque si lo fueran las pediríamos. Para mí me resulta sumamente extraño que no sintamos la necesidad de buscar las opiniones y consejos de las mujeres así como de los hombres en nuestras iglesias.

No hace mucho le pedí a uno de las mujeres líderes en nuestra iglesia que nos diera un mensaje devocional en preparación para la Cena del Señor. Durante el culto de adoración, yo me encontraba en el fondo del santuario y me di cuenta de una pareja de entre treinta u cuarenta años que se marchaban, me acerqué a ellos para saludarles: «¡Hola! ¡Gracias por venir a esta iglesia!». Ellos se pararon, me miraron y me dijeron con pasión: «Ustedes nos han ofendido por tener una mujer predicando. Nosotros pensamos que esta es una iglesia evangélicas y esperábamos ser alimentados en la Palabra de Dios por un pastor hombre». Aquella reacción me pilló desprevenido por su respuesta hostil a mi amistoso saludo. Le pregunté tímidamente:

—¿Son ustedes de por aquí?

Me respondieron:

—No. estamos de vacaciones y somos del este. Soy un pastor y queríamos visitar su iglesia. Pero me ha dejado aturdido que ustedes permitan que las mujeres prediquen.

Me quedé allí parado, incapaz de creer lo que estaba oyendo y la actitud detrás de las palabras, especialmente de parte de un pastor. Miré a la esposa, que en silencio lo confirmó con la expresión de su rostro y movimiento de la cabeza.

Yo sé que estos son ejemplos extremos (¡confío!), pero no obstante, estas actitudes existen y los de fuera de la iglesia se dan cuenta de ellas. Es triste que nosotros también somos estereotipados, pero son ejemplos como este mencionado lo que lleva a muchos al estereotipo de que la iglesia está dominada por hombres y oprime a las mujeres.

Necesitamos incluir mujeres en funciones visibles

Me siento tonto diciendo esto, pues sé que muchos que van a leer este libro tienen pastores que son mujeres y ancianos en sus iglesias o que ellas mismas son pastores. Pero van dirigidas a aquellos que no tienen mujeres sirviendo en ninguna función importante. Hay unas cuantas preguntas que me gustaría que considerara. Aun si nosotros sostenemos el punto de vista de que las mujeres no debieran ser pastores o ancianos, ¿hay alguna razón por la que no podamos tener mujeres que lean las Escrituras desde el estrado? ¿Hay razones por las que no podemos tener mujeres que hagan los anuncios? ¿Hay alguna razón por la que no podamos tener mujeres que dirijan a la iglesia en la oración o en las lecturas antifonales? Usted probablemente tiene mujeres cantando en el coro, cantando solos o cantando como acompañantes en el grupo de hombres que dirigen la adoración. Pero la realidad es que cuando ellas están cantando están sin duda dirigiendo, exhortando y retando a otros mediante la letra de los cantos. Quizá usted pueda tenerlas desempeñando otros papeles que no comprometen en nada sus puntos de vista teológicos.

Si yo visitara su iglesia, ¿vería a algunas mujeres juntos con hombres como ujieres a la entrada del templo? ¿Sentiría que esa iglesia mantiene un buen equilibrio entre las funciones visibles de hombres y mujeres? Si alguien como Joni Eareckson o Anne Graham Lotz, la hija de Billy Graham, estuvieran disponibles, ¿las dejaría usted habla en su iglesia? Si es así, ¿por qué otras mujeres no pueden hablar en otras ocasiones (además del día de la Madre)? Parece ser que el lugar primario para las mujeres en el estrado en las iglesias complementarias es usualmente como cantantes de apoyo. Es también interesante notar que las mujeres que ponemos estos papeles de apoyo con frecuencia dan la impresión de que han salido de una revista de modas, fomentando más aun el estereotipo. Puede ser que no hagamos esto intencionalmente, pero he estado presente en suficientes iglesias para darme cuenta de la pauta interna existente, y aunque no estoy seguro de lo que eso significa, es algo que debemos considerar.

De nuevo, pido disculpas a los igualatorios por estas preguntas; yo sé que no tienen relevancia para ellos. Y otra vez, si usted es un complementario no estoy diciendo que usted necesita cambiar su punto de vista con el fin de que las generaciones emergentes sean parte de su iglesia. Solo quiero que usted examine si hay alguna manera en que usted puede evitar reforzar el punto de vista de que la iglesia está dominada por los hombres y oprime a las mujeres.

Necesitamos incluir a las mujeres en posiciones elevadas de liderazgo y de toma de decisiones

Si su iglesia tiene solo pastores y ancianos varones, queda todavía la pregunta si las mujeres en su iglesia tienen una voz que las representa. Creo que las generaciones emergentes no tendrían mucho que decir sobre el asunto de solo pastores y ancianos varones si nosotros mostramos que las mujeres están también incluidas en posiciones elevadas de liderazgo y en el proceso de toma de decisiones de la iglesia. De hecho, yo sé que esto es posible puesto que conozco iglesias complementarias con cientos de jóvenes en ellas. Y por lo que sé, ellos habilitan a las mujeres y las eligen para posiciones prominentes en la iglesia.

Conozco una iglesia que todos los ancianos son hombres, no obstante, incluyen mujeres en sus reuniones a fin de que aporten equilibrio en el proceso de toma de decisiones. Conozco otra iglesia cuyos ancianos y pastores son todos varones, pero se aseguran de que hay una mujer en su más alto nivel de reuniones del equipo ministerial. Ella no tiene el título de pastor, pero está en todas las reuniones más importantes. Hay muchas formas mediante las cuales incluso las iglesias complementarias pueden asegurarse de la contribución de las mujeres a la iglesia. Dar voz a las mujeres no solo añade belleza, fortaleza y salud a su iglesia, sino que también envía señales importantes de que su iglesia no es un club de hombres.

Habló más de esto en el libro *Jesús me convence pero no la iglesia*, pero no podemos seguir diciendo que no deben haber mujeres en el liderazgo porque los doce discípulos fueron todos hombres. El problema con usar ese argumento es que también se puede decir que eran todos judíos, de manera que no deberíamos tener hoy gentiles en el liderazgo. Pero también vemos que las mujeres fueron incluidas en posiciones de liderazgo. Hoy tenemos que pensar con más profundidad este asunto, y sin importar que punto de vista sostengamos, tenemos que tener respuestas bien pensadas.

LAS GENERACIONES EMERGENTES QUIEREN QUE LOS HOMBRES SEAN HOMBRES Y LAS MUJERES SEAN MUJERES

Bueno, estoy terminando este capítulo, y confío que ahora se alivie la tensión en mi cuello. Oro pidiendo haber logrado el equilibrio delicado de hablar a la vez a las iglesias igualatorias y las complementarias. No es fácil hacer eso, con todo es demasiado importante para no intentarlo y retar algunas prácticas de nuestras iglesias.

Al concluir este capítulo, aunque puede que esté explorando igualdad en algunos papeles en la iglesia, puedo decir con confianza que las personas en las generaciones emergentes entienden y aprecian que los hombres y las mujeres han sido creados diferentes. Una y otra vez les he escuchado reconocer que Dios creó a los hombres y las mujeres para ser diferentes y singulares, y que eso es algo muy bello. No hace mucho hablé con un mujer que me dijo que los hombres deberían ser el equilibrio de las mujeres debido a que la manera en que estamos diseñados. Creo que las personas desean ver a los hombres y mujeres complementarse unos a otros y ser socios en la misión de servir a Cristo Jesús. He mantenido muchas conversaciones con mujeres sobre este asunto, y en mi experiencia, y todavía no

La iglesia está dominada por hombres y oprime a las mujeres.

La iglesia tiene para las mujeres el más alto respeto y las incluye en el liderazgo de la iglesia.

he encontrado ninguna mujer que hagan de este asunto una cuestión feminista. Por el contrario, se trata de ver a las mujeres respetadas y habilitadas y puestas en posiciones de liderazgo donde ellas tienen voz en la dirección de la iglesia. Tiene que ver con no frustrar ni sofocar los dones increíbles que Dios a dado a los hombres y mujeres. Podemos salir de la percepción de que la iglesia oprime a las mujeres para proyectar una mejor percepción:

Sin importar cuál sea su posición teológica, nuestras comunidades eclesiales deben tener una sano balance de hombres y mujeres sirviendo a Jesús, usando sus dones, teniendo voz en la iglesia. La ausencia de este equilibrio no es buena y lo notan claramente aquellos que Jesús les gusta pero no la iglesia. Nuestras actitudes y las actitudes de aquellos en nuestras iglesias suenan muy alto en nuestras comunidades. Confío y oro pidiendo que tomemos esto seriamente, por amor de tener iglesias sanas y dar a conocer a Jesús a la cultura emergente, y por amor de las mujeres, que están creadas a la imagen de Dios y tienen mucho que ofrecer a la iglesia.

VEA A SU IGLESIA
......A TRAVÉS DE LOS OJOS......
DE LAS GENERACIONES EMERGENTES

1. Lea los siguientes pasajes en voz alta y luego hable sobre cómo va a explicarlos. Al ir leyendo, imagine que los está leyendo a una mujer joven de veinticinco años. Imagine que la está mirando a los ojos mientras lo lee.

   • 1 Timoteo 2:1-15
   • 1 Corintios 14:34-35

   Ya sea usted un complementario o un igualatorio, ¿está usted como líder de iglesia *de verdad* preparado para explicar adecuadamente esos pasajes? (Vea también los libros recomendados en el apéndice 3.)

2. ¿Cuán bien está su iglesia instruida para explicar y la posición de su iglesia en este asunto? ¿Está usted seguro que los miembros de su iglesia representarían bien su punto de vista con cortesía, compasión e inteligencia?

3. ¿Cuántas mujeres verían los visitantes de su iglesia en el estrado de su iglesia durante el culto de adoración (además de los acompañantes musicales)? ¿Cuántas mujeres sirven como ujieres y en el ministerio a los adultos?

4. ¿Cuántas mujeres verían los visitantes mencionadas en el boletín de la iglesia que ocupan posiciones de liderazgo importantes? ¿Cómo sabrían los visitantes que su iglesia respeta a las mujeres y les da voz en la vida de su iglesia?

5. Dé ejemplo de formas en que las mujeres participan en la toma de decisiones importantes de su iglesia.

6. ¿Cuántas maestras tiene usted en su iglesia? ¿Cuántas oportunidades (otras que el día de la Madre) tiene usted para que las mujeres hablen en su iglesia?

7. Si usted sostiene el punto de vista complementario, ¿está usted listo para explicar por qué permite que las mujeres enseñen a los niños y niñas, pero no a los adultos hombres y mujeres?

La iglesia es homofóbica

8

¿Por qué no tratan los cristianos de hacer que me sienta incluida? ¿Por qué me tratan como una paria y no se preocupan por mis sentimientos o no quieren relacionarse conmigo en ninguna manera? Usted no necesita entender por qué soy homosexual, sino entiéndame como una persona y como un miembro de la familia humana ¿No es eso lo que haría Jesús? Mi homosexualidad no debería tener más relevancia en cómo usted se relaciona conmigo que el color del cabello pueda tener en cómo usted interactúa con una persona morena o rubia.

PENNY

Sin lugar a dudas, las personas en nuestra cultura todavía perciben a la iglesia evangélica como homofóbica (antihomosexual) y sexualmente represiva. Me enfocaré en el asunto homosexual puesto que ese es el que apareció más veces en mis entrevistas para este libro. Tenemos que entender que esta crítica no viene simplemente de parte de la comunidad gay. He hablado con personas de ambos lados para quienes este tema representa una percepción muy negativa de los cristianos y de la iglesia. Muchos sienten que la iglesia no solo es homofóbica, sino que los cristianos con frecuencia ven a los homosexuales como enemigos. Esto debería ser de igual preocupación para aquellos de nosotros que respetamos a Jesús y no queremos ser estereotipados incorrectamente como individuos antihomosexuales y enojados contra la comunidad gay.

Lidiar con esto es importante porque la homosexualidad se está convirtiendo cada vez más en una parte normal de nuestra cultura emergente. Con la creciente apertura que las personas tienen acerca de su sexualidad, casi todos tienen un amigo, miembro de la familia, compañero de trabajo o conocido que es gay. No está fuera de lo común ver en la televisión programas relacionados con citas entre homosexuales. Muchos de los programas televisivos tienen un personaje gay, y actores o actrices o músicos famosos que son homosexuales que hablan más abiertamente de su orientación sexual. No hace mucho visité el aula de estudios de una escuela secundaria que tenía múltiples letreros declarando que aquella era «Zona libre de homofobia». Necesitamos entender, si no lo hemos hecho ya, hasta que grado nuestra cultura emergente es consciente de la homosexualidad y que ha llegado a aceptarla. Confío también que nosotros lleguemos a comprender cuán importante es que para los líderes de iglesia pensar con claridad sobre este asunto y responder con gracia, compasión y sabiduría.

ES UN TEMA DIFÍCIL PARA HABLAR DE ÉL Y ENTENDERLO POR COMPLETO

Debido a que este es un asunto tan importante en nuestra cultura, y a causa de que toda la tensión y discusión está sobre lo que la Biblia dice acerca de ello, nosotros no podemos ya simplemente repetir como loros lo que nos han enseñado sobre la homosexualidad. Pienso que en el pasado, la enseñanza sobre la homosexualidad en muchas iglesias ha sido de alguna forma superficial, citando unos pocos versículos y no permitir cuestionarlo ni discutirlo. Ya no podemos hacer eso nunca más, aunque solo sea por respeto a las personas que enseñamos. Debemos estudiar la Biblia con humildad, oración y sensibilidad, tomando en consideración el significado original de las palabras en griego y hebreo y examinando el contexto histórico en el que esos pasajes fueron escritos. Cuando lo hacemos, podemos quedar sorprendidos al encontrar que ya no podemos citar con integridad simplemente unos versículos aislados y decir «caso cerrado» con esa confianza a veces tan despiadada y tonta con que solemos hacerlo.

Hablaré más tarde en este capítulo acerca de los varios pasajes bíblicos usados para sacar conclusiones sobre la homosexualidad, pero primero quiero clarificar cuál es mi posición en cuanto al tema. Necesito hacerlo al principio con el fin de que usted sepa de donde partimos. He leído casi todos los libros que hay sobre el tema, escritos desde ambas perspectivas teológicas: la de los conservadores y la de los pro-gay, y he leído los varios estudios y opiniones en cada uno de los pasajes bíblicos que mencionan la homosexualidad o han sido considerados como que tratan la homosexualidad. He lidiado con las Escrituras y puntos de vista difíciles. He estudiado este asunto sin temor de reexaminar todo lo que me habían enseñado antes y abordarlo con una mente y corazón abiertos. Sin embargo, después de mucha oración y estudio de la ética sexual y de los temas presentados en general en las Escrituras, he encontrado que no puede desechar que en la Biblia la práctica homosexual es considerada pecado. Note que estoy diciendo la práctica homosexual, no la orientación homosexual, que trataré más tarde. Probablemente algunos lectores de libros estarán en desacuerdo conmigo en esto. Es probable que haya cristianos homosexuales que leerán este libro y también estarán en desacuerdo conmigo. Reconozco que expresar mi opinión puede parecer como que estoy trazando líneas feas en el mundo cristiano cuando desearía que no tuviera que haber un «nosotros en oposición a ellos» en este asunto. Pero confío que usted sienta el latido de mi corazón en este capítulo, y confío demostrar compasión y comprensión hacia aquellos que sostienen un punto de vista diferente al mío. Si usted me conociera, sabría que estoy tratando de basar mi posición en las Escrituras. Es solo basado en mi mejor entendimiento de las Escrituras que adopto esta posición que tengo. De manera que no tomo este asunto a la ligera o sin compasión por aquellos que se pueden sentir heridos al conocer mi posición.

Con toda sinceridad, y algunos quizá se enojen mucho conmigo por decir esto, a veces deseo que esto no fuera una cuestión de pecado, porque me he encontrado con personas gays que son las más amables, amorosas, sólidas y ayudadoras que jamás he encontrado. Al hablar con ellas y escuchar sus experiencias y conocerlas, llego a entender que su orientación sexual no es algo que ellas puedan cortar. La atracción homosexual no es algo que las personas eligen tener, como se enseña tan erróneamente desde muchos púlpitos. Eso es lo que hace que enfrentar este asunto resulte tan difícil.

Pero aun así, lo que confío transmitir en este capítulo es que lo importante es cómo tratamos a nuestros *compañeros* pecadores. Todos somos pecadores (Ro. 3.23), pero la iglesia ha tratado sutilmente, y a veces no tan sutilmente, algunos pecados de forma diferente de otros. Voy a intentar mostrar por qué este es un asunto tan importante para las personas, tanto las heterosexuales como las homosexuales, en las generaciones emergentes. Cómo maneja la iglesia este asunto es clave no solo para aquellos a quienes les gusta Jesús pero no la iglesia, sino también para el futuro de la iglesia.

CONOZCAMOS A DOS AMIGAS QUE FUERON HERIDAS POR LA IGLESIA

En este capítulo vamos a escuchar de nuevo a Penny y Karen. Penny es lesbiana, y Karen estuvo involucrada en relaciones lesbianas por varios años, pero ahora es célibe y está involucrada activamente en la iglesia. Permítame presentarle primero a Penny

Palabras sin amor de parte de cristianos que van a la iglesia

Me sentí conectado instantáneamente con Penny, quizá debido a que compartimos un aprecio común por el cantante Morrissey y su antigua banda, los Smihts. Pero Penny tiene también la habilidad de hacer que la gente se sienta a gusto con ella y tiene un gran sentido de humor. Ella trabaja en un periódico local como directora de publicidad. Nos reuníamos semanalmente para llevar a cabo las entrevistas para este libro, aunque la mayoría de las veces terminábamos hablando de otras cosas por dos horas y luego teníamos que correr para conversar sobre lo que ella iba a decirnos para este libro. He llegado a respetarla en gran manera. Una vez ella vino a nuestra casa para cenar después de regresar de unas vacaciones en las que pasó una noche en Québec en un hotel hecho de hielo, y después fue a pasear en trineo. Penny es una mujer que es muy agradable conversar con ella.

Penny nació y creció en Inglaterra, donde fue a una iglesia anglicana durante su niñez. Ella dice que aquello fue una experiencia neutral, y que dejó de ir cuando tenía trece años. Ella siempre ha respetado y admirado la sabiduría de Jesús. Ya hablé de sus comentarios sobre Jesús en el capítulo 4, pero merece la pena volver a leerlos:

> *Tengo a Jesús como un hombre sabio. Era muy inspirador y puro. Era un hombre maravilloso con grandes lecciones que enseñar acerca del amor, la aceptación y la paz.*
>
> *Jesús fue alguien que vivió su mensaje y no era un hipócrita como muchos de los líderes religiosos modernos. Jesús se destacó mucho por encima de todos los demás en su tiempo.*
>
> *Creo sin ninguna clase de duda que Jesús caminó por esta tierra, y que a causa de su enseñanza, puso la materia gris de muchos a trabajar.*

Al hablar con ella en numerosas ocasiones, se hizo evidente que ella está abierta a Jesús y a sus enseñanzas, y que lo respeta como una figura histórica honorable y sabia. Habla apasionadamente de cómo él es único, lleno de sabiduría, compasión y amor. Ella no mostró ninguna clase de vacilación al hablar de Jesús en nuestras conversaciones.

Al llegar Penny a sus últimos años de adolescencia, empezó a explorar su homosexualidad. Todavía no estaba lista para hablar de eso abiertamente, pero ya empezaba a reconocer que esa era su condición. Al hacer preguntas y buscar respuestas, su orientación se convirtió en la razón por la que ya no volvió a la iglesia donde había crecido.

> *Cuando comencé a mostrarme cómo era, yo sabía que la iglesia no lo aprobaría. Quedó bien en claro para mí que la iglesia estaba en contra de la homosexualidad. ¿Cómo no iba a saber yo eso? Parece que la homosexualidad*

es una de las cosas principales que las iglesias condenan consistente y públicamente. Así que imagínese ser gay y querer buscar consejo o ayuda espiritual ¿Por qué iba a ir usted a una iglesia? Ellos ya habían generado sentimientos de culpa en mí y me habían condenado incluso antes de que pusiera el pie en la puerta de entrada.

Durante este tiempo de su vida, Penny quiso encontrar algunas «palabras de inspiración y de sabiduría», como ella lo expresó, a las preguntas que tenía en su mente acerca de la vida. Pero sabía lo suficiente sobre lo que los cristianos y la iglesia piensan de los gays para concluir que no había razón para ir a una iglesia a buscar consejo espiritual. Sentía que sería instantáneamente condenada. De manera que en vez de regresar a la iglesia cristiana, terminó explorando algunas religiones orientales, aunque no en profundidad.

Cuando Penny tenía veintidós años, vino a los Estados Unidos para trabajar en un rancho durante un verano. El rancho estaba dirigido por cristianos y contaba con muchos cristianos en el equipo de verano. Mientras Penny trabajaba allí, no le dijo a nadie que ella era homosexual. Irónicamente, fue allí, entre cristianos, cuando primero empezó a sentirse herida por las personas por causa de la homosexualidad. Los miembros del equipo contaban chistes acerca de personas gays y expresaban lo que pensaban acerca de ellos. Al final de su contrato en el rancho, Penny decidió viajar a San Francisco, en California. Uno de sus compañeros cristianos comentó: «Así que te vas a la Gay Bay donde se van todos los gays a pudrirse». Recuerde, nadie sabía que ella era gay, de manera que ella oyó hablar a aquellos cristianos durante su vida diaria juntos y lo que de verdad pensaban acerca de los homosexuales. Me dijo que nunca antes había escuchado palabras tan venenosas ni había tenido un sentimiento tan fuerte de persecución por ser homosexual como lo había experimentado entre aquel grupo de cristianos que iban cada domingo a la iglesia.

Penny terminó trasladándose a Santa Cruz, donde vive ahora y donde de nuevo se ha encontrado con cristianos. Ella se ofreció a colaborar como voluntario en el Centro Gay de la ciudad para ayudar a adolescentes con problemas a través de una línea telefónica. En más de una ocasión, cuando salía a su auto en el estacionamiento del Centro Gay se encontró con folletos cristianos en el parabrisas. Algunos de ellos tenían títulos como: «La homosexualidad es el cáncer social de hoy: Arrepiéntete o irás al infierno». A veces lo leía y veía porciones de citas bíblicas condenándola. Ella recuerda que pensaba que allí estaba ella dando voluntariamente de su tiempo para ayudar a adolescentes con problemas, y salía para encontrarse con tratados de parte de los cristianos que la condenaban. Ni siquiera tenían el valor de hablar con ella; solo la dejaban secretamente tratados en su auto.

> Cuando trabajaba como voluntaria en el Centro Gay, pasaba horas en el teléfono hablando con adolescentes en dificultades y sintiendo que estaba haciendo una contribución positiva a sus vidas. Pero lego salía y me encontraba esos tratados que me condenaban completamente que los cristianos me los dejaban en mi parabrisas. Miraba a esas palabras sin compasión combinadas con frase bíblicas sacadas de su contexto y me preguntaba: ¿Por qué me odian de esa manera? ¿Por qué no tienen la decencia de venir y hablar conmigo en vez de dejar su enojo y odio en mi parabrisas y salir corriendo?

He aprendido por nuestras conversaciones que Penny es de verdad una mujer madura y sabe poner las cosas en perspectiva. Ella es lo suficientemente inteligente para saber que sus experiencias con cristianos no es el camino de Jesús.

> Sé lo suficiente acerca de Jesús como para establecer una distinción clara entre esas cosas tan injustas, odiosas y desagradables que los cristianos han dicho o hecho porque yo soy homosexual. Yo sé que ese odio no viene de Jesús; eso viene del «hombre».

Fue muy penoso para mí escuchar sus experiencias. Tuve gran empatía por ella. No me puedo imaginar lo que debe ser sentirse herido de esa manera por mis supuestos hermanos y hermanas en Cristo. Sentí gran enojo, como también avergonzado, al contarme ella sus experiencias. Aunque esta es la historia de una persona, incidentes como esos son mucho más comunes de lo que pensamos.

Cuando se crece como gay en la iglesia

Karen es una mujer de treinta y un años que creció en una iglesia bautista en la que estaba muy involucrada junto con su familia. Ella era incluso un líder de los jóvenes en su grupo de estudiantes. Durante sus años de adolescencia, ella empezó a luchar con la atracción a personas del mismo sexo, pero no se sentía libre para hablar con alguien en la iglesia acerca de sus sentimientos. En realidad, el ambiente de su iglesia hacía que eso resultara aun más difícil para ella.

Al crecer en una iglesia fundamentalista, me enseñaron que los homosexuales eran individuos inmorales e incrédulos con una agenda siniestra. Yo también me uní a esa retórica y condené a ese grupo anónimo de homosexuales sin saber para nada de qué se trataba. Me ocupó mucho tiempo salir de mi propio estado de negación en cuanto a la atracción del mismo sexo porque yo no era capaz de identificarme con la caricatura de los gays que la iglesia había creado. «Yo era la buena chica cristiana» que estaba intensamente involucrada en el liderazgo de jóvenes de la iglesia, que quería ser misionera y estudiar en un Instituto Bíblico. ¿Cómo podía ser yo gay? No podía relacionar las atracciones sexuales que estaba experimentando con la imagen morbosa de los homosexuales que pintaba la iglesia.

KAREN

No estoy seguro si los que estamos en el liderazgo de iglesia nos damos cuenta, a pesar de nuestras buenas intenciones, de cómo representamos para nuestras iglesias a la comunidad homosexual y la homosexualidad. Si alguien en nuestras iglesias está luchando con las atracciones del mismo sexo, ¿cómo estamos haciendo que se sienta? ¿Qué actitudes y comentarios expresamos en los sermones? ¿Qué es lo que dicen los miembros de nuestras iglesias en sus conversaciones sobre los homosexuales? ¿Estamos creando un ambiente en el que aquellos que están luchando con su orientación homosexual se van a sentir cómodos de hablar sobre lo que están padeciendo? Escuchemos que Karen nos diga lo que significó para ella.

Si la iglesia hubiera visto la homosexualidad como uno de los muchos pecados naturales a los que algunas personas se sienten atraídas como resultado de vivir en un mundo caído y hablaran abiertamente acerca de varias tentaciones sexuales, yo habría sido capaz de procesarlo como cualquier otra tentación que todos los cristianos enfrentan. Pero al estigmatizar la homosexualidad, la iglesia ha contribuido al problema y eso continúa persistiendo en los chistes y comentarios negativos que los cristianos hacen acerca de las personas gays. No hace mucho escuché a un pastor hacer un chiste sutil sobre la homosexualidad, sin saber para nada de mi trasfondo. De nuevo, él dio por supuesto que yo o cualquier otro en la iglesia (ciertamente no un tipo de buen líder de iglesia como yo misma) podía tener las atracciones del mismo sexo.

KAREN

Karen me habló de cómo incluso pequeñas bromas y comentarios muestran nuestra parcialidad y prejuicios. El problema no es solo que tenemos actitudes condenatorias y prejuicios, sino también que esas actitudes y prejuicios influencian nuestras iglesias. Nosotros como líderes de iglesia damos el ejemplo y creamos el ambiente para nuestras iglesias. Los miembros de nuestras iglesias expresan entonces las mismas actitudes hacia los homosexuales en sus vecindarios, lugares de trabajo y escuelas. No nos asombra que haya tan pocos homosexuales que se sientan libres para hablar con los líderes de iglesia acerca de sus sentimientos y luchas. Imagínese lo increíblemente dificultoso que habría sido para una personas con la atracción del mismo sexo sentir que podía abrirse con alguien si la iglesia hace chistes acerca de ellos, los condenan e incluso, como en el caso de Karen, afirman que ellos tienen una agenda siniestra. No asombra, pues, que tantas personas en las generaciones emergentes vean a la iglesia como homofóbica y carente de amor.

Dos periódicos diferentes en nuestra comunidad publicaron unas tiras cómicas dando la impresión que las personas tienen de la iglesia. Una mostraba a Jesús a la puerta de un templo mientras las personas salían después del culto. Jesús les decía a una pareja que pasaba cerca de él: «Ama al prójimo». El hombre responde diciendo: «Hippie loco» y la mujer agrega: «Eso me suena a algo que diría un gay». El letrero de la iglesia anuncia el título del sermón: «El poder del amor», en letra pequeña agrega: «¡Todos bienvenidos… excepto

Arte por Steven DeCinzo—Usado con permiso

homosexuales!». La tira cómica está diciendo que la iglesia es hipócrita porque estamos diciendo que aquí todo es amor, pero no obstante, limitamos nuestro amor a los heterosexuales. Es interesante notar cómo la representación que el artista hace de Jesús se hace eco del título de este libro. Jesús es el hombre bueno claramente fuera del templo que habla acerca del amor, pero las personas dentro del templo le rechazan, y vemos lágrimas en sus ojos.

El otro periódico publicó otra tira cómica junto con una columna editorial acerca de cómo la iglesia percibe a los homosexuales. La tira cómica muestra a un hombre, que en la página editorial se identifica como un pastor, que huye, mirando con horror al cielo por encima de su hombro. En las nubes, montados sobre cuatro caballos, aparecen «Los Cuatro Gays del Apocalipsis». Esta tira cómica ilustra la impresión de las personas de que los líderes de iglesia son homofóbicos, que huyen horrorizados ante la invasión de la población homosexual al fin de los tiempos.

Estas tiras cómicas aparecen en las páginas de entretenimiento de los periódicos que miles de estudiantes universitarios y personas en nuestra comunidad

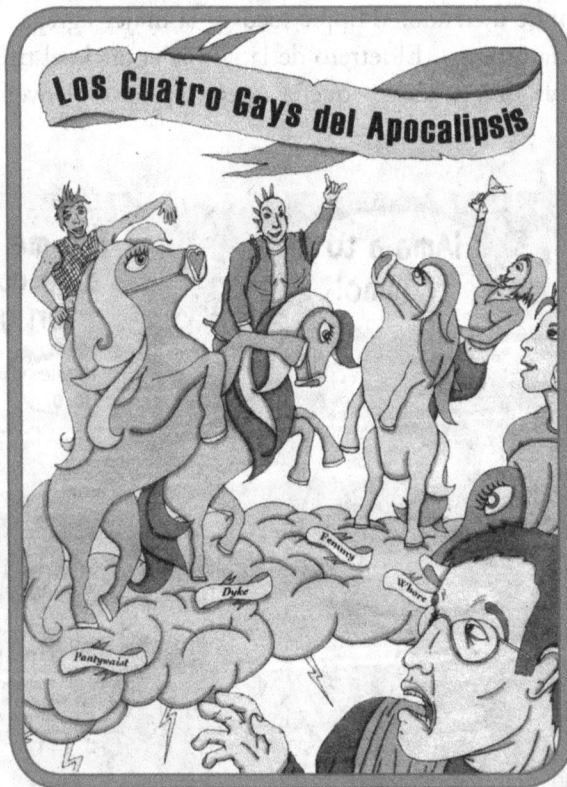

Ilustración por Charles Bernatowicz. Usado con permiso de *Good Times* newspaper (www.gdtimes.com).

leen, reforzándose una vez más en la mente de las personas heterosexuales y homosexuales la idea de que todos los cristianos temen a los homosexuales y los abandonan. Una y otra vez las personas ven imágenes como esas no solo en los periódicos sino en la vida real. Ver estas representaciones en las tiras cómicas me lleva a querer enojarme por la manera en que somos vistos los cristianos y las iglesias. La gran mayoría de las iglesias no son para nada como esas tiras cómicas nos representan. Pero mirándolo desde una perspectiva externa, puedo entender por qué nos ven de esa manera.

No hace mucho vi una entrevista que le estaban haciendo a un conocido líder cristiano en la cadena de televisión CNN, y francamente quedé avergonzado por la forma en que él respondió cuando surgió el tema de la homosexualidad. Parecía estar completamente ajeno al hecho de que estaba hablando a una audiencia nacional y no a una iglesia local. Algunas de sus declaraciones probablemente agradaron a los cristianos conservadores, pero él no estaba hablando a un grupo de creyentes en un templo. Él estaba hablando a una audiencia nacional y desde luego no fue visto como una persona comprensiva y compasiva. Habló sobre los homosexuales en una forma técnica, como si ellos fueran objetos inanimados, no personas. Me pregunté si la entrevista hizo más daño que beneficio, logrando que las personas no quisieran saber más de Jesucristo y del cristianismo. Me pareció que reforzaba el estereotipo de que a los cristianos les falta compasión y son culturalmente ignorantes y teológicamente simplistas.

MI PEREGRINACIÓN PERSONAL

Quizá yo soy más sensible a este asunto porque crecí fuera de la iglesia. En la escuela secundaria, yo tocaba el tambor en una banda en la que uno de los miembros era gay. No hablamos mucho acerca de eso, pero él me dijo que era gay, y yo no supe qué pensar acerca de eso. Yo era un típico adolescente y di por supuesto que algunas personas lo eran y otras no. En mis últimos años de adolescencia trabajé en una tienda de muebles y mi jefe era gay. Él era una de las mejores personas que jamás he conocido. Su amigo a veces iba a la tienda. Una vez le visité en su apartamento en Nueva York. Nunca pensé en nada diferente acerca de eso; él era simplemente mi jefe y era gay. Recuerde, yo no tenía directrices bíblicas en este tiempo que me llevaran a pensar de otra manera.

Cuando me encontraba estudiando en la Universidad del Estado de Colorado y bien metido en la música, mi novia y yo fuimos algunas veces a una taberna gay en Boulder para pasar el rato. Nos gustaba ir a allí porque tocaban la música más progresiva de Inglaterra y Europa. Yo no pensé en nada especial en cuanto al lugar puesto que mi novia y amigos se sentían cómodos yendo a ese lugar.

Cuando viví en Inglaterra durante un año, tuve varios compañeros de cuarto y uno de ellos era bisexual. Nos hicimos buenos amigos y pasamos muchos buenos ratos juntos. También hablamos acerca de Dios y de los asuntos espirituales. Eso fue durante el tiempo que estaba leyendo la Biblia completa, pensando en el señorío de Jesús y lo que significaba seguirle, y empezando a llevar a cabo algunos cambios importantes en mi vida. Tuve muchas conversaciones con ella acerca de Cristo Jesús, del cristianismo e incluso sobre la homosexualidad. Me encontré con versículos en la Biblia que parecían indicar que el sexo fuera del matrimonio y las prácticas homosexuales eran pecados. Eso fue algo completamente nuevo para mí. Yo no sabía qué pensar acerca de todo eso, pero sí que recuerdo que quería estudiarlo más en profundidad. Cuando dejé Inglaterra, mi amigo incluso me regaló un libro sobre la historia del cristianismo como un obsequio de despedida.

ENTONCES ENTRÉ EN LA SUBCULTURA CRISTIANA

Con esos antecedentes, entré en la subcultura evangélica y me quedé pasmado por la falta de conocimiento que muchos cristianos tenían sobre la homosexualidad. Una de las primeras cosas que noté fue que la iglesia hablaba mucho de la homosexualidad y de la relación sexual fuera del matrimonio. Escuché sermones describiendo a los homosexuales y cómo los cristianos hablaban acerca de ellos, y para mí aquello era como si estuvieran hablando de personas que yo nunca había conocido. Una vez fui a un campamento cristiano y allí mostraron una parte de un vídeo sobre un desfile gay en San Francisco. Mostraba a individuos vestidos de mujer y bailando y luciéndose delante de las cámaras. El presentador entonces dijo algo así: «¡Así son los homosexuales!». Él trataba de mostrar a los jóvenes en el campamento cuán malos y pervertidos eran los homosexuales. Recuerdo que yo pensé: «He conocido a varios homosexuales y ninguno de ellos jamás se vistió de esa forma, se comportaba de esa forma ni se exhibía en desfiles gays. Saqué la impresión que el presentador caracterizaba a un grupo de individuos en una forma extrema con el fin de manipular a los jóvenes adolescentes impresionables. Me quedé bastante aturdido por la manera en que la mayoría de las iglesias veían a los homosexuales y hablaban de ellos, teniéndolos como sus enemigos.

Es cierto que un pequeño número de homosexuales encajan bien en esa categoría extrema. Pero también algunos cristianos caen en categorías extremas, tales como los grupos extremistas que llevan en lugares públicos letreros y avisos diciendo: «¡Dios odia a los gays!». De la misma manera que las generaciones emergentes ve a los grupos cristianos extremistas y piensan que todos los cristianos son iguales, así algunos cristianos han sacado conclusiones acerca de los gays, que son más una caricatura que una realidad. Por lo que yo he experimentado, la mayoría de los gays son personas normales, que viven vidas normales como los heterosexuales, y no están pensando en convertir a los niños ni a nadie a su orientación sexual. Sí, algunos activistas gays que meten mucho ruido son los que hablan con los medios de comunicación y son probablemente los que usted ve en las calles. Pero no podemos permitirles que ellos sean los que formen nuestra impresión y opinión de los gays como un todo. A nosotros no nos gusta cuando los cristianos quedamos estereotipados por los extremistas, y nosotros tampoco deberíamos estereotipar a otros a causa de los extremistas que vemos. Imagínese si todos los cristianos fuéramos estereotipados por los grupos extremistas cristiánanos que levantan pancartas en lugares públicos anunciando: «Dios odia a América» y «Dios odia sus lágrimas» en los funerales de los soldados estadounidenses que mueren en Irak. Ellos consiguen llamar la atención de los medios de comunicación por sus acciones, pero de ninguna manera ellos representan a la mayoría de los cristianos. Nosotros tampoco deberíamos estereotipar a los homosexuales en ninguna forma. Pienso que Penny lo expresó muy bien:

> Yo no soy una activista gay, ni tampoco lo son mis amigos gays. Yo soy solo Penny. No quiero que las personas me consideren solo por mi sexualidad. Quiero que consideren qué clase de persona soy. ¿Soy amorosa? ¿Me intereso por los demás? ¿Por qué los cristianos piensan que todos los homosexuales son como los que se ven en los desfiles gays medio desnudos o vestidos de mujer? Eso está muy lejos de la verdad. Eso sería como si yo pensara que todos los cristianos son como Jerry Falwell diciendo a la gente que se aleje de las muñecas Teletubby o que todos los cristianos se dedican a poner bombas en las clínicas para abortar.

¿Recuerda qué dijo Karen sobre lo que fue para ella, cuando siendo adolescente luchaba con su sexualidad pero se sentía muy incómoda hablando de ello con los miembros de iglesia? ¿Cuántos en nuestros ministerios para jóvenes son como Karen, luchando con esas atracciones del mismo sexo, pero imposibilitados de hablar con el pastor o el pastor de jóvenes debido a las cosas tan terribles que han oído decir sobre los homosexuales? En qué gran tormento hemos metido a las personas, personas que desean seguir a Jesús y necesitan a alguien con quien hablar. No les hemos dejado muchas opciones excepto la de unirse a una iglesia gay, tales como la Iglesia Metropolitana o algunas otras iglesias que admiten matrimonios gays y ordenan a pastores gays. Pero eso no es lo que Penny quisiera hacer:

> *Si yo fuera a una iglesia, no me gustaría ser parte de una iglesia gay. Porque esa no es mi identidad primaria. Yo no quiero que me metan en un gueto. Es muy triste, Dan, sentir que incluso si quisiera ir, no siento que la iglesia me daría una bienvenida cristiana, así que no voy.*

Puede que algunos lectores digan: «Bien, los pecadores no quieren admitir su pecado y esa es la razón por la que no van al templo». Eso es cierto hasta cierto punto. Pero de nuevo yo quiera que nos pusiéramos en los zapatos de otras personas. Una vez me encontraba cortándome el cabello por alguien que estaba sustituyendo a mi habitual peluquero. Cuando esa mujer, de unos veinticinco años, me preguntó en qué trabaja yo, respondí que era un pastor y la pregunté si ella iba a alguna iglesia. Sin vacilar para nada me dijo: «Oh, no, yo soy gay. Esa gente no me quiere a mí allí». Qué horrible es que hemos representado a la iglesia de una manera que recibimos ese tipo de respuestas de parte de personas que nos ven desde fuera.

UNA PREGUNTA PARA VER CÓMO REACCIONA USTED

Imagínese a una pareja sin casar que viven juntos y están sexualmente activos. Entran al templo de su iglesia y dicen que todavía no son cristianos, pero están interesados en Dios y quieren conocer su iglesia. Empieza a asistir a los cultos de adoración, y usted se siente feliz de verlos allí, y confía que lleguen a confiar en Cristo Jesús. Usted sabe que están viviendo juntos, y los ve mostrar respetuosamente su afecto agarrándose de la mano en el templo y poniendo sus brazos alrededor uno de otro.

¿Pero qué pasaría si una pareja gay hace lo mismo?

¿Cómo respondería usted a las siguientes preguntas?

- ¿En qué son estas dos parejas diferentes ante los ojos de Cristo?
- Teológicamente, ¿cuál es la diferencia entre una pareja heterosexual y una homosexual?
- ¿En que se diferenciarían sus reacciones?
- ¿Cómo reaccionaría su iglesia?

¿QUÉ PODMEOS APRENDER DE ESTAS PERCEPCIONES ERRÓNEAS?

Confío en que a la mayoría de nosotros nos preocupe la manera en que la iglesia representa a Jesús ante la comunidad homosexual y la comunidad como un todo. Me gustaría sugerir algunas formas en que podemos cambiar el estereotipo de que la iglesia es homofóbica y sexualmente represiva.

Debiéramos entender cómo ven la sexualidad las generaciones emergentes

Sobre el tema de la sexualidad, hay generalmente una falta de conexión entre muchos líderes de iglesia, especialmente los de mayor edad, y la cultura emergente. Digo eso con respeto y no tengo ninguna intención de hacer que nadie se sienta mal, dado que muchos de estos ministros mayores están ministrando grupos de personas mayores de edad. Pero muchos no están al tanto con los cambios de valores y la forma de ver el mundo y la vida de parte de aquellos que están creciendo en la cultura de hoy, y esos líderes todavía están esperando que las personas piensen en la misma manera que ellos lo hacen. Las cosas han cambiado, necesitamos pensar teniendo en cuenta la perspectiva de las generaciones emergentes si es que queremos entenderlos saber cómo comunicarnos con ellos.

Muchos pastores, especialmente los más jóvenes, entienden esto y están predicando series de sermones sobre la sexualidad humana que nadie se habría atrevido hace veinte años. Muchas iglesias ahora ya no tienen temor en ser osadas y hablar sobre la sexualidad como algo bello y sagrado que Dios creó. A medida que la iglesia enseña amorosamente sobre la sexualidad y del matrimonio desde una perspectiva bíblica, se descubre que muchos nunca habían sabido acerca del punto de vista bíblico antes. Lo que muchos habían oído antes era: «No tengas relaciones sexuales antes del matrimonio» y «Jesús está sentado en el asiento trasero de tu auto observando». Cuando usted hace esas declaraciones en blanco y negro sin presentar también un examen completo sobre la sexualidad en las Escrituras, las personas sacan la impresión de que la iglesia es solo negativa acerca de la sexualidad. Pero una ola de cambio está empezando al hacer las personas cambios en sus vidas porque ven el deseo de Dios de que tengan relaciones sexuales dentro del pacto del matrimonio. Por ejemplo, no hace mucho tuve una conversación con una pareja joven sin casar que tenían relaciones sexuales. Hablamos de la sexualidad humana y del pacto del matrimonio, y no nos enfocamos simplemente sobre «no tengáis sexo antes del matrimonio». Aunque llegamos a la conclusión de que ellos no deberían tener sexo antes del matrimonio, nos enfocamos sobre todo en la belleza del sexo dentro del pacto de relaciones. Están luchando pero mantienen su pureza sabiendo que Dios tiene para ellos algo mejor en su cercano matrimonio, el cual ellos ven ahora como un pacto bello el uno con el otro y Dios.

La conversación va hoy mucho más allá de solo relaciones sexuales heterosexuales y matrimonio. Al irse aceptando la homosexualidad como algo normal en nuestra cultura, pienso que muchos líderes cristianos no están a tono con eso, de manera que lo ignoramos o lo condenamos sin nada de corazón ni reflexión. Y las personas se dan cuenta de ello. No solo los homosexuales sino también los heterosexuales tienen percepciones negativas del trato que la iglesia da a los gays. Gary, un heterosexual, dice:

> *Yo no veo nada corrupto o destructivo acerca de la homosexualidad. El mensaje de Jesucristo es acerca del amor, no del odio. De modo que la homosexualidad no debiera ser algo que la iglesia aborreciera. No debiera ser una cuestión religiosa. Con tanta cosa mala en el mundo, no entiendo por qué la iglesia mete tanto ruido sobre la homosexualidad.*

Este es el punto de vista de muchos en las generaciones emergentes, que perciben que tenemos temor y odio a todos los homosexuales. En vez de enfocarnos en tantas cosas tan malas que hay en el mundo —SIDA, pobreza, codicia, abuso— nos centramos y hacemos mucho ruido sobre la homosexualidad.

Debemos ser cuidadosos en cómo enseñamos y predicamos sobre la sexualidad

Las Escrituras son vivas y activas y pueden transformar vidas según el Espíritu de Dios usa la predicación y la enseñanza (He. 4:12). Cuando nos enfrentamos a cambios culturales, necesitamos ser estudiantes diligentes de las Escrituras y no depender de opiniones para buscar la verdad. En una cultura que enseña sobre la sexualidad a través de los medios de comunicación, las películas, la música y los pobres ejemplos de los padres, necesitamos tomar con mucha seriedad la enseñanza y predicación de las Escrituras sobre la sexualidad humana.

Lo que quiero decir por sexualidad humana es todo lo relacionado con la sexualidad, no solo enfocarnos en la homosexualidad y decirles a las personas que no debieran tener sexo antes del matrimonio. Más que nunca, necesitamos enseñar el significado bíblico del matrimonio como un pacto ante Dios. Pero no debemos hacerlo a la ligera y sin oración y estudio. Ya no es cosa de que los líderes de la iglesia mencionen unos pocos versículos sin contexto, y digan: «Esto es lo que dice la Biblia» y terminar ahí. Necesitamos respetar a aquellos a quienes nos dirigimos y hablarles con mucho cuidado y estudio que simplemente sacar unos pocos versículos y quedarnos satisfechos. También, a diferencia de generaciones precedentes, las generaciones emergentes, no confían o respetan inmediatamente lo que se les dice, especialmente de los líderes de iglesia. Y debido a que hoy las personas tienen por sí mismos acceso a tantas fuentes de información, no podemos dar por supuesto que no son conscientes de textos bíblicos opuestos a lo que nosotros decimos.

Preguntas difícil vía correo electrónico

Después de hablar una vez sobre la sexualidad humana, me llegaron una serie de correos electrónicos de parte de una persona que dijo que había estado presente en el culto de adoración y tenía una serie de preguntas de seguimiento. Me hizo algunas preguntas sobre heterosexualidad, y luego otras sobre homosexualidad. Dijo algo parecido a esto: «Si las iglesias enseñan en base de Levítico 18:22 que las personas del mismo sexo no debieran tener juntos relaciones sexuales, ¿qué acerca de Levítico 18:19? ¿Puede de verdad un marido tener relación sexual con su mujer durante la menstruación? ¿Qué acerca de Levítico 19:27, que dice: «No se corten el cabello en redondo ni se despunten la barba»? Me escribió diciendo que parecía que yo y los otros líderes de la iglesia que nos cortábamos el cabello en redondo y no teníamos barbas. ¿Estamos nosotros cometiendo un pecado tan serio como aquellos que están teniendo relaciones con alguien del mismo sexo? Luego me preguntaba, «Qué acerca de Levítico 20:13, donde se dice: "Si alguien se acuesta con otro hombres, como quien se acuesta con una mujer, comete un acto abominable y los dos serán condenados a muerte, de la cual ellos mismos serán responsables". ¿Se supone de verdad que debemos matarlos?».

Nos estuvimos escribiendo sobre el tema y al final le pedí que se reuniera conmigo a la semana siguiente en la entrada principal del templo después de la predicación. Esperé después del culto y un joven adolescente se acercó. ¡La persona que me estaba escribiendo tenía trece años! Él venía al templo con sus padres, y entonces se llevaba a casa las notas que había tomado durante el sermón y examinaba los versículos citados. Él había encontrado una página de la Web donde se señalaban versículos problemáticos del Antiguo Testamento y me los estaba enviando. Era sincero y no estaba intentando tenderme trampas, pero eso me hizo recordar que se habían acabado los días cuando los pastores se paraban a predicar y nadie les iba a cuestionar o retar para investiga mejor lo que decían. Un adolescente de trece años me estaba planteando preguntas acerca de la ley levítica y la homosexualidad. Cierto, él no era el adolescente promedio de trece años, pero cualquier adulto serio con interés en la Biblia podría encontrar la misma información. ¿Estamos listos para tratar estas situaciones? ¿Cómo las respondería usted? ¿Reflexionaos sobre este tipo de preguntas en nuestros sermones o simplemente citamos unos pocos versículos que parecen apoyar lo que queremos decir y dejarlo así? Necesitamos tener más respeto por los oyentes en nuestras iglesias y en nuestra cultura emergente.

Tenía algo que hacer en la universidad de Santa Cruz y estando allí me fijé en un anuncio en el periódico de la universidad para una clase que decía: «Cómo refutar a los fundamentalistas sobre la homosexualidad». La descripción decía que esta clase mostraría cómo los cristianos fundamentalistas interpretan mal pasajes de la Biblia y cómo refutar a aquellos que dicen los contrario. ¿Ve usted por qué tenemos que ser estudiantes serios de las Escrituras sin importar qué posición sostengamos nosotros? Al afirmar lo que la Biblia dice sobre la sexualidad, es necesario que estemos listos para dialogar inteligente y amorosamente por qué y cómo llegamos a nuestras conclusiones.

Conocer los argumentos teológicos clave no es opcional

Hablé con una mujer joven, no cristiana, en sus veintitantos años, que se había olvidado de los cristianos porque ella, como no cristiana, sabía más de la Biblia que una amiga suya cristiana. Una clase de literatura inglesa la había enseñado que las palabras que muchos traductores de la Biblia traducen como «homosexual» o algo similar, en realidad no debería ser traducido de esa manera. Ella señalaba que las palabras griegas *malakos* y *arsenokoitai* que se usan en 1 Corintios 6:9 significan literalmente «suave» y que el significado específico de *arsenokoitai* es cuestionado. Ella había aprendido que este pasaje se refiere más probablemente a la prostitución masculina, no a la práctica homosexual. Su amiga cristiana no tenía ni idea acerca de eso, y estaba desilusionada de la fe de su amiga debido a eso y a causa de que no era consciente de otros asuntos críticos de nuestro tiempo. Ella sentía que la fe de su amiga era elemental y culpaba a la iglesia por no enseñarla estas cosas.

Quizá esos ejemplos son excepciones más bien que la norma, pero aun si ese es el caso, muy pronto serán la norma. Los argumentos teológicos a favor de los gays se están dando a conocer cada vez para la persona promedio. Si usted afirma una posición diferente, ¿está usted listo para responder a esos argumentos? ¿Le está usted enseñando a su iglesia acerca de estas cosas? Tenemos que hacer bien nuestra tarea con el fin de que no estemos proporcionando respuestas superficiales sobre las posiciones que adoptamos. Hacemos más daño que beneficio si todo lo que podemos hacer es citar versículos aislados y luego decir que la homosexualidad es un pecado, y perderemos nuestra credibilidad si no estamos preparados para enfrentar retos como los siguientes:

- *El pecado de Sodoma.* Generalmente hemos enseñado que el pecado principal de Sodoma fue la homosexualidad, no obstante, ni Jesús ni los otros cinco profetas que mencionan Sodoma hablan acerca del pecado sexual que llevó a la destrucción de Sodoma. Ezequiel 16:48-49 dice que el pecado de Sodoma fue su falta de hospitalidad y de no ayudar a los pobres. Otro argumento dice que el pecado de Sodoma fue la violación de pandilla, no el pecado sexual. Tenemos también que examina un relato semejante en Jueces 19—21 para determinar qué pecado estaba en juego aquí y ver si a la luz de ese relato podemos justificar que el pecado homosexual fue el pecado de Sodoma.
- *Pasajes de Levítico.* Levítico 18:22 y 20:13 son versículos citados todo el tiempo acerca de la homosexualidad que son parte del código de santidad, con sus listas de comportamientos prohibidos. Cuando otras partes del código hablan acerca de corte del cabello, tatuajes, trabajar el sábado, llevar prendas de vestir de distintos tejidos e incluso tocar la piel de un cerdo, todos estamos de acuerdo que ese código fue escrito para un tiempo, lugar y pueblos específicos. Pero si decimos que nosotros hoy no estamos obligados por el código sobre tales cosas, ¿cómo explica usted que estamos obligados por los versículos sobre homosexualidad que fueron escritos en el mismo contexto?
- *Romanos 1:26-27.* Una respuesta creciente a este pasaje dice que Pablo estaba escribiendo acerca de personas que adoraban las deidades de la fertilidad, que involucraban orgías, relaciones homosexuales y relación sexual con prostitutas sagradas en los templos. Por tanto, él está condenando a personas heterosexuales que están teniendo relaciones homosexuales «no naturales», pero no se refiere a los que son homosexuales de forma «natural». ¿Cómo explica usted eso?
- *1 Corintios 6:9.* Algunos argumentarían que no traducimos bien ciertas palabras en este pasaje. En vez de referirse en general a la relación sexual homosexual, este versículo se refiere específicamente a la prostitución masculina. Según este argumento, puesto que la palabra griega *malakois* significa «suave o débil», se está refiriendo a jóvenes afeminados y prostitutos masculinos. La segunda palabra en cuestión es *arsenokoitai*. No tenemos seguridad en cuanto al significado de esa palabra, pero la mayoría de los eruditos creen que se refiere al varón que tiene la función activa genital en la relación sexual entre hombres. De manera que poniendo esto junto, este punto de vista entiende que este pasaje está hablando acerca de aquellos

que pagan por tener relación sexual con jóvenes prostitutos varones, no a todas las relaciones sexuales homosexuales.

- *1 Timoteo 1:10.* La palabra griega *arsenokoitai* se emplea aquí también. De nuevo, su significado real no está claro. Pero se argumenta que en este contexto, como en 1 Corintios 6:9, no se está refiriendo a alguien que es simplemente homosexual o a todo sexo homosexual, sino a aquellos que contratan jóvenes prostitutos masculinos. ¿Cómo responde usted a esas afirmaciones?

Saco a relucir estos retos porque se están haciendo cada vez más comunes y es justo decir que muchos pastores no están preparados para manejarlos. Y si los pastores no son capaces de manejarlos, podemos entonces decir con cierta seguridad que los miembros de sus iglesias tampoco lo están. No obstante, cualquiera, ya sea un pastor o un miembro de iglesia, que usa estos versículos para decir que la homosexualidad es pecado necesita estar preparado para explicar por qué y responder a preguntas sobre ellos.

Al mismo tiempo, aquellos que sostienen la posición teológica pro-gay debieran también estudiar las Escrituras sobre estos asuntos. Acabo de leer un artículo titulado: «¿Ama Dios a los gays?». Dice cosas excelentes acerca de Dios y el amor, y cómo Dios ama a todas las personas. Pero también dice que Dios aprueba el sexo homosexual. El artículo reta correctamente a los evangélicos conservadores para que se aseguren que los homosexuales entienden que Dios los ama, pero no usan ni un solo versículo de la Biblia para apoyar su posición sobre la homosexualidad.

La sexualidad humana es un asunto muy complejo y emocional. Tenemos que pensar muy bien cómo responder a toda clase de situaciones. Por ejemplo, las personas son ahora más conscientes de algunos casos raros en que algunos individuos nacen con órganos sexuales masculinos y femeninos. Tenemos que ser capaces de entender que estos son asuntos de los que las personas son conscientes y ser capaces de examinar esas situaciones a la luz de las Escrituras. (En el apéndice 3, incluyo una lista de recursos recomendados para mayor estudio.) Pero nuestra enseñanza acerca de la homosexualidad tiene que ir más allá de solo el entendimiento teológico.

Asegúrese de que entiende aquello de lo que está hablando

Escuché una vez un sermón que predicó un pastor sobre la homosexualidad. Estaba compuesto de varios puntos, cada uno de ellos declarando razones específicas por qué la homosexualidad es pecado y es malo. El predicador citó los versículos habituales, luego dio bastante información científica sobre si la homosexualidad es genética y sobre los peligros de la relación sexual homosexual. Usted podía decir por todos los «amenes» y aplausos que la congregación aprobada este argumento de una sola dirección. No contó ninguna experiencia de alguna relación personal o amistad que el pastor tuviera con alguna persona homosexual. Su argumentación basada en las Escrituras tampoco hizo ninguna mención de otras interpretaciones de esos pasajes y dejó a un lado los asuntos difíciles relacionados con esos pasajes (como lo que mencioné en las páginas previas).

Dos cosas me dejaron muy triste ese día. Me entristeció la manera en que fue predicado el sermón, casi como si el pastor estuviera predicando acerca de un objeto inanimado llamado un homosexual. Perecía que no había ninguna expresión de corazón o emoción o comprensión. Mi impresión es que debido a que el pastor no podía contar ninguna experiencia de tener de verdad amigos homosexuales, él los veía y hablaba de ellos como alguien hablaría acerca de un objeto. No hubo ninguna expresión de consideración y respeto por las vidas de los homosexuales. También me entristeció la respuesta de las personas. Yo podía decir que a causa de todos los aplausos y los amenes el pastor estaba predicando al coro. Y cuando esos creyentes cristianos salieran del templo y se metieran en sus vidas diarias, ¿cómo reaccionarían hacia los homosexuales?

Como líderes de iglesia, puede que hayamos predicado sermones sobre la homosexualidad, y quizá hemos leído libros sobre la homosexualidad. ¿Pero hemos hablado alguna vez con alguien que es gay, para tratar de verdad de entender cómo la iglesia y los cristianos hemos llegado a ser conocidos por ellos? Si lo hemos hecho, quizá ya hemos aprendido por qué hemos llegado a ser vistos por ellos como gente que odia y condena.

Siempre que hablo sobre la homosexualidad en un sermón, procuro no hacerlo dentro de una serie sobre temas controversiales y difíciles. Por el contrario, lo incluyo cuando hablo de la sexualidad humana. Describo un panorama más amplio, yendo siempre hasta el huerto del Edén para hablar lo que significa vivir en un mundo caído y cómo el pecado impacta la sexualidad y el matrimonio. En vez de simplemente enseñar, trato de incluir a aquellos que luchan con atracciones homosexuales y permitirles que abran sus vidas y corazones. Karen, a quién entreviste para este libro, estará en nuestra iglesia pronto compartiendo cono nosotros, y después del culto de adoración vamos a tener un tiempo de preguntas y respuestas con ella y con un varón que lucha también con las atracciones del mismo sexo. De modo que en vez de simplemente enseñar hechos y versículos de la Biblia, oiremos también sobre las luchas de las personas gays y cómo hace la iglesia que ellos se sientan. Cuando usted lidia con un tema tan sensible como este, hace que todo sea diferente tener a alguien que ha experimentado las situaciones de las que estamos hablando a fin de ayudar a enseñar basado en la experiencia cómo Dios les ha ayudado en sus vidas.

Debemos entender que hay homosexuales en nuestras iglesias

Me encontraba en una reunión con un estimado caballero cristiano que era un líder en su iglesia. De alguna manera el tema de la homosexualidad salió en la conversación. Cuando dije algo acerca de cristianos homosexuales, él me interrumpió y dijo: «Dan, corríjame si estoy equivocado, ¿pero dijo usted que hay cristianos homosexuales? No pueden haber cristianos homosexuales». Lo que este apreciado pero equivocado anciano estaba pensando es que cuando las personas llegan a ver que la homosexualidad es un pecado, decidirán por sí mismo no ser homosexuales nunca más. Me citó 1 Corintios 6:9-11, que dice: «¿No saben que los malvados no heredarán el reino de Dios? ¡No se dejen engañar! Ni los fornicarios, ni los idólatras, ni los adúlteros, ni los sodomitas, ni los pervertidos sexuales, ni los ladrones, ni los avaros, ni los borrachos, ni los calumniadores, ni los estafadores heredarán el reino de Dios. Y eso eran algunos de ustedes». Parte de su comprensión es correcta. Dios no nos ve sino como pecadores perdonados, puros como la nieve. Este caballero cree que las personas pueden dejar de ser homosexuales de una vez. Pero la homosexualidad no es así para nada. No es algo que las personas eligen ser y cuando quieren pueden dejarlo. De acuerdo, hay experiencias maravillosas de individuos que con tiempo y consejo profesional han encontrado cambiada su atracción sexual hacia el sexo opuesto. Pero eso no es tan fácil para la mayoría de ellos.

Este anciano no era consciente de que había muchos cristianos que habían llegado a la conclusión de que eran homosexuales pero que habían elegido el celibato. No sabía que alguien puede ser cristiano y, no obstante, tener una orientación homosexual. Tampoco sabía nada del número creciente de iglesias pro-gay y de los argumentos teológicos pro-gay. Él no sabía que decirle a alguien que cambiara su orientación sexual no es lo mismo que decirle a una persona que deje de tener relación sexual con su novio o que deje de emborracharse. Si usted es heterosexual, imagínese a alguien que le dice: «Usted ahora lo que necesita es sentirse atraído hacia personas del mismo sexo». ¿Cómo se sentiría usted? Sospecho que muchos líderes no entienden la homosexualidad, o sin duda alguna algunos de los sermones que he oído no hubieran sido predicados de la manera que lo fueron.

Más común que el cambio instantáneo es la experiencia de la persona con la que hablé quien decidió después de años de consejos que no iba a cambiar y que siempre se sentiría atraído hacia los del mismo sexo. Decidió que él estaba sexualmente orientado hacia la homosexualidad y que ya no iba a luchar más. Pero a causa de su amor por Jesús y su entendimiento de las Escrituras, sentía que practicar la homosexualidad era pecado, de modo que decidió quedarse célibe y no involucrarse en relaciones.

Hablé con Chad, un hombre de veintiséis años que luchaba con la atracción de gente del mismo sexo, y me explicó otro nivel de lucha que enfrentan los homosexuales:

> Los homosexuales que renuncian a su homosexualidad están renunciando no solo a toda su atracción sexual, sino también a todo un sistema de apoyo. Lo más probable es que ser «gay» se haya convertido en una identidad para la gran mayoría de ellos y cala en cada parte de su vida. La mayoría de los líderes de iglesia no entienden cuánto tienen que abandonar cuando toman la decisión de alejarse de la homosexualidad, y la mayoría en la iglesia no está lista a ayudar a reedificar una estructura de apoyo y relaciones. La iglesia no se da cuenta cuán grande es su necesidad de apoyo emocional. Conozco numerosos ejemplos de homosexuales que están tratando de cambiar y unirse a una iglesia pero no pudieron encontrar el apoyo que necesitaban.

COSAS BUENAS ESTÁN SUCEDIENDO EN NUESTRAS IGLESIAS

Aunque puede que este capítulo esté pintando un cuadro negativo, algunas cosas buenas están sucediendo en muchas de nuestras iglesias. Las iglesias están empezando a ministrar a los homosexuales, con bastante frecuencia dirigidos por aquellos que luchan con su identidad sexual. Karen es uno de ellos. Ella es una cristiana y está ahora ayudando a las iglesias a entender lo que significa crecer en una iglesia siendo gay. Ella es célibe y Dios está usando sus vivencias y experiencias para ayudar a otros. De manera que antes de terminar este capítulo, y en vez de mis sugerencias sobre cómo responder, vamos a escuchar a alguien que conoce de primera mano lo que es ser gay y que tiene algo que aconsejar a la iglesia. Aquí tiene algunas sugerencias para los líderes de parte de Karen en sus propias palabras:

»Uno de los principales errores que ha cometido la iglesia, y que todavía comete, es dar por supuesto que las personas gay están fuera de la iglesia. Esto tuvo un impacto significativo en la forma en que al final yo lidié con la homosexualidad. La iglesia ha aportado una contribución al fenómeno de la identidad gay. Al etiquetar a las personas gays como un grupo fuera de la iglesia, han promovido el concepto de hacer de ello casi una identidad étnica.

«Los líderes de iglesia desempeñan un papel vital en determinar si una cultura transparente se desarrolla en su iglesia. Tiene que ser promovida y defendida por el pastor o pastores principales de la iglesia, que cuentan con el poder para influenciar a la congregación. Los líderes de iglesia pueden dar pasos para formar una auténtica comunidad mediante:

- »Conversar sobre asuntos sexuales, incluyen la homosexualidad, es una forma abierta y respetuosa que no estigmatiza o señala ciertos problemas sexuales. Eso minimizará la tendencia de las personas a mantener las cosas en secreto debido al temor de ser rechazadas o creer que su pecado es especialmente malo. Deberíamos hablar de la homosexualidad con la misma serenidad con que hablamos de los celos o la envidia.
- »Crear "Grupos de Compañerismo Transparente"; es decir, grupos pequeños de estudio bíblico que incorpora no solo el estudio sino también auténtico compañerismo. Eso es lo que en definitiva siempre quieren los líderes de iglesia, pero casi nunca suele ocurrir. Eso se debe, en parte, a que no facilita bien la integración y a la corta duración del grupo (esto es, durante seis semanas de estudio). El líder de un grupo va a determinar cuán transparente va a ser el grupo. Las iglesias necesitan capacitar a líderes de estudio bíblico en interpretación, oración y facilitación del grupo. Específicamente, los líderes necesitan estar preparados para ser ellos mismos transparentes y necesitan ser capacitados para dirigir al grupo a una mayor intimidad. Lamentablemente, muchas iglesias carecen de capacitación formal para los líderes de grupo.
- »Estar mejor preparados para lidiar con los asuntos que surjan, en vez de automáticamente referir a las personas con problemas a sicólogos o a un ministerio para ex gay. Resulta fácil referir a las personas a otros cuando los miembros del equipo pastoral están sobrecargados de trabajo, pero hay que crear las condiciones para que otros que no son consejeros profesionales puedan formarse para ayudar en asuntos como la homosexualidad. Eso significa crear la expectativa dentro de la iglesia de que no vamos al templo solo para sentarnos y nos animen, sino también un lugar para ser entrenamos en cómo amar a otros y ayudarlos en sus luchas. La necesidad fundamental que tienen los que luchan con la homosexualidad es la de un compañerismo íntimo y sano con otros miembros del mismo sexo; esto no se consigue si siempre recurrimos a referir a alguien al sicólogo o aun grupo de apoyo para personas ex gays. Esos son excelentes, pero la iglesia nece-

sita ver a los homosexuales como a todos los demás, no para aislarlos. Los ministerios de hombres y mujeres pueden aportar una gran contribución en esta área si estuvieran mejor capacitados.

- »Redescubrir la oración corporativa. A diferencia de la iglesia naciente, la iglesia en los Estados Unidos ha relegado la oración a la vida privada. Como consecuencia, nos perdemos la riqueza de la oración corporativa que fomenta la intimidad unos con otros y con Dios. En particular, los líderes del pueblo judío en el Antiguo Testamento elevaron con frecuencia oraciones públicas de confesión corporativa. Cuando todas las personas están hincadas de rodillas reconociendo sus insuficiencias y fallos delante de Dios, eso refuerza que todos estamos en el mismo barco y todos necesitamos la gracia de Dios. Eso socava el sentido de superioridad y juicio que desarrollan algunos creyentes que creen que son menos pecaminosos que otros.

- »No tener temor de enseñar sobre la sexualidad humana sin pedir disculpas. Los líderes de iglesia necesitan encontrar un buen equilibro entre amor y verdad. Afortunadamente, algunas iglesias han empezado a descartar las tendencias legalistas del pasado que crearon una cultura de crítica y condenación. Sin embargo, algunas iglesias se arriesgan a ir en la dirección opuesta, al enfocarse exclusivamente en el amor sin enfatizar la verdad. Muchas iglesias parecen estar atrapadas sin saber qué hacer o cómo hacerlo. No quieren dedicarse a condenar, como en el pasado, pero no están seguras de cómo manejar el asunto sin herir a las personas. Sin embargo, no hacer nada solo sirve para crear nuevos problemas que son igualmente perjudiciales.

»La iglesia debe estar llena de amor y gracia, pero también debe haber un lugar para reafirmar la verdad. Con demasiada frecuencia los líderes de iglesia parecen como pedir disculpas por tener que decirles a los individuos que la homosexualidad es errónea. La iglesia no puede valorar la aprobación de la sociedad más que la aprobación de Dios. En las Escrituras, la verdadera rectitud (no el legalismo) está asociada con el bienestar, el gozo, la gloria, la vida y todo lo que es bueno. Se la describe como poniéndose una vestimenta limpia y refrescante. Cuando la iglesia no reafirma la verdad acerca de la rectitud, roba a las personas de la paz que viene por seguir en los caminos de Dios. La verdad siempre nos hace libres, y no debemos usarla para golpear y derribar a las personas, sino para abrir las puertas y liberar a los prisioneros. Ya es suficiente duro para mí ser fiel en seguir a Dios en el asunto de la homosexualidad sin tener que observar a los líderes de iglesia arrugarse y a los amigos cristianos flojear sobre la verdad. Párese y luche por los hermanos y hermanas que luchan y no se avergüence de los caminos de Dios. Si de verdad creemos y confiamos en que los caminos de Dios son siempre lo mejor y nos dan vida, entonces somos crueles y egoístas por permanecer firmes».

CÓMO FUNCIONA ESTO EN NUESTRA IGLESIA

Una mujer joven de veintiún años que todavía estaba estudiando en la universidad empezó a venir a nuestros cultos de adoración. Tenía talento para la música, era creativa, y estaba estudiando Bellas Artes. Se acercó a mí con algunas preguntas, y terminó confesando que era gay. En realidad, se encontraba involucrada en relaciones con otra joven en este tiempo. Pero nosotros le dimos la bienvenida en nuestra comunidad de iglesia, estudiamos las Escrituras con ella y la dejamos servir en varias maneras, dado que ella quería contribuir a la iglesia. Ella empezó a participar en una de nuestras iglesias por las casas durante la semana. También empezó a servir en un equipo de ministerio, ayudando a preparar el arte que usábamos en nuestras reuniones y también entregaba el boletín.

Pero cuando se acercó a mí interesada en otra posición de ministerio que involucraba estar más en una función de enseñanza, me puso en una situación difícil. Necesitaba ayudarla a entender que dejarla a ella desempeñar esa tarea estaría en contradicción con lo que nosotros enseñamos sobre la homosexualidad. Me reuní con ella después del culto de adoración un domingo por la tarde, y hablamos como unas tres horas. Fue una situación horrible para los dos. Con angustia y lágrimas la expliqué que no podía dejarla servir en esa capacidad. Sentí que la estaba rompiendo el corazón y también el mío. Pero yo tenía que permanecer fiel a lo que sentía que decían las Escrituras, puesto que ponerla a ella en esa posición hubiera significado que yo aceptaba su estilo de vida de practicar la homosexualidad. Oramos juntos y luego ella se marchó llorando. Fue una experiencia horrible. Completamente horrible.

Al día siguiente le envié un correo electrónico para saber cómo iba. No supe de ella durante unos días, entonces recibí este mensaje de parte suya:

> En todo caso, gracias por su respuesta. No me malentienda, no voy a dejar la iglesia. De ninguna manera. Me ha llevado más cerca de Cristo que ninguna otra cosa. Encuentro allí una paz que no hallo en ninguna otra parte. Sí, esta tormenta que a veces me invade me lleva a querer dejar de creer, de forma que pueda volver a mi funcionamiento normal.
>
> Vine a la computadora del laboratorio para copiar un trabajo escrito que debo entregarlo en una hora (qué clásico es eso), que se supone debería haber escrito la pasada noche, pero en vez de eso me dediqué a escribir mis notas en Mi Diario, y terminé agarrando la guitarra y escribiendo una canción.

Básicamente tiene que ver con todo este asunto de ser gay, dirigido hacia usted. Mucho de la letra me salió bastante llena de enojo. Pero luego cuando traté de componer la música para la letra, la música no casaba con la letra. La música que me salía no era enojada, sino pacífica y acerca de la compasión que usted me ha mostrado. Así que terminé reescribiendo la letra original y eliminé el enojo.

El canto habla básicamente de cómo me sentí cuando conversamos en el templo, cuán herida me siento, preguntas sobre cómo la iglesia puede decir que ser gay es malo. Encuentro irónico que mi enojo vaya dirigido a veces a usted cuando usted es el único en el mundo dispuesto a ser amable conmigo, aun cuando está en desacuerdo. Puedo decirle que usted realmente tiene en el amor de Dios en su corazón. Quiero pedir disculpas por sentirme enojada a veces. De verdad, no estoy enojada con usted.

Aunque estaba enojada, ella sabía que yo me preocupaba por ella. Sabía que no la estaba apuntando con el dedo para avergonzarla o condenarla. Sabía que estaba solo reafirmando lo que creía pero haciéndolo en una forma que mostraba amor, comprensión y respeto por ella. Ella siguió siendo parte de nuestra iglesia hasta que se trasladó a otra ciudad después de su graduación. Mientras escribo esto, me pregunto qué será de ella. En realidad, me he tomado un corto descanso y le he escrito un correo electrónico a la última dirección que tengo de ella. De modo que quizá me entere qué está haciendo ahora.

Estoy contando esta experiencia no para darme palmadas de aprobación en la espalda sino para tratar de expresar cómo podemos romper con el estereotipo de que la iglesia es homofóbica y sexualmente rígida. Creo firmemente que no es solo lo que enseñamos acerca de la sexualidad humana, sino cómo lo enseñamos lo que es más importante. Estoy convencido, como Karen dijo antes, que no importa cuál sea el asunto, incluso si va en contra de la corriente de la cultura, es clave cómo decimos lo que creemos. Muchos de los malos entendidos de las generaciones emergentes se derivan no de las creencias de la iglesia sino por la forma en que vamos por ahí sosteniendo y enseñando lo que creemos. Un excelente libro sobre la homosexualidad se titula *Welcoming but Not Affirming* por el teólogo ya fallecido Stanley Grenz. Creo que es posible

| La iglesia es homofóbica. | → | La iglesia es una comunidad que ama y recibe. |

hacer lo que el título del libro sugiere. Podemos reafirmar la posición doctrinal que sostenemos al tiempo que nos alejamos de ser conocidos como una comunidad que teme e incluso rechaza a los homosexuales y llegar a ser conocidos como una comunidad que les da la bienvenida y los ama, pero no afirmamos nada que las Escrituras no afirman.

VEA A SU IGLESIA
A TRAVÉS DE LOS OJOS
DE LAS GENERACIONES EMERGENTES

1. ¿Cuáles son sus sentimientos y actitud hacia los homosexuales? ¿Qué tipos de comentarios se hacen acerca de ellos en sus cultos de adoración? ¿Qué dice usted en la privacidad de su hogar? ¿Conoce usted algún homosexual que le habla de su vida y sentimientos?

2. En una escala de uno a diez, ¿cuán preparado está usted para explicar los pasajes difíciles de la Biblia sobre la sexualidad humana y la homosexualidad? ¿Cómo manejaría usted las preguntas y pasajes citados en este capítulo? ¿Qué puede usted hacer para estar más preparado? Examine de nuevo los pasajes específicos y los argumentos teológicos pro-gay que he presentado. ¿Cómo respondería usted a cada uno de ellos?

3. ¿Qué piensan los miembros de su iglesia acerca de los homosexuales? ¿Podrían ellos explicar partiendo de la Biblia la posición que tiene su iglesia? Si un homosexual vive cerca de un miembro de su iglesia, ¿qué piensa usted dirían ellos acerca de esa persona de su iglesia y de sus actitudes y acciones acerca de los homosexuales?

4. ¿Incluye la enseñanza y predicación de su iglesia mensajes acerca de la sexualidad humana? ¿Con cuánta frecuencia? ¿Qué cambios haría usted en esta área?

5. Ahora mismo, ¿a dónde iría un homosexual o alguien que está luchando con las atracciones del mismo sexo que es miembro de su iglesia para buscar consejo y hablar? ¿Siente usted que ha creado un ambiente de confianza y haría que alguien sintiera que puede hablar con otros y sentirse seguro en su iglesia? Si ellos se acercaran a usted, ¿qué diría usted?

La iglesia afirma con arrogancia que las demás religiones están equivocadas

9

Cuando era un adolescente mi padre me dio varios libros para leer —la Biblia, el Corán, el I Ching, y algunos escritos budistas— con el fin de que yo tuviera una mente abierta y descubriera una senda espiritual por mí mismo y conociera y comprendiera a Dios mejor. Parece que los cristianos no aprecian la belleza de otras creencias. Dan la impresión de ser personas de mente cerrada e incluso ven a otras religiones como enemigos.

DUGGAN

Duggan es un hombre joven de pura raza irlandesa con una sonrisa y personalidad que le hace sentir que usted es su mejor amigo desde el primer momento que le conoce. Nos hemos estado relacionando y conociendo a lo largo del pasado año por medio de nuestras conversaciones en la cafetería que administra. Duggan me dio a conocer la bebida Creamy Carrot, una bebida compuesta de zanahoria que disfruté al menos veinte veces durante el pasado año. Con frecuencia a los pocos minutos de entrar en la cafetería, una Creamy Carrot aparece sobre mi mesa. Duggan sabe que me gusta mucho esa bebida. De hecho, pienso en la Creamy Carrot con cierta frecuencia a media tarde especialmente cuando me invade un poco de sueño y necesito algo de ayuda.

He encontrado que la música es una forma natural y excelente de emprender una conversación con personas nuevas, por lo que no es una sorpresa que cuando Duggan y yo empezamos a conversar, hablamos acerca de la música. El CD que se escuchaba por medio del estéreo del establecimiento era de los Pogues, una banda de Inglaterra que mezcla música tradicional irlandesa con música punk. Durante el tiempo que pasé en Inglaterra, que toqué en una banda de música, pasé un par de tardes con Shane MacGowan, la cantante principal de los Pogues. Shane tiene una personalidad singular, y yo tenía para contar algunas buenas experiencias de ese tiempo que a Duggan le gustaba escuchar. De manera que después de ir con regularidad a la cafetería y de tener varias conversaciones casuales con Duggan sobre la música, al final terminamos hablando acerca de la fe. Al ir conociendo el trasfondo humano de Duggan, saqué la conclusión de que él era alguien interesante para escuchar si usted quiere conocer y entender las mentes corazones de muchos individuos que están creciendo en nuestra cultura emergente. Esta relación me proveyó de un conocimiento bueno y útil.

UNA ACEPTACIÓN PLURALISTA DE TODAS LAS CREENCIAS

En el hogar de Duggan no se hablaba en realidad mucho de religión. De niño fue algunas veces a una parroquia católica puesto que eran una familia irlandesa. Pero cuando llegó a la adolescencia, su padre quería que él tuviera una mente abierta acerca de los asuntos espirituales, de modo que le regaló una Biblia, un Corán, algunos escritos de Confucio y otros de Buda. Y Duggan leyó todo lo que su padre le dio y aun siendo un adolescente disfrutó de la diversidad de creencias religiosas. Quedó más intrigado por los escritos budistas que por todos los otros:

> *Después de leer los varios escritos religiosos que mi padre me regaló, me sentí más atraído hacia la espiritualidad budista tibetana. El misticismo es muy atractivo y se remota a momentos en la historia y a la tradición muy anteriores al catolicismo y el cristianismo, que también encontré fascinantes. Yo no me había dado cuenta que la mayoría de las religiones del mundo tienen comienzos anteriores a la iglesia.*

Ahora como adulto, Duggan continúa apreciando que su padre no limitara su conocimiento a un solo abordamiento a la espiritualidad. Escucho con bastante frecuencia hoy que los padres quieren que sus hijos tengan creencias espirituales, pero los animan a que las descubran por sí mismos y quieren que cuenten con la diversidad de opciones. Duggan creció apreciando la belleza de todas las religiones y viendo la verdad que cada una de ellas contenía. Él no practica una fe o creencia en exclusiva, pero se ve a sí mismos como una persona espiritual con inclinaciones budistas. Él no comprende por qué los cristianos son incapaces de ver la belleza de otras religiones. Le entristece encontrarse con cristianos que menosprecian otras religiones diciendo que la suya es la única verdadera y que las otras están equivocadas.

> *Todo lo que escucho de parte de los cristianos es que todas las otras religiones universales están equivocadas y van camino del infierno. He tratado de tener una conversación inteligente con ellos sobre esto y conversar sobre la belleza de otras*

expresiones de espiritualidad, pero ellos recurren a esa retórica religiosa y evitar las preguntas difíciles. Dan la impresión de que han programado respuestas dogmáticas que alguien les ha pasado, y no pueden sostener un intercambio normal de conocimiento y experiencias sobre otras creencias espirituales excepto la suya.

En las muchas conversaciones que sostuvimos, Duggan consistentemente me expresó que lo que le inquieta no es que los cristianos sean exclusivos, sino la actitud que los cristianos tienen acerca de otras creencias espirituales: la manera en que hablan acerca de ellas, su incapacidad para ver valor en otras creencias, y su rechazo de otras religiones, diciendo que las personas que las practican van camino del infierno. También me dijo que lo que le molesta es la perspectiva simplista e ignorante de los cristianos sobre otras religiones. Siente que los cristianos que no saben nada acerca de otras creencias espirituales, pero no obstante afirman rotundamente que están equivocadas mostrando una tremenda falta de respeto. Esa actitud le molesta y le frena en querer ser un cristiano. Como un ejemplo, me habló de un encuentro que tuvo con dos estudiantes de un prominente centro de estudios evangélico:

Una vez traté de hablar con dos cristianos acerca de Buda y de Dao. Me miraron como si estuviéramos alucinados y no supieron qué decir. Solo sabían hablarme acerca de sus propias creencias y no estaban dispuestos a hablarme de otras creencias. Eso me lleva a pensar que los cristianos son como caballos con anteojeras, tienen una visión aislada e inflexible. Están tan centrados en solo lo que ellos creen, que son incapaces de mirar y ver otros elemento a su alrededor. Los cristianos necesitan quitarse las anteojeras con el fin de poder ver el mundo a su alrededor, y puede que entonces tengamos conversaciones más inteligentes.

Lo que Duggan está diciendo es que los cristianos aparecen ante los demás como ignorantes y arrogantes que ni siquiera pueden sostener una conversación normal sobre las religiones que rechazan. Necesitamos entender que las personas en las generaciones emergentes, como Duggan, dan mucha importancia a respetar y ver la belleza en todas las creencias y expresiones de espiritualidad. Si no somos capaces de reconocer esto y no somos sensibles en cómo hablamos acerca de otras creencias, aparecemos ante los demás que tienen otras creencias como personas primitivas, carentes de inteligencia, cerrados de mente y desinteresadas.

Penny, a quien hemos conocido en el capítulo anterior, me dijo esto acerca de la actitud de los cristianos hacia las personas de otras creencias:

> ¿Por qué los cristianos se comportan de esa manera tan horrible cuando nos dicen que ellos son la única religión verdadera y que todos los demás que sostienen otras creencias están equivocados? Tienen la actitud de «mi dios es el mejor y más grande de todo el barrio y puede derrotar a vuestro dios». Yo no veo esa actitud en lo que conozco de Jesús.

Los cristianos creen correctamente de que hay un solo Dios (Dt. 6:4) y que aparte de él no hay otro Dios (Is. 45:5). Pero no debiéramos actuar como matones cuando afirmamos que creemos en el único Dios verdadero, tampoco debiéramos pintar a Dios como un matón que intimida a los demás. Penny está de acuerdo con Duggan en lo que la perturba a ella no es que sostengamos con firmeza una creencia determinada, sino nuestra actitud y la manera en que hablamos con los que sostienen otras creencias. Nuestra forma de hablar, actitud y falta de conocimiento nos desacredita ante las personas de las generaciones emergentes y les frena en el deseo de tener conversaciones abiertas con nosotros, llevándolos incluso en ocasiones a investigar en otros lugares por significado espiritual. Sobre su tiempo de búsqueda, Penny dijo:

> Las religiones orientales me resultaron más atractivas, debido a que se enfocan más en ser amables con otros, amar a las personas de otras creencias espirituales incluso si son diferentes de las de ellos, siendo modestos y humildes. Pienso que eso era semejante al mensaje de Jesús, pero irónicamente es todo lo opuesto que he experimentado de parte de la iglesia y del cristianismo.

Necesitamos ser misioneros sabios, teniendo en cuenta la cultura en la que se están formando las personas en las generaciones emergentes y cómo piensan ellas. Si lo hacemos, más personas estarán bien dispuestas a escuchar lo que la Biblia enseña acerca del cristianismo y otras religiones y el Espíritu de Dios tendrá muchas más oportunidades de trabajar en la vida de las personas.

En mis conversaciones con personas fuera de la fe cristiana, he podido explicar clara y firmemente las declaraciones exclusivas de Cristo Jesús y mi creencia de que la salvación la alcanzamos solo por medio de él. No tengo que ocultar nada ni aguar nada porque ese abordamiento hace que todo sea diferente. Debido a que he establecido una buena relación con ellos, he prestado atención a sus perspectivas espirituales, y he edificado la confianza con ellos, he podido hablarles de las palabras de Jesús de que él es el camino, la verdad y la vida y que nadie llegar al Padre sino por medio de él (Jn. 14:6). He encontrado que en realidad las personas sienten curiosidad por esas declaraciones de Jesús, y he mantenido diálogos positivos con ellos sobre eso. He visto que las personas están dispuestas a abrir la Biblia y tener conversaciones positivas sobre pasajes fuertemente exclusivos tales como Hechos 4:12, donde se dice de Jesús: «De hecho, en ningún otro hay salvación, porque no hay bajo el cielo otro nombre dado a los hombres mediante el cual podamos ser salvos». Pero antes de que podamos tener una conversación así con las personas, tenemos que cultivar la relación con ellos y conocer y entender otras creencias lo suficientemente bien como para hablar de forma inteligente sobre ellas. Parece que disponemos de suficientes cristianos que pueden entregar a los transeúntes un folleto cristiano y sostener letreros en las calles que dicen: «Jesús es el único camino», pero no contamos con muchos que puedan cultivar amistades y confianza con personas para dialogar con ellas sobre lo que queremos decir con eso. La mayoría de los cristianos pueden citar de memoria Hechos 4:12 o Juan 14:6, pero ¿nos hemos ganado la confianza de las personas de fuera de la iglesia que nos permita emprender un diálogo inteligente sobre lo que esos versículos quieren decir?

LO QUE NECESITAMOS ENTENDER SOBRE LAS GENERACIONES EMERGENTES

Hablé una vez con un líder cristiano sobre cómo se sienten las generaciones emergentes acerca de los puntos de vista de la iglesia sobre las religiones mundiales, y me comentó: «Usted está perdiendo su tiempo con personas fuera de la iglesia e incluso escuchar sus opiniones. Jesús es el camino y es la verdad. Ellos o lo aceptan o lo rechazan. Son pecadores con corazones endurecidos, y por eso, por supuesto, no nos quieren. Sus opiniones sobre la iglesia no me importan».

Pero sus opiniones sí que importan. Y creo que también le importan a Cristo Jesús, que estuvo siempre dispuesto a hablar con los que vivían fuera de los círculos religiosos y tuvo compasión de ellos. Se paró en el camino para hablar con una mujer samaritana (Juan 4) y no hizo declaraciones diciendo: «Los samaritanos están todos equivocados». Él contó la parábola del hijo pródigo para mostrar el amor del padre por el hijo, a pesar de las acciones del hijo. Jesús lloró cuando miraba Jerusalén sabiendo que sus moradores le rechazarían. Además, cuando usted lee la historia de misioneros eficaces a lo largo de la historia de la iglesia, descubre que ellos vivieron entre las personas, cultivaron relaciones con ellas y entendieron su forma de pensar y creencias.

De modo que para ser un misionero eficaz en nuestra cultura emergente. ¿Qué es lo que necesitamos entender sobre los antecedentes y trasfondos de los personas?

Necesitamos ver nuestro mundo como una cultura pos-cristiana
Nosotros confiamos en Buda-Alá-Diosas, Cábala-Tarot-Dios

En pasadas generaciones en los Estados Unidos, si usted iba a la tienda de comestibles, allí se podía encontrar con su vecino, que era miembro de la Primera Iglesia Bautista. En el banco, la empleada que nos atendía era miembro de la Iglesia Presbiteriana, y el gerente era un miembro prominente de la Iglesia Evangélica Libre. La maestra de la escuela era miembro de la Iglesia Metodista, y el policía parado en la esquina y que saludaba a los transeúntes era miembro de la Iglesia Católica. La mayoría de las personas, incluso si no asistían fielmente al culto todos los domingos, se identificaban y asociaban con alguna expresión de cristianismo, generalmente dependiendo del trasfondo denominacional de la familia.

Las cosas hoy son muy diferentes. Estamos viviendo en una sociedad pluralista. Los dueños del supermercado son una familia amable y amistosa de coreanos inmigrantes que son budistas. Sus vecinos son mormones. El gerente del banco es hindú y la empleada es una mujer de veintitantos años que está haciendo sus primeros escarceos en la lectura de cartas del Tarot y en prácticas espirituales enfocadas en la tierra y naturaleza. En el parachoques de su auto en el estacionamiento del banco usted puede ver una pegatina que dice: «Confiamos en la Diosa». Uno de sus profesores de la escuela secundaria se ha iniciado en la meditación y valora todas las creencias universales, creyendo que todas ellas llevan a Dios, y una de sus compañeras de escuela lleva una pulsera en su muñeca izquierda como una forma divertida de imitar a una actriz famosa que ella admira que también lleva símbolos cabalísticos de protección. El policía de la esquina creció como católico pero nadie le ha visto por el templo de su parroquia desde que tenía trece años.

Vi un episodio de la una serie popular de la televisión en la que apareció una familia conversando sobre en qué religión dedicar al niño recién nacido. El padre quería que fuera bautizado; pero la madre quería que se llevara a cabo una cierta forma de ceremonia religiosa hindú. Y los abuelos querían que el bebé fuera circuncidado por un rabí judío. Antes de que usted se diera cuenta, toda la familia estaba discutiendo. Pero al final negociaron y cedieron y acordaron que se hiciera todo con el bebé. Este abordamiento representa dónde estamos hoy. En mi experiencia al hablar con personas de otras creencias, la mayoría de ellas no están comprometidas hasta el tuétano con ninguna creencia religiosa universal. Lo que tienen en general es una buena y sincera apreciación por todas las creencias y sostienen un sistema que es una mezcla personal de creencias. Así que no piense que las generaciones emergentes se están convirtiendo en fanáticos budistas o algo así. Pero son conscientes de las religiones universales y la mayoría de ellos defienden la creencia de que cada cual tiene el derecho de creer lo que quiera y que ninguna religión debiera reclamar exclusividad sobre las demás.

Pero yo no veo que esta carencia de compromiso con una fe en particular sea muy diferente de las pasadas generaciones, cuando muchas personas decían que eran metodistas o católicas o que eran miembros de alguna otra

> ES EXTRAÑO PERO CIERTO QUE SI NOSOTROS FUÉRAMOS A DECIR: «ESTOY PENSANDO EN HACERME BUDISTA», LA RESPUESTA HOY PROBABLEMENTE SERÍA: «¡OH! ¡ESO ESTÁ MUY BIEN!». PERO SI NOSOTROS FUÉRAMOS A DECIR: «ME VOY A HACER CRISTIANO», LA RESPUESTA SERÍA: «¡OH NO! ¡POR FAVOR, NO TE HAGAS COMO UNO DE ESOS!».

denominación cristiana, pero asistían a las actividades religiosas de su iglesia solo en las fiestas y su fe no afecta para nada su vida diaria. No obstante, ellos se consideraban a sí mismos cristianos, y ser cristianos era visto como algo muy positivo. Era entonces fácil hablar de Cristo como el único camino porque la mayoría de las personas tenían un conocimiento básico del cristianismo y no eran conscientes de otras religiones universales. El cristianismo era la opción popular. Pero hoy ser cristianos no es visto como algo positivo. Es extraño pero cierto que si nosotros fuéramos a decir: «Estoy pensando en hacerme budista», la respuesta hoy probablemente sería: «¡Oh! ¡Eso está muy bien!». Pero si fuéramos a decir: «Me voy a hacer cristiano», la respuesta sería: «¡Oh no! ¡Por favor, no te hagas como uno de esos!».

Una capilla de distintas religiones en el corazón del Cinturón de la Biblia

Visité uno de los estados en el llamado Cinturón de la Biblia para hablar en una conferencia sobre el tema de que ya Estados Unidos no era una nación judeo-cristiana. Varios pastores se mostraron en desacuerdo conmigo, alegando que en sus ciudades y pueblos había templos cristianos en cada manzana y que nada había cambiado. En respuestas, les pedí que me dijeran cuál era el nombre de la capilla en el aeropuerto por el que acababa de pasar en mi camino hacia la conferencia. De entre los varios cientos reunidos, nadie pudo responder. Les informé de que en su propia ciudad, la capilla del aeropuerto era ahora llamada «capilla de distintas religiones» y que el camino de entrada a la capilla se hallaba adornado con símbolos religiosos de todas las religiones mundiales. En mi libro *The Emerging Church*, tengo una cita tomada del libro *A New Religious America: How a «Christian Country» Has Become the World's Most Diverse Nation*, escrito por Diana Eck, una profesora en Harvard que afirma que los Estados Unidos es ahora la nación de más diversidad religiosa en el mundo. También dice que la mayoría de los líderes cristianos no son conscientes de que este cambio está sucediendo. Supongo que algunos líderes cristianos están tan consumidos con sus propias actividades y reuniones de iglesia que no se dan cuenta de la profundidad y extensión del cambio cultural que está teniendo lugar a su alrededor, incluso en el Cinturón de la Biblia.

Que estamos viviendo es una sociedad y cultura con una comprensión pluralista de la espiritualidad, queda ilustrado por la creciente popularidad de las camisetas y pegatinas de Coexistir, en la que aparecen los símbolos de la media luna del Islamismo, la estrella judía de David y la cruz cristiana para expresar la coexistencia en el mundo. No estoy diciendo que eso es malo. Por supuesto, debiéramos coexistir pacíficamente con personas de otras creencias; usted no tiene que sostener un punto de vista universalista para estar de acuerdo con eso. Pero la popularidad de ese logo ilustra que las personas le ponen mucha atención a cómo tratamos otras creencias. Otro ejemplo es un nuevo juego de mesa llamado Iluminar, que enseña sobre las otras religiones universales. (Yo en realidad me voy a comprar uno, puesto que es una forma divertida de llegar a conocer las creencias básicas de las religiones mundiales.) Me enteré de ese juego al leer recientemente un artículo en el periódico, en el que se presentaba

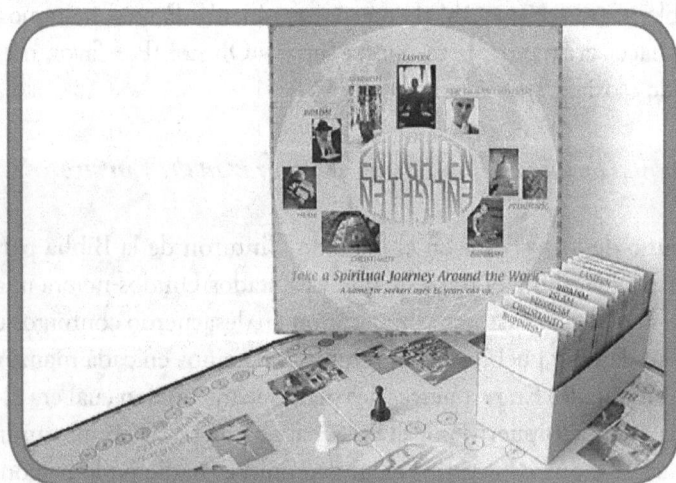

Usado con permiso de www.enlightengamesinc.com

al cristianismo solo como una de las religiones mundiales, pero no *la* religión. El cristianismo ya no es la única opción en nuestra sociedad y cultura. Somos una de las varias opciones que las personas tienen hoy.

No estoy diciendo en absoluto que debemos guardar silencio en cuanto a las afirmaciones exclusivas sobre Jesús. En realidad es todo lo opuesto. Pero en algunos casos nuestros corazones y actitudes necesitan cambiar en cómo hablamos a otros acerca de las afirmaciones de Jesús. Cuando Pablo habló en Hechos 17:1-4 a los judíos religiosos y a los griegos temerosos de Dios, él fue capaz de razonar con ellos partiendo de las Escrituras, dado que ellos ya creían en ellas. Pero cuando les habló a los atenienses en el Areópago, su abordamiento fue diferente (Hch. 17:16-34). Ellos no tenían el conocimiento que los religiosos judíos y los griegos temerosos de Dios tenían. No obstante, él terminó hablándoles de Cristo Jesús y de la resurrección, pero su punto de partida y su abordamiento fueron diferentes.

Pienso que el problema hoy es que esperamos que las personas en la colina de Ares tengan el mismo conocimiento que las personas en la sinagoga. Pablo reconoció que diferentes cosmovisiones requieren diferentes abordamientos. Lo mismo es cierto hoy. Así que veamos algunas sugerencias sobre cómo podemos comunicar a las generaciones emergentes la verdad de un solo Dios vivo y verdadero como los harían los misioneros en sumergidos en otras culturas.

¿QUÉ PODEMOS APRENDER DE ESTA PERCEPCIÓN ERRÓNEA?

Necesitamos un conocimiento básico de las religiones mundiales

No tenemos que convertirnos en expertos en religiones comparadas, pero sí ciertamente podemos adquirir al menos un nivel básico de conocimiento acerca de ellos de forma que cuando enseñamos en nuestras iglesias y cuando nos reunimos con personas de otras creencias, podemos hablar con inteligencia y conocimiento de causa acerca de otras religiones.

Molly, una mujer de veinticuatro años, es ahora miembro de nuestra iglesia después de muchas experiencias con otras creencias. Ella creció fuera de la iglesia, pero dijo que siempre sintió que allí estaba Dios. Ella tuvo una vez un novio judío y fue a un campamento judío donde aprendió varias tradiciones judías. Dijo que se sintió atraída por los rituales, los alimentos y la celebración de varias fiestas del calendario judío. Estando en la universidad se sintió atraída por el hinduismo y lo practicó durante tres años. Se sintió atraída por la forma en que los hindúes usan el cuerpo como parte de su experiencia de adoración. El hinduismo incluye también alimento, danza y ritual, lo que ella sintió que eran partes importantes de su expresión espiritual. Ella oró a varios de las diosas y dioses hindúes, dependiendo de cuáles eran sus necesidades. Acudió a algunos retiros hindúes y estuvo bastante involucrada.

Pero entonces se instaló en una casa donde vivían algunos miembros de nuestra iglesia. Ella no los conocía de nada antes de ese momento; simplemente respondió a un anuncio sobre alquilar un cuarto a estudiantes. Como resultado, formó una amistad normal con estas personas que no la criticaron ni condenaron por sus creencias hindúes. La aceptaron, la amaron y salían juntos, al ir conociéndolos y confiando en ellos empezó a acudir a los cultos de adoración. Al empezar a conocer la fe de sus compañeros de casa cristianos, se dio cuenta de que algunas de sus percepciones de los cristianos y de la iglesia eran erróneas. Ella dice:

> *Mi percepción original de los cristianos era que todos ellos eran negativos y enfocados en cuán pecaminoso era el mundo. Sentía que estaban obsesionados con lo que las personas hacían mal y les gustaba apuntar con el dedo constantemente, y que los hombres manejaban todo en la iglesia y a las mujeres no se les permitían ocupar lugares de toma de decisiones. Para mí como hindú, sentía que los cristianos solo querían despojarme de toda diferencia de cultura y color y convertirme en algo insípido y blanco y negro como ellos son. Sentía que ellos estaban obsesionados con la muerte de Cristo en la cruz, puesto que lo único que usted oye cuando ellos hablan, una y otra vez, es que Cristo sufrió. Por supuesto, aquello fue algo horrible y algo muy grande que él hizo, ¿pero es que no hay nada más en esta vida que solo hablar de muerte y sufrimiento? Dan la impresión de odiar esta vida y no pueden esperar hasta llegar a la siguiente cuando todos los malos estarán en el infierno y habrán desaparecido. Pero entonces empecé a oír y leer más acerca de quién es de verdad Cristo Jesús y reunirme con algunos cristianos que no eran como yo pensaba. Eso me llevó a pensar que quizá los cristianos no eran exactamente como yo los veía.*

Demasiados cristianos solo se relacionan con otros cristianos dentro de la burbuja y no tienen relacionados o se hacen amigos de los no cristianos hasta ese grado. Fue necesario que unas jóvenes cristianas abrieran su casa y sus vidas a una mujer hindú para cultivar la confianza necesaria con Molly. Si esas jóvenes no hubieran hecho eso, Molly jamás hubiera conocido a cristianos normales ni habría obtenido una perspectiva diferente sobre ellos.

Terminé reuniéndome con Molly por su creciente interés en las afirmaciones del cristianismo. Cuando apareció el tema de las grandes religiones universales, encontré que ella sabía bastante acerca del desarrollo de las varias ramas del hinduismo. En un momento en nuestra conversación, me dijo que el hinduismo antecede al cristianismo. En respuesta, en vez de enfocarnos en las diferencias entre cristianismo e hinduismo y tratar de demostrar que el hinduismo estaba equivocado, la hice muchas preguntas. ¿Por qué el hinduismo era atractivo para ella? ¿Cómo era su adoración? Quería saber más y comprender mejor sus creencias más bien que soltarla mis creencias.

Al final ella me preguntó cómo encaja el cristianismo en el conjunto de las religiones mundiales. Así que saqué una hoja de papel y empecé a hacer un diagrama. Dije que no veía al cristianismo como una religión moderna, y que en realidad es anterior al hinduismo. Eso la pilló de sorpresa y la picó en su interés. Le pedí que me permitiera contarla la gran historia de la Biblia, comenzando con la historia de la creación. Le dije que Dios creó todas las

Creación de los seres humanos: Adoración de un solo Dios

Los humanos eligieron formar nuevas creencias religiosas y desarrollar nuevas ideas sobre dioses y diosas.

Torre de Babel (Génesis 2) dispersión y desarrollo de otras religiones

Egipto se convirtió en una gran influencia en el mundo con varias nuevas deidades.

La nación judía continuó creyendo en un Dios y esperaba la llegada del Mesías como estaba profetizado en las Escrituras (esto es, Isaías 53) en medio de otras creencias babilónicas y cananeas.

Judaísmo 1440 a. C.

Los humanos salieron del Cercano Oriente y se instalaron en otras partes y se siguieron formando nuevas religiones y deidades locales que adoraron.

Hinduismo 1500 a. C.

Shinto 660 a. C.

Taoísmo 600 a. C.

Se desarrollaron otras nuevas formas de creencias: Druidas, griegas, romanas, etc.

Budismo 563 a. C.

Cristianismo 30 d. C.

La fe islámica cree en Mahoma como el nuevo profeta por encima de Jesús.

La fe cristiana continuó creyendo en un solo Dios y cree que Jesús es el cumplimiento de las sagradas Escrituras.

Islam 622 d. C.

cosas y que mantenía una relación maravillosa con Adán y Eva en el huerto del Edén, pero ellos decidieron desobedecer a Dios y de esa forma entró el pecado en el mundo. Le hablé de cómo los seres humanos empezaron la búsqueda de otros dioses, porque no se sentían satisfechos con el Dios que había creado todas las cosas. Le hablé incluso de la torre de Babel y cómo los seres humanos se extendieron por toda la tierra. Debido a que yo tenía un conocimiento básico de las religiones del mundo, me encontraba en condiciones de ponerlas en una perspectiva histórica, que elaboré para ella mediante el borrador de un diagrama (vea el diagrama abajo).

Reconozco que esta es una explicación rápida y elemental del origen de las religiones mundiales. Bosquejar todo el complejo desarrollo de las religiones mundiales es un diagrama simple no les hace justicia. Pero es útil cuando estoy sosteniendo una conversación con personas interesadas en el tema. No me metí para nada con las varias interpretaciones sobre la torre de Babel; mi única intención es elaborar un boceto amplio de cómo empezó la historia humana con la creencia en un solo Dios y como a lo largo del tiempo se desarrollaron otras creencias y se extendieron por todo el globo. Muchas veces dibujo un mapa del mundo al ir explicando esto, usando esas pautas migratorias que se enseñan en las escuelas públicas para mostrar cuándo y dónde se desarrollaron las varias religiones mundiales (sea los diseños abajo y en la página siguiente). La mayoría de las personas nunca ha

EN EL PRINCIPIO, EL HOMBRE ADORÓ A UNA SOLO DIIOS Y TENÍA RELACIÓN CON SU CREADOR.

CREACIÓN DEL HOMBRE

TORRE DE BABEL

TORRE DE BABEL

ANIMISMO Y PANTEÍSMO

HINDUÍSMO 1500 A.C.

JUDAÍSMO 1440 A.C.
continuaron creyendo en
un solo Dios y esperaban la
promesa de un Salvador.

TAOÍSMO   SHINTO
600 A. C   660 A. C

BUDISMO 563 A.C.

CRISTIANISMO 30 D. C

IMPERIO ROMANO
CRISTIANISMO 30 D. C.

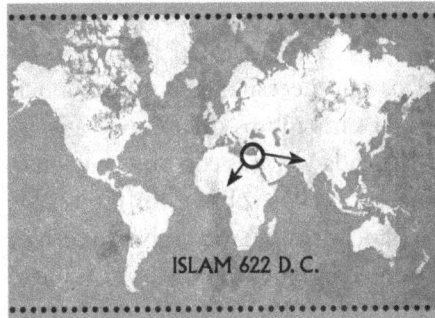

ISLAM 622 D. C.

EUROPA Y LUEGO LAS
AMÉRICAS – 1600 D. C.

CRISTIANISMO
30 D. C

175

puesto el desarrollo de las religiones mundiales en una perspectiva cronológica o han visto como el cristianismo viene en realidad de la historia de la creación y del judaísmo. Les hablo un poco acerca de las profecías de Jesús en la Biblia hebrea y cómo las raíces de las profecías sobre Jesús se encuentra incluso en los primeros capítulos de Génesis. Contar a las personas toda la historia de la necesidad desde el principio de un Salvador y diagramar cuándo y cómo otras creencias surgieron pone al cristianismo en perspectiva para las personas, entonces puedo hablarles de por qué Cristo Jesús dijo: «Yo soy el camino, la verdad y la vida». En vez de oír esa declaración de forma aislada, pueden ver ahora cómo apunta al mismo comienzo de todas las cosas y encaja bien en toda la historia. Hace que todo sea diferente si en vez de citar solo Juan 14:6 y suponer que las personas lo entienden, ponemos Juan 14:6 en el gran contexto de la historia de Dios, de la creación y del desarrollo de las religiones mundiales.

Esta es una forma sencilla y elementar de contar la historia, de forma que cuando alguien plantea alguna pregunta acerca de otras creencias que yo no puedo responder, simplemente digo: «No lo sé, pero déme un poco tiempo para investigar sobre eso y volveremos a hablar en otro momento». Yo no soy un experto en religiones mundiales, pero al tener un conocimiento básico de ellas les muestro a las personas que respeto sus creencias y estoy lo suficiente interesado en ellas como para estudiarlas. Eso me da credibilidad con ellos y ayuda a aliviar la impresión de que los cristianos son dogmáticos y cerrados de mente.

Molly al final se hizo cristiana. Ella llegó a experimentar el amor y la verdad de Cristo, sintió la presencia del Espíritu Santo en su vida y reconoció que los dioses y diosas hindúes no son comparables al Dios verdadero de la Biblia. Fue bautizada y es todavía parte de nuestra iglesia, profundizando en el conocimiento de Jesús participando en uno de los grupos de estudio bíblico que se reúne cada semana. En el pasado domingo de Resurrección llegó incluso a leerla a la congregación un poema que escribió expresando su amor por Cristo

Necesitamos capacitar a nuestras iglesias para que entienda otras religiones mundiales

Los líderes de iglesia no son los únicos que necesitan tener un conocimiento básico de las religiones mundiales. Los miembros de nuestras iglesias también lo necesitan. Ellos se van a encontrar cada vez más con otras personas, relacionarse con ellas y tener conversaciones con ellos sobre estos temas. De manera que necesitamos proveerles de un conocimiento básico sobre los orígenes y creencias básicas del cristianismo y otras religiones mundiales. En nuestra iglesia, no solo enseñamos una clase que abarca las religiones del mundo sino que el maestro llegó incluso a estudiar dónde se ubican esas religiones en nuestras comunidades y otras expresiones de espiritualidad. En la serie que ofrecemos, esa clase siempre tiene el mayor número de asistencia. Creo que los cristianos que suelen hablar y relacionarse con otras personas fuera de la iglesia sienten la necesidad de saber más acerca de otras religiones con el fin de poder hablar de forma amorosa e inteligente sobre esos temas.

No hace mucho hablé en una reunión en Dallas ante una iglesia que es conocida por incorporar a su membresía muchos adultos jóvenes. Al entrar en el vestíbulo de su edificio, vi que ofrecen una clase de forma regular sobre religiones comparadas. Al examinar la literatura para la clase, pude darme cuenta que son sensibles a la manera en que hablan sobre otras religiones y creencias. No me sorprendió para nada ver esto en una iglesia que busca alcanzar a las generaciones emergentes; están mostrando que son líderes misionales sabios. Hay ya disponibles una serie de libros que son muy apropiados en una clase como esa o para cualquier otra forma en que usted quiera enseñar esa clase. (Vea el apéndice 3 para conocer los recursos recomendados.) Sé de una iglesia que dedica cinco semanas en su cultos principales de adoración para enseñar acerca de religiones mundiales, invitando incluso a personas de otras religiones para ser entrevistados. Sea cual sea el método que usted usa, lo importante es capacitar y preparar a los creyentes para ser culturalmente sensibles, compasivos y comprensivos de sociedad pluralista y diversa en la que vivimos.

Necesitamos ser capaces de explicar por qué no todos los caminos llevan a Dios

Madonna, en una entrevista para una revista, hizo el comentario que representa lo que muchos piensan: «Creo que todos los caminos llevan a Dios. Es una vergüenza que terminemos teniendo guerras religiosas, porque muchos de los mensajes son iguales».[14] Muchas personas creen que todos los caminos llevan a Dios y que es

> «CREO QUE TODOS LOS CAMINOS LLEVAN A DIOS. ES UNA VERGÜENZA QUE TERMINEMOS TENIENDO GUERRAS RELIGIOSAS, PORQUE MUCHOS DE LOS MENSAJES SON IGUALES».
>
> MADONNA

erróneo que las religiones luchen y digan que ellos son la única religión verdadera. Irónicamente, cuando usted estudia otras creencias mundiales, usted descubre que el cristianismo no es el único en afirmar que es el único camino a Dios. Muchos otros enseñan que sus creencias son las correctas y exactas y las otras son erróneas. Pero parece que el cristianismo carga con todas las críticas por decir eso. La impresión predominante es que nosotros no somos gente de mente abierta, que no somos amorosos y que nosotros negamos y rechazamos otras religiones, que al final de cuentas todas son muy parecidas. Cuando usted estudia otras religiones y creencias, encontrará que muchas de ellas creen en alguna forma de infierno. Pero de nuevo, la mayoría de las personas parecen creer que el cristianismo es la única religión que sostiene que hay un infierno porque hemos puesto el infierno en la primera página de nuestros métodos de evangelismo.

Anteriormente, Duggan me comentó que los cristianos se quedan como paralizados, sin saber qué decir, cuando tienen que hablar sobre otras religiones. Él también me dijo:

> Si los cristianos quieren que dejemos de pensar que a ellos los han lavado el cerebro y que se han olvidado básicamente de su capacidad de pensar por sí mismos, entonces debieran ser capaces de tener una conversación informada e inteligente de por qué ellos creen que el cristianismo es la única religión verdadera. No quiero una conferencia, lo que deseo es sentarnos y dialogar. Como nosotros estamos hablando ahora. Hablando y oyendo. Y quiero que me muestren por qué ellos no creen que todas las religiones y expresiones espirituales sean válidas. No simplemente darme a leer un versículo de la Biblia sino darme algunas razones de forma que yo lo entienda y por qué ellos creen lo que creen. Los respetaría más si ellos lo hicieran. Pero todo lo que normalmente consigo es un rápido versículo bíblico y una respuesta de «Jesús es el único camino».

Duggan es un buen ejemplo de cómo muchas personas hoy están abiertas a dialogar sobre lo que los cristianos creen y escuchar por qué ellos sienten que todos los caminos llevan a Dios. Pero diálogo no es un monólogo enfocado solo en la perspectiva cristiana pero no en los pensamientos de la otra persona. Duggan sugiere que nosotros hagamos nuestra propia tarea de estudio y reflexión con el fin de tener un diálogo inteligente y no simplemente señalar versículos bíblicos pero no ser capaces de ir más allá.

Yo soy más bien una persona introvertida, y me tengo que esforzar para ser un poco más extrovertido y estar con personas para hablar sobre temas sensible como este. Pero si yo puedo hacerlo, estoy seguro que otros pueden también. Después de que he cultivado la relación y la confianza con alguien, resulta mucho más natural hablar y comentar lo que ambas partes creen y sienten. Cuando pregunto lo que la otra persona cree y por qué, soy todo oídos. En el caso de Duggan, él me dijo que pensaba que todos los caminos conducen a Dios, y en ese contexto de confianza le pregunté si él podía demostrar eso un poco. Debido a que confiaba en mí, yo podía intentar demostrarle por qué eso no tenía sentido para mí. Usualmente tomo una servilleta o una hoja de papel, que es lo que hice cuando conversaba con Duggan. Le expliqué que generalmente las personas dirían que todos los caminos llevan a Dios, y entonces dibujo un monte y escribo la palabra «Dios» en la cima. Luego dibujo varios caminos que se dirigen hacia la cima del monte y les pongo el nombre de «Cristianismo», «Islam», «Hinduismo», etc.

¿TODOS LOS CAMINOS CONDUCEN A DIOS?

Después explico que debido a que esta es una idea muy importante, debiéramos examinar con cuidado cada una de esas sendas para ver lo que cada religión cree. Explico que en muchos sentidos esta metáfora de Dios viviendo en la cima de un monte no es del todo apropiada porque Dios no está limitado a la cima de un monte sino que él está en todas parte. Pero luego sigo adelante porque

¿TODOS LOS CAMINOS CONDUCEN A DIOS?

es una manera de hacer que tenga sentido visualmente esta forma común de pensar acerca de Dios y de otras religiones. Después dibujo un monte y pido a la persona que me diga algunas de las creencias esenciales de cada una de esas religiones sobre quién es Dios, quién es Jesucristo, que requiere la salvación, y lo que cada una cree de la vida después de la muerte, y todo eso lo anoto, añadiendo lo necesario si la persona no conoce mucho acerca de otras diferentes religiones. Para el propósito de este libro, daré una versión simplificada, pero que según la creencia hindú:

Dios: Hay muchos dioses (miles de ellos)
Jesús: Podría ser uno de los muchos dioses, pero no el único camino.
Vida después de la muerte: La reencarnación es el camino para pagar su deuda kármica y al final ser uno con el Brahmán impersonal.

De manera que el camino del hinduismo lleva a la cima de la montaña donde hay miles de dioses.

Luego explico que según el camino islámico:

Dios: Un Dios, Alá.

Jesús: Un profeta, pero no el Hijo de Dios

Vida después de la muerte: Paraíso o infierno; la salvación está basada en pesar el bien y el mal que hemos hecho en la vida.

Así que en la cima de este monte hay un Dios, pero Alá es diferente de los dioses hindúes, y, como veremos, es diferente del Dios cristiano.

Y entonces conforme al camino cristiano:

Dios: un solo Dios (Padre, Hijo y Espíritu Santo)

Jesús: El Hijo de Dios, el camino a la salvación

Vida después de la muerte: Cielo o infierno, no basado en lo que nosotros hayamos hecho, sino en lo que Cristo Jesús hizo.

Explico que cuando usted examina las religiones mundiales a un nivel básico, en la mayoría de los casos, usted puede ver ciertas semejanzas. Por ejemplo, la mayoría de las creencias enseñan que nos deberíamos amar unos a otros amar a nuestros prójimos como a nosotros mismos. Debido a que cada vez hay más personas familiarizadas con el budismo, generalmente señalo que Buda y Jesús enseñaron dichos semejantes. Jesús dijo: «Traten a los demás tal y como quieren que ellos los traten a ustedes» (Lc. 6:31), Buda dijo: «Consideren a los demás como a usted mismo» (Dhammpada 10:1). En mis diagramas dibujados a mano, generalmente subrayo las cosas en común y señalo algunas intersecciones de los caminos en la base para mostrar que hay semejanzas en ese nivel.

Pero luego explico que una vez que usted ha pasado estas enseñanzas a nivel de base, siguiendo hacia arriba por cada camino que cada religión mun-

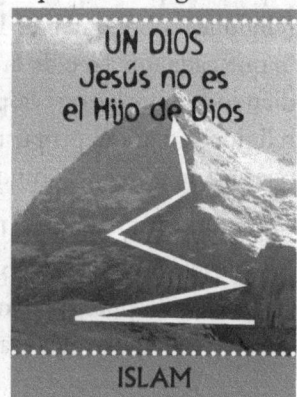

MUCHOS DIOSES

HINDUISMO

UN DIOS TRINO
Jesús el Hijo de Dios

CRISTIANISMO

UN DIOS
Jesús no es
el Hijo de Dios

ISLAM

Muchos dioses   el Dios Trino   el dios del Corán

Enseñanzas diferentes

Enseñanzas similares

HINDUISMO   CRISTIANISMO   ISLAM

LOS CAMINOS LLEVAN A UN «DIOS» DIFERENTE O DIOSES O NINGÚN DIOS

dial cree, usted llega a la cima y encuentra que cada religión mundial le lleva a una cima de montaña completamente diferente (vea el diagrama. A causa de que la mayoría de las personas que afirman que todos los caminos llevan a Dios o que todas las sendas llevan a la misma cima de montaña no examinan seria y profundamente las creencias de cada religión. Su conclusión es muy superficial. Si ellos examinaran cada una de ellas, verían diferencias drásticas y contradictorias entre ellas. Explico que cada de ellas llevan a diferentes cimas de montaña. Usualmente también explico que mientras que solo los cristianos reciben malas críticas por lo de la exclusividad y por su creencia en el infierno, la mayoría de las otras religiones también afirman ser el único camino y hay también varias formas de infierno en las otras religiones. La mayoría de las personas con las que hablo no saben eso.

Así, pues, cuando en realidad estudiamos las religiones mundiales, vemos que no es cierto que todos los caminos llevan a Dios, porque usted no pueden tener a Dios diciendo que él es un solo Dios, como en el caso de cristianismo y del Islam, pero tener miles de dioses como en el hinduismo. Y usted no puede decir que Jesucristo es el Hijo de Dios y Salvador, como enseña el cristianismo, pero entonces tener al Islam decir que él es solo un profeta. Estas creencias son diferentes e incluso contradictorias. Explicar esto a personas que nunca en realidad han pensando bien en ello lleva a la pregunta, ¿cuál es, pues, la verdadera? Cuando llegamos a las enseñanzas fundamentales de las varias religiones mundiales, o bien todas ellas están equivocadas o solo una es verdadera. Todas no pueden ser verdaderas.

En todas las veces que he guiado a las personas en este proceso, nunca he encontrado a alguien que me diga: «Eso no importa. Todo es relativo y todas tienen su razón de ser». Usualmente los pilla desprevenidos porque ellos nunca antes habían visto las cosas de esa manera. Pero una y otra vez, nunca me encuentro con argumentos contrarrestando mi razonamiento una vez que lo he explicado de esta manera. A pesar de todo lo que usted pueda oír acerca del relativismo en nuestro mundo y del impacto del postmodernismo, cuando usted de una forma lógica y amorosa pone sobre la mesa los hechos para que los vean las personas, no hay mucha discusión. Las personas ven las contradicciones y no tienen temor en decir que no parece que todos los caminos puedan llevar al mismo Dios. A estas alturas, nada ha sido demostrado, pero queda la pregunta: ¿Por qué los cristianos creen que el suyo es el camino correcto? Aquí es donde entran las lógica y a la apologética. Este es el momento en el que debemos estar listos para dar una explicación razonada de por qué creemos que la Biblia es inspirada y veraz. Ahora es cuando podemos hablar acerca de la resurrección de Jesús y cómo él ha transformado nuestras vidas. Puesto que ellos nos conocen a nosotros y confían en nosotros, nuestras palabras y experiencias tienen un impacto y significado superiores cuando las expresemos. Si nosotros oramos por ellos, confiamos en el Espíritu de Dios suavice sus corazones y los lleve a la fe en Cristo Jesús.

Necesitamos entender que no todas las religiones son completamente erróneas

Algo que procuro dejar en claro cuando hablo con otros es que no todo es erróneo en otras religiones. Hay verdades en otras religiones que son semejantes a las del cristianismo. Si una religión te dice que trates a tu prójimo como a ti mismo, o que seas fiel a tu cónyuge, o no mentir, entonces estos hilos de verdad se entretejen con el cristianismo. No estoy hablando aquí de sincretismo. Pero reconocer que no todo acerca de otra religión es erróneo cambia nuestro abordamiento para comunicar nuestras creencias y nos ayuda a evitar dar la impresión de arrogancia cuando explicamos por qué la fe cristiana es el único camino a Dios. Las personas suponen que los cristianos simplemente atacan otras religiones y creen que no hay nada bueno en ellas. Para corregir eso, nos ayuda el señalar cómo la espiritualidad cristiana es diferente de otras. Pero es clave saber ponerse en el lugar de la otra persona al hablar de estas cosas.

En Hechos 17, cuando Pablo habló a los atenienses, él cambió su enfoque dependiendo de su audiencia. Pablo no se dedicó a atacar las creencias de otros o les dijo que estaban equivocados; él usó lo que había de verdad en las otras religiones para transmitir su mensaje a los atenienses y al final pudo mostrarles que todo apuntaba hacia Jesús e incluso les habló acerca del juicio. Pero me gusta mucho cómo lo hizo. No se dedicó a apuntar a sus ídolos y decirles:

«Ustedes están equivocados». Por el contrario, le dijo: «¡Ciudadanos atenienses! Observo que ustedes son sumamente religiosos en todo lo que hacen. Al pasar y fijarme en sus lugares sagrados, encontré incluso un altar con esta inscripción: A UN DIOS DESCONOCIDO. Pues bien, eso que ustedes adoran como algo desconocido es lo que yo les anuncio». Comenzó elogiándoles por ser «religiosos». Pablo da la impresión de que les está indicando que Dios estaba obrando en sus vidas, llevándolos a buscar alguna forma de Ser o Seres supremos. El apóstol se refirió incluso al dios desconocido al que ellos habían dedicado un altar, y usó eso como un trampolín para hablarles del Dios que ahora podía conocer. Parece que Dios está obrando otras religiones y puede obrar en otras religiones para atraer a las personas al conocimiento del Dios verdadero cuando el mensaje de Cristo se presenta claramente a ellos. De manera que podemos ver dónde está Dios trabajando y usar los elementos comunes con otras religiones como un punto de de partida para dialogar.

HABLEMOS SOBRE LA RESURRECCIÓN

Cuando hablaba con Duggan, después de dialogar sobre la cuestión de ¿Llevan todos los caminos a Dios?, la conversación al final nos llevó a la resurrección. Al conversar sobre diferencias entre distintas religiones, mencioné que la resurrección le separa por completo a Jesucristo de todos los demás líderes religiosos. Duggan me pidió que le explicara las razones por las que creo en la resurrección, así que abrí la Biblia y le mostré varios lugares donde las Escrituras hablan de la resurrección. Al hablar sobre ello, también terminé usando la apologética clásica. Algunas personas piensan que la apologética no es de utilidad hoy, pero yo sí creo que es útil, aunque solo después de haber cultivado la amistad y la confianza y nos hemos estado haciendo preguntas. No deberíamos usarlo para derribar a otros. En mi experiencia, incluso aquellos que crecieron fuera de la iglesia en nuestra cultura emergente, consideran que tener respuestas razonables es algo muy respetable. De hecho, las personas quieren saber si hay una razón válida por lo que creemos, y la apologética me ha sido de gran ayuda en mostrarlo a las personas. Creo que hoy necesitamos la apologética más que nunca, pero primero necesitamos saber cuáles son las cuestiones importantes hoy. A veces en apologética desarrollamos respuestas detalladas a preguntas que las personas en las generaciones emergentes no están preguntando. Necesitamos conocer a las personas a fin de saber cómo estar listo para «responder a todo el que les pida razón de la esperanza que hay en vosotros» (1 P. 3:15).

En nuestras conversaciones sobre la resurrección, le presenté a Duggan las razones de por qué creo lo que creo, pero no le pedí a él que recitara la oración del pecador o le presioné para que creyera. Me dediqué a orar en silencio mientras que hablábamos hasta que se nos acabó el tiempo. La conversación fue amistosa, no una conferencia, sino un diálogo entre dos que se respetaban. Fui capaz de expresar debidamente algunas creencias de otras religiones e incluso hablar un poco de Buda, un líder religioso que Duggan respeta. Nos dijimos hasta la vista y lo dejamos así. Unos pocos días después cuando volví a la «coffehouse», Duggan me pilló desprevenido cuando me dijo: «Después que hablamos la pasada semana, fui a la casa de mis padres y me hice con una Biblia para leer durante el fin de semana y estuve leyendo lo que dice acerca de la resurrección. He pensado sobre eso, ahora creo que Jesús de verdad resucitó de entre los muertos». Me quedé maravillado de lo que me dijo. ¡Yo no lo esperaba! Me dijo que nunca antes había encontrado un cristiano que le dedicara tiempo para explicarle lo que creía y por qué. Me dijo también que él nunca había pensando sobre cómo todos los caminos podían no llevar a Dios, puesto que él nunca había examinado las cosas como nosotros lo hicimos.

Seguimos hablando, y la historia todavía no ha terminado. Aunque Duggan cree que Jesús resucitó de entre los muertos, él todavía no está interesado en ser parte de nuestra iglesia o en explorar cómo la resurrección cambia nuestras vidas. Pero confío en que nuestra conversación continuará. Estoy tratando de hacer mi parte, estoy viendo a Dios obrando en la vida de Duggan poco a poco. La pasada semana fui con él a un concierto de los Pogues en San Francisco y hablamos un poco más sobre estos temas espirituales. Voy a dejar las cosas en las manos de Dios, y yo haré mi parte de orar y ser un buen amigo de Dugan. Pero puedo decir que él ya no piensa que todos los cristianos ven las otras religiones como enemigos, como él antes lo había expresado. Él ahora sabe que no todos los cristianos son gente de mente cerrada y que muchos estudian otras religiones. Oro con regularidad por Duggan y confío en que el Espíritu de Dios le siga dirigiendo hacia Jesús. Confío en que este tipo de conversación tenga lugar cada vez en nuestras iglesias. Y confío en que consideraremos cómo creer que Jesús es el único camino y al mismo tiempo mostrar respeto por aquellos que practican otras religiones, cambiando así la percepción

| La iglesia afirma con arrogancia que todas las otras religiones son erróneas. | → | La iglesia respeta las creencias y religiones de otras personas. |

de que nosotros pensamos que todo en las demás religiones es erróneo y que arrogantemente desechamos otras creencias.

TRABAJA EN LA TIENDA DE MAGIA Y LUEGO ACUDE A LA IGLESIA

Permítame terminar este capítulo con otra historia de esperanza. Una vez me encontraba sentado en nuestra iglesia en una clase sobre religiones universales. Cuando llegamos a la parte sobre brujería-hechicería y religiones paganas, una mujer de veinticuatro años levantó su mano. Nos contó que tenía un trasfondo Wicca y que unos pocos meses atrás se había hecho cristiana. Ella animó a los maestros de la clase, diciendo que lo que estaban enseñando es importante que las personas lo conozcan y entienda. Por supuesto, yo estaba encantado con lo que ella decía, de modo que hablé con ella después de la clase. Resultó que ella había estado muy involucrada en la magia y hechicería. Ella se había unido incluso a un aquelarre y había trabajado en una tienda local de brujería y magia. Estuvo en el centro de la ciudad en el tiempo de Resurrección cuando nuestra iglesia promovió un evento artístico durante el cual mostramos las estaciones de la cruz en las aceras y teníamos folletos disponibles sobre nuestra iglesia para que las personas los llevaran Ella terminó visitando nuestro lugar en la Web y se informó de quiénes éramos y de nuestra visión y meta como iglesia. Al final terminó asistiendo a nuestros cultos de adoración los domingos por la tarde y venía directamente de su trabajo en la tienda de magia. Encontré eso muy fascinante que saliera de trabajar en la tienda de magia y se viniera a nuestro culto de adoración en el templo. Con el tiempo, ella terminó poniendo su fe en Jesucristo y fue bautizada un domingo por la tarde.

Su historia es compleja, dado que muchos factores y personas de fuera de nuestra iglesia la llevaron a poner su fe en Cristo. Pero su propia historia muestra que aunque vivimos en una sociedad pluralista, alguien que practica la magia y la brujería puede encontrar a Jesús y depositar su fe en él. Estoy confiado que cuando nosotros proveemos respuestas lógicas a las preguntas de las personas y lo hacemos con compasión, comprensión, amor y oración nos quedaremos sorprendidos de cuántas personas terminan poniendo su fe en Cristo Jesús, como Salvador del mundo.

VEA A SU IGLESIA
A TRAVÉS DE LOS OJOS
DE LAS GENERACIONES EMERGENTES

1. Evalúe hasta qué punto usted y los miembros de su iglesia ven a su comunidad como un mundo post-cristiano con creencias pluralistas post-cristianas. ¿ha llegado ese cambio a su comunidad? ¿Dónde ve que está sucediendo ese cambio?

2. ¿Cuándo fue la última vez que en su iglesia se enseño a las personas sobre otras religiones universales? ¿Qué enfoque usaron? ¿Fue hecho con respeto hacia las personas de otras creencias?

3. ¿Cómo explicaría la persona promedio en su iglesia por qué creen en Jesús como el único camino de salvación? ¿Qué formas especificas o razones apologéticas usan usted y su iglesia para explicar a los demás por qué nosotros creemos que Jesús es el único camino?

La iglesia está llena de fundamentalistas que toman toda la Biblia literalmente

10

Los cristianos fundamentalistas parecen usar la Biblia como un arma, citando versículos fuera de contexto como si fueran balas para disparar sobre cualquiera que a ellos no les gusta.

PENNY

Seis palabras enviarán a la mayoría de las personas a quienes les gusta Jesús pero no la iglesia aun mucho más lejos de la iglesia de lo que ya están: «Los fundamentalistas toman la Biblia literalmente». Ante de empezar, permítame decir que yo tengo creencias fundamentalistas y que tomo la Biblia literalmente. Con sinceridad, me resulta difícil describirme a mí mismo con esas palabras. Aplicárselas a sí mismo es como llamarse a sí mismo terrorista o uno de esos individuos rústicos y violentos de los bosques que perseguía Burt Reynolds en la película *Deliverance* de 1972. Generalmente me arrugo cuando oigo esas palabras. ¿Por qué? Porque aparecen imágenes en mi mente que me llevan a querer esconderme y no decirle a nadie que soy cristiano

«ESOS LOCOS FUNDAMENTALISTAS ESTADOUNIDENSES»

Es importante tratar este tema porque repetidas veces las personas a quienes les gusta Jesús, pero viven fuera de la iglesia, dicen que los fundamentalistas les dan al cristianismo muy mala reputación. Sospechan mucho de todo individuo que usa la palabra literal para describir cómo ve la Biblia. En los medios de comunicación y en las conversaciones, las palabras fundamentalista y literal son siempre términos negativos. Chris Martin de la banda Coldplay mencionó en una entrevista que él creía en Dios, pero inmediatamente agregó, para dejarlo bien en claro, que él no tenía nada que ver con «esos locos fundamentalistas estadounidenses».[15] Haga usted una investigación en Google de la palabra fundamentalista y encontrará una tonelada de lugares de la Web que se burlan de los fundamentalistas y advierten a las personas alejarse de ellos. Las descripciones de los cristianos fundamentalistas en varios sitios de la Web usan palabras tales como «restrictivos», «destructivos», «estranguladores paralizantes», «sistema estrecho de creencias», «dogmáticos de la edad de las tinieblas», «peligrosos», «malos», «fanáticos», «extrema derecha», «intolerantes», «anti-intelectuales». Nada favorable. Pero esos estereotipos están hoy con frecuencia asociados con todos los cristianos.

Escuche las reflexiones de una pareja con la que hablé mientras escribía este libro:

> *Los cristianos parecen de verdad tontos con algunas de las ideas fundamentalistas que tienen. Toman la Biblia sacan de ella los versículos con los que ellos quieren avergonzar a las personas. Toman las palabras de Jesús y entonces las adornan y les dan el sentido que ellos quieren para controlar y manipular a los demás como ellos quieren.*

> *Le voy a decir lo que de verdad asusta… Son los cristianos fundamentalistas que toman la Biblia literalmente y montan cruzadas y campañas para golpear y derribar a todo aquel que discrepa de sus interpretaciones particulares. Estoy seguro que Jesús está bastante fastidiado con ellos cuando ellos van por ahí afirmando que él está de su parte y detrás de todo lo que ellos dicen y hacen.*

Cuando le pregunté a Gary dónde ve él la clase de cristianos fundamentalistas que estaba describiendo, resultó que él no conoce a nadie personalmente que sea así. Sus impresiones provienen de la televisión y de los periódicos, de los predicadores callejeros y de personas que equiparan al cristianismo con un partido político. De manera que las malas noticias es que la impresión que los cristianos son fundamentalistas como Gary y Maya los describen está claramente grabada en muchas mentes. Pero las buenas noticias es que la mayoría de los cristianos no son como esos fundamentalistas. De hecho, cuando usted examina a los fundamentalistas originales, no eran para nada lo que nosotros pensamos hoy.

¿QUÉ ES UN FUNDAMENTALISTA?
El fundamentalismo cristiano empezó cuando los líderes de iglesia protestantes en el siglo XIX reaccionaron en contra de los que ellos sintieron que eran amenazas a la fe cristiana, primariamente de parte de las tendencias liberadoras

de la crítica bíblica alemana y las teorías de la evolución de Darwin. No se sabe quién usó por primera vez el término fundamentalista en relación con la teología cristiana, pero la mayoría está de acuerdo que se empezó a usar la palabra cuando la Asamblea General de la Iglesia Presbiteriana se reunió en 1910 e hicieron la lista de los «cinco fundamentos» de la fe:

1. La inspiración verbal (e inerrancia) de las Escrituras.
2. La divinidad de Cristo Jesús.
3. El nacimiento virginal de Cristo.
4. El sacrificio sustituidor de Jesús
5. La resurrección corporal y el futuro regreso de Jesús.

Ese mismo año se publicaron una serie de libritos titulado los Fundamentales,[16] y el término fundamentalista empezó a ser usado como una etiqueta para aquellos que se aferraban a esas cinco creencias fundamentales y clave. En 1920 se usó también el término fundamentalista con ese mismo propósito en una publicación bautista, titulada *Watchman Examiner*. Un vistazo rápido a la lista de los cinco fundamentales llevará a muchos a decir que la gran mayoría de los cristianos evangélicos sostienen esas cinco doctrinas esenciales. Por ejemplo, la mayoría de los evangélicos creen en la inspiración de las Escrituras, aunque algunos evangélicos vacilarán en usar el término inerrancia a causa de la variedad de formas en que es definida. Yo uso primariamente la palabra inspirada para describir lo que creo. Cuando digo que creo en la inspiración de las Escrituras, estoy diciendo que creo que Dios guió, mediante el Espíritu Santo, a los autores humanos de la Biblia (2 Ti, 3:16), permitiéndoles usar sus personalidades individuales y estilos de escritura para componer la Biblia. De modo que lo que Dios quería que estuviera exactamente en los manuscritos originales es lo que está incluido en ellos. Me gusta mucho la imagen que evoca 2 Timoteo 3:16 cuando se traduce diciendo que todas las Escrituras son «inspiradas» por Dios. El Espíritu Santo de Dios guió a los escritores humanos con el fin de que lo que Dios quería que estuviera escrito en los manuscritos originales es lo que Dios quería que quedara escrito. Esta doctrina principal forma cómo los creyentes ven y valoran la autoridad de la Biblia, de modo que puedo decir que tengo una creencia fundamental de que las Escrituras son inspiradas por Dios, completamente inspiradas y tienen autoridad para guiarnos en el camino de fe.

A veces bromeo diciendo que soy un fundamentalista, pero lo que quiero decir es que creo que hay algunas doctrinas bíblicas esenciales en las que podemos fundamentalmente creer. Si usted piensa acerca de eso, si usted cree que hay un solo Dios, entonces usted tiene una creencia fundamental. Así que la mayoría de nosotros somos fundamentalistas en un grado u otro. Pero la mayoría de nosotros no está de acuerdo, ni queremos ser asociados, con los que los fundamentalistas han llegado a ser conocidos hoy.

ENTONCES APARECIÓ LA SUBCULTURA FUNDAMENTALISTA

Al hablar acerca de doctrinas y fundamentales, sé perfectamente que seguir a Jesús no consiste en seguir una lista de creencias; se trata de seguirle a él. No me imagino a Jesús con un cuaderno de notas y un bolígrafo, marcando todos los recuadros mientras va preguntando a los creyentes: «¿Tú crees que yo nací de una madre virgen? ¿Tú crees en la inspiración e inerrancia de las Escrituras?». y juzgarnos en base de cuántos creemos de esos artículos de fe. Seguirle tiene que ver con dedicarle nuestras vidas y dejar que nuestras vidas sean conformadas por sus enseñanzas y ver que como resultado nuestras vidas son transformadas por el Espíritu Santo. Seguir a Cristo Jesús tiene que ver con ser sal y luz en nuestras comunidades.

Pero también es cierto que seguir a Jesús significa que podemos decir con seguridad y confianza que creemos en ciertas cosas fundamentales. Jesús siempre estaba diciendo que tenemos que creer en su nombre, y él con frecuencia les preguntó a sus discípulos: «¿Ahora creéis?» (Jn. 16:31, R.V.R. 1960). De forma que Jesús quiere que nosotros creamos en él y le sigamos. Como ya he mencionado, si usted cree en la resurrección de Jesús, usted tiene una creencia fundamental. No hay nada malo con tener algunas creencias fundamentales. Pero esa no es la percepción negativa que enfrentamos hoy. El problema está con todo aquellos que le hemos añadido a esas creencias cristianas fundamentales.

Ser un fundamentalista hoy significa ir mucho más allá que tener unas pocas creencias fundamentales. La lista de los cinco fundamentales no incluye una visión de la mujer en el ministerio, o sobre el fin de los tiempos, o el debate sobre la creación-evolución (aunque estaba implícito que su comprensión de la Biblia argumentaba en contra de la evolución). No se mencionan métodos de bautismos, o asuntos culturales tales como código de vestimenta, beber alcohol, hacerse tatuajes, estilos de adoración, métodos de evangelización o participación política. Los cinco fundamentales originales eran más bien un credo, o algo parecido al Credo de Nicea o al Credo de los Apóstoles. Pero los fundamentalistas empezaron a añadir, formal e informalmente, cada vez más cosas a la lista original.

Con el tiempo el término fundamentalista cesó de estar asociado con solo las cinco creencias fundamentales y en su lugar se fue asociando con una lista mucho más extensa incluyendo expresiones tales como el fin de los tiempos y un tiempo específico para la obra de la creación. Los fundamentalistas aña-dieron códigos de vestir, puntos de vista sobre la música, películas y todo tipo de cosas que son muy subjetivas, no basadas en la Biblia. De modo que los cristianos fundamentalistas se convirtieron en algo mucho más allá que solo tener creencias esenciales. Se convirtió en toda una subcultura dentro del cris-tianismo que agregaba muchas doctrinas periféricas a las creencias esenciales.

Así que, hoy, cuando las personas a quienes les gusta Jesús pero no la iglesia oyen el término fundamentalistas, no piensan de personas que solo creen en la inspiración de las Escrituras, la divinidad de Jesús, el nacimiento virginal, el sacrificio de sustitución, y la resurrección corporal y el regreso futuro de Cristo. Piensa en personas que están siempre diciendo cosas negativas sobre el mundo, son anti-gay, toman toda la Biblia literalmente, votan siempre por el mismo partido de derechas, son pro-Israel, leen novelas sobre el fin de los tiempos, y apoyan el manejo de serpientes y la predicación que anuncia fuego y azufre. Piensan en la versión de la Biblia del rey Jaime como la única verda-dera, apuntan con el dedo, abstenerse de bebidas alcohólicas, gente vengativa que afirman que Dios usa los desastres naturales para castigar a las personas por sus pecados, y usan jerga cristiana y son arrogantes e implacables contra todos excepto ellos. Me doy cuenta, por supuesto que esa caricatura no define a todos los fundamentalistas, pero esa es la manera en que muchos de fuera de las iglesias ven a los cristianos conservadores. Esa es la razón por la que nunca uso en público la palabra fundamentalista para definirme a mí mismo, porque la palabra tiene un significo muy diferente hoy. Pero porque no me llame a mí mismo fundamentalista no quiere eso decir que no afirmo y sostengo las creen-cias fundamentales o tome la Biblia literalmente. Pero permítame explicar eso último un poco más.

¿QUÉ SIGNIFICA TOMAR LA BIBLIA LITERALMENTE?

Cuando investigaba para este libro, encontré una foto interesante en un sitio de la Web. Era un ejemplar fino de la Biblia con tapa negra pero con una pegatina grande en letras rojas que decía: «Advertencia: No tome este libro literalmente. Es una obra de ficción». En letra más pequeña seguía diciendo: «Riesgo de exposición: Quedar expuesto a su contenido por períodos amplios de tiempo o durante los años formativos de sus hijos puede causar delirios, alucinaciones, disminución de las habilidades de razonamiento objetivo y cognoscitivas, y en casos extremos, llevar a desórdenes patológicos, odio, intolerancia, violencia, incluyendo pero no limitado, al fanatismo, al asesinato y al genocidio», En un lugar diferente de la Web, vi una etiqueta similar diseñada como una advertencia de veneno con una calavera y unos huesos cruzados: «Advertencia: La creencia literal en este libro pone en peligro su vida y salud mental». ¡Caramba! Eso es lo que algunas personas piensan que la Biblia hace si usted la lee. Ellos ven que tomar toda la Biblia en forma literal es peligroso, y estoy de acuerdo. Porque se supone que no tenemos que tomarlo todo literalmente.

Cuando al principio del capítulo dije que soy uno de esos cristianos que toman la Biblia literalmente, quise decir que tomo literalmente los pasajes que están para ser tomados de esa forma. Creo, por supuesto, que hay pasajes que son metafóricos, tales como las parábolas o secciones poéticas. De modo que tomar la Biblia literalmente no significa ignorar los géneros literarios o contextos gramaticales e históricos. Con frecuencia cuando hablo con personas a quienes les gusta Jesús pero no la iglesia, encuentro que ellos en general dan por supuesto que la mayoría de cristianos toman toda la Biblia literalmente y no disciernen que Dios escogió a los autores para escribir en varios géneros literarios. Muchos dan por supuesto que los cristianos son unos analfabetos en lo que se refiere al conocimiento del origen de la Biblia y cómo usarlo. Ellos sienten que nosotros solo usamos pasajes literales para defendernos de los ataques de otros y atacar nosotros a otros. Por ejemplo, consideremos lo que Dustan, que creció en una iglesia evangélica conservadora y dejó de ir cuando llegó a la adolescencia., tiene que decir:

> *La Biblia es estupenda, pero no debiera tomarse literalmente. No quiero dedicarme a criticar la Biblia, pero creo que el problema está en la iglesia. La Biblia tiene relatos muy buenos de los que podemos aprender grandes lecciones. Pero la iglesia va y lo toma literalmente, que es lo que causa las dificultades. No pienso que los cristianos sepan mucho acerca de los orígenes de la Biblia o cómo hay que leerla. De manera que tienden a leerla literalmente y dan por supuesto que eso es lo que quiere decir. Es de verdad triste. No se ofendan pero esa es mi impresión.*

Reconozcamos algunas cosas que Dustan nos dice. Él admite que hay cosas buenas en la Biblia; pero apunta a la iglesia por no enseñar a los miembros acerca de los orígenes de la Biblia y cómo separar lo que se debe tomar de forma literal de lo que no corresponde. Me dediqué a leer el blog de Dustan en el Internet la noche que escribía esta página. Comentaba sobre un libro que acababa de leer que trababa sobre los orígenes de la Biblia y del cristianismo. Con su permiso voy a contar algunas de las cosas que él escribió:

Fui a la casa de mi novia para cenar. Voy a dedicarme ahora a terminar el libro que estoy leyendo. He sacado mucha buena información sobre los comienzo del cristianismo. Arroja luz sobre mucha de la enseñanza de la Nuevo Testamento. Importante, sobre hechos pasmosos acerca de Jesús, Juan el Bautista y María Magdalena. No estoy hablando acerca de las teorías de conspiración. Es información sobre hechos basada en documentos históricos del tiempo de Cristo. Me molesta pensar que la mayoría de los cristianos no saben nada acerca de todo esto... cosas como que toda la historia de Jesús se deriva de la teología egipcia donde Osiris nace de una virgen, le visitan los magos, realiza milagros y muere para salvar al mundo, y es resucitado a los tres días... Usted se da cuenta de que algunas cosas que le han estado contando durante toda su vida son una gran mentira.

Dustan, que creció en una iglesia, empezó a explorar debido a su interés en Jesús y en la espiritualidad, y encontró un libro que le da los antecedentes históricos de varias religiones paganas y que describen otras historias de nacimientos virginales, historias tan antiguas como los antiguos mitos de Egipto, Roma y Grecia anteriores al tiempo de Cristo. El libro concluye que la historia del nacimiento y vida de Jesús era un mito como los otros, y que los cristianos copiaron esas otras historias de nacimiento virginal para hacer de Jesús algo que en realidad no era. Dustan es sincero en su búsqueda y aplaudo su afán por la verdad. Pero la información que él tiene a su disposición le lleva a pensar que su familia y su iglesia le han dejado mal y que todo lo que le enseñaron era una mentira. En su blog, una mujer joven de veintitantos años le dejó este comentario:

Es cierto... Estoy contenta que haya hecho su trabajo de investigación en esta área... no mucha gente religiosa se molesta en hacerlo... esa es una de las cosas que encuentro erróneas con muchos seguidores de la religión organizada... ellos se meten por completo en una forma de vida y sistema de creencias del que en realidad no saben nada... huy...

De nuevo nos acusan de no hacer nuestra propia investigación. Esa no es la primera vez que oigo esa acusación. La persona promedio es cada vez más consciente del trasfondo histórico de otras creencias y religiones paganas, y de las comparaciones del cristianismo con las historias paganas del nacimiento virginal. Piense en los millones en todo el mundo que leyeron el libro *El código DaVinci*, vieron la película, o ambas cosas. Aunque la película hace el descargo de responsabilidad de que es una obra de ficción está muy bien hecha que plantea muchas preguntas. Busque en los programas de televisión relacionados con Jesús, la naciente iglesia, el apóstol Pablo, o el origen de la Biblia, y eso es exactamente lo que se enseña, desacreditar la Biblia y el cristianismo. Me gusta ver esos programas, y creo que están forzando a los líderes cristianos a estar listos para responder a muchas de las declaraciones que se hacen en ellos. Tenemos que hacer nuestra tarea, como dice el amigo de Dustan. Nosotros ahora tenemos que tratar cuestiones que nunca antes se plantearon. Cuando nosotros no estamos listos para dar respuestas, más y más personas en nuestra cultura emergente están sacando la impresión de que los cristianos no son muy inteligentes, que son unos ignorantes del origen de su fe, que aceptan sin cuestionarlo todo lo que sus pastores les dicen y lo que ellos leen en la Biblia. No piense que los jóvenes en su iglesia y comunidad no están expuestos a esta información y opiniones. A usted todavía no se le han acercado para preguntarle, pero es solo una cuestión de tiempo para que eso suceda.

¿POR QUÉ ME MINTIÓ? ¡USTED ES MI PASTOR Y YO CONFIÉ EN USTED?

Hace varios años, cuando ministraba como pastor de jóvenes, un estudiante de secundaria llamado Bill se convirtió a Cristo y se unió a nuestro ministerio de jóvenes. Era un joven inteligente e inquieto que tomó con seriedad el estudio bíblico. Después de graduarse de la secundaria marchó a la universidad para estudiar administración y finanzas. Durante las vacaciones del día de Acción de Gracias, me llamó y dijo que quería hablar conmigo. Eso me pareció bastante normal, pues muchos estudiantes quieren verme cuando regresan a casa por las vacaciones. Pero este era diferente. Pude detectar que algo andaba mal en cuanto que Bill entró en mi oficina. Al principio pensé que alguien podía haber fallecido o que había recibido algunas malas noticias. Se sentó y dejó caer sobre mi escritorio un cuaderno verde de notas. Lo abrió y me dijo con un tono de voz que indicaba dolor: «¿Por qué me mintió?».

Me quedé boquiabierto. Eso era lo último que esperaba oír. Le pregunté qué quería decir, y me respondió que había tenido una clase de literatura inglesa en la que se examinaban varias clases de escritos, y el profesor había hablado acerca de la Biblia. Empezó a leer notas sobre la teoría JEDP de la formación de la Biblia hebrea. La teoría JEDP, o hipótesis documentaria, afirma que los primeros cinco libros de la Biblia (el Pentateuco) no fueron escritos por Moisés, que murió sobre el 1451 a. C., sino por diferentes autores que vivieron mucho después de Moisés. La teoría se basa en el hecho de que diferentes porciones del Pentateuco usan nombres diferentes para referirse a Dios y tienen diferencias detectables en el estilo lingüístico. Las letras de la teoría FEDP se refiere a los cuatro supuestos autores: uno que usa Jehová o Yahweh para el nombre de

Dios; otro que usa Elohim para el nombre de Dios, el autor de Deuteronomio, y el probablemente autor sacerdotal del libro de Levítico. La teoría JEDP sigue diciendo que no solo Moisés no fue el autor, sino que también el Pentateuco fue escrito mucho después y compilado en el siglo IV a. C., posiblemente por Esdras. De modo que no es solo una cuestión de que Moisés fuera el autor, sino de la fecha de formación de los primeros cinco libros de la Biblia, todo lo cual ponía otras muchas cosas en duda.

Bill también me señaló una lista de supuestas contradicciones en el relato de la creación, luego pasó a otra página y empezó a hablar de las supuestas contradicciones en los relatos sobre la resurrección. De ahí saltó a señalarme algunos versículos que vistos aislados suenan a locura: «Maten a todos los niños, y también a todas las mujeres que hayan tenido relaciones sexuales, pero quédense con todas las muchachas que jamás las hayan tenido" (Nm. 31:17-18). Luego paró, cerró el cuaderno de notas y dijo: «Yo confié en usted. Usted era mi pastor de jóvenes. ¿Por qué mantuvo todo esto en secreto?». Hablé con Bill por un buen rato, y me contó que el profesor retó a los estudiantes a que hablaran sobre esas cosas con sus pastores, así que Bill lo hizo. Me dijo también que el profeso dijo que la mayoría de los cristianos no tienen ni idea del origen de sus Biblias y tristemente nunca cuestionan nada.

Debido a nuestra relación de confianza desde que se encontraba en la escuela secundaria, estaba en posición de explicarle que nunca tuve la intención de ocultarle nada de aquella información. Nunca me imaginé hablarles a los estudiantes de secundaria acerca de la teoría JEDP, y en aquel tiempo yo estaba todavía confuso acerca de ello. Le dije que había libros disponibles para examinar cada uno de los pasajes problemáticos que él apuntaba. Miramos incluso algunos en ese momento para que Bill pudiera ver que había eruditos que eran conscientes de esas supuestas contradicciones, pero que tienen formas inteligentes de ver esos pasajes sin necesidad de desacreditar la Biblia. Pero esta experiencia me mostró que no podemos dar por supuesto que los miembros de nuestras iglesias no nos van a hacer preguntas difíciles acerca de pasajes problemáticos. No podemos suponer que todo el mundo cree lo que los líderes de la iglesia dicen. Debemos reconocer que un torrente de información crítica está entrando en la corriente principal de la cultura. No podemos suponer que todos los programas sobre Biblia y religión que aparecen en los programas de televisión no tienen ningún impacto sobre los televidentes. No podemos olvidar que en las universidades se enseñan cosas que retan y pueden confundir a los jóvenes que crecieron en nuestras iglesias.

NO DEBEMOS ESCONDER LAS PARTES DIFÍCILES Y EXTRAÑAS DE LA BIBLIA

Tenemos que reconocer que no es una mala idea admitir ante los miembros de las iglesias que la Biblia tiene algunas cosas que son un poco raras y difíciles de explicar. Con frecuencia soslayamos o tratamos con ligereza algunas de las cosas más difíciles de entender o tratamos de explicarlas de una forma superficial. Perdemos nuestra integridad y respeto cuando hacemos eso. La Biblia está llena de cosas como serpientes o asnos que hablan, personas marcadas con la señal 666, columnas de fuego en el cielo, un individuo que tiene fuerzas semejantes a las de Hulk pero siempre y cuando que nadie le corte el cabello.[17] Imagínese a alguien leyendo esas cosas que ha crecido en una cultura que considera a la Biblia como mitología. Muchas de esas historias parece que encajaría bien en obras de ficción como *El Señor de los anillos* o las *Crónicas de Narnia*. ¿Estamos listos para explicar esas cosas?

NADIE ME DIJO A MÍ QUE NOÉ SE EMBRIAGÓ Y SE QUEDÓ DESNUDO

¿Qué acerca de las terribles escenas de violencia, asesinato o genocidio que aparecen en la Biblia? Encontramos niños que son asesinados, sacrificios humanos, suicidios, incestos, violaciones, adulterio, desnudez y abundancia de borracheras.[18] Generalmente no nos gusta subrayar ni hablar de estas cosas, pero todo eso está allí. Recuerdo cuando leí por primera vez el relato de cuando Noé se emborrachó y se quedó dormido desnudo (Gn. 9:2—23). Nadie me dijo nada sobre eso en las clases de la escuela dominical a las que asistí. Usted siempre se imagina a Noé como un viejito simpático y bonachón que le gustaba vivir con los animales en un gran barco. Nuestras hijas tienen un juego de Noé y del arca, y esa es la forma en que exactamente se le ve. Pero leer que Noé se embriagó y se quedó dormido desnudo hizo que la Biblia se resultara más creíble la primera vez que la leí. Me mostró la humanidad de Noé y que el hombre cometió errores. Él no era un personaje de tira cómica. No hace mucho enseñé sobre eso en la iglesia y bromee un poco (en una forma respetuosa), diciendo que al fin y al cabo no le podía culpar de ello, porque después de estar cerrado tantos días en el arca, salió y dijo: «¡Vaya, que contento estoy de haber salido del arca!» y el pobre empinó el codo demasiado para celebrarlo. (Por favor, no se enoje conmigo por decir eso. Simplemente soy sincero para probar lo que quiero decir.) Necesitamos ser sinceros y abiertos

> PARECE SER QUE HAY MÁS PERSONAS FUERA DE LA IGLESIA QUE ESTÁN HACIENDO SU TAREA DE INVESTIGAR QUE LOS DE DENTRO DE LA IGLESIA.

acerca de los pasajes difíciles e historias raras de la Biblia. Parece ser que hay más personas fuera de la iglesia que están haciendo su tarea de investigar que los de dentro de la iglesia.

HAGA SU PROPIA TAREA Y CULTIVE LA CONFIANZA MEDIANTE BUENAS RELACIONES

Confío en que en este momento usted no ha descartado todo esto, diciendo: «Bueno, no es mi tarea hacer esa tarea de investigación y estudio sobre los varios puntos de vista que se enseñan hoy», o «La tarea del Espíritu Santo es hacer que todo quede bien claro», o «La Palabra de Dios no volverá vacía, de manera que todo lo que tengo que hacer es citar versículos de la Biblia», o «Por supuesto, a ellos no les gusta lo que nosotros predicamos de la Biblia, porque están cegados por Satanás y no regenerados». Estoy de acuerdo, por supuesto, que el Espíritu Santo usa con poder la Palabra de Dios y que la Palabra nunca volverá vacía. También entiendo bien que el Espíritu Santo guía a los incrédulos a la verdad. Pero si nosotros de verdad nos interesamos en las personas, haremos el esfuerzo necesario para enseñar la verdad y no simplemente citar versículos. Si nosotros de verdad queremos que los miembros de nuestra iglesias «[interpreten] rectamente la palabra de verdad» (2 Ti. 2:15), entonces tenemos que enseñarles a ser buenos estudiantes de las Escrituras. Si nos preocupamos por las personas, tenemos que ser sinceros y abiertos acerca de los pasajes difíciles de las Escrituras, porque haciéndolo así cultivamos la confianza y credibilidad, y cuando las cadenas de televisión presentan programas especiales sobre la Biblia que hablan acerca de otras maneras de ver la Biblia diferente de la nuestra, los miembros de nuestras iglesias no se verán pillados desprevenidos.

LO QUE SIGNIFICA LA PALABRA *LITERAL* EN RELACIÓN CON LA BIBLIA

La palabra *literal* trae a la memoria de muchos la imagen de personas que piensan de forma dogmática y nos dicen que debemos aceptar todo lo que dice la Biblia literalmente. Pero el lenguaje figurativo no es literal. Si decimos que alguien está verde de envidia, eso no quiere decir que su piel se ha puesto verde. Del mismo modo, la Biblia dice cosas que no debemos tomar literalmente. Debieran ser entendidas como lenguaje fijativo que se usa para transmitir una verdad. Por ejemplo, Cristo Jesús dijo cosas acerca de sí mismos que son verdaderas pero usó un lenguaje figurativo. Él dijo que era pan (Jn. 6:35), una puerta (Jn. 10:7). Dijo que las personas eran ovejas (Mt. 10:6). Obviamente él no quiso decir esas cosas literalmente. La Biblia usa figuras de lenguaje tales como símiles y metáforas para hacer comparaciones. Cuando Jesús dijo: «El reino de los cielos es como un grano de mostaza que un hombre sembró en su campo» (Mt. 13:31), él no quiso decir que el reino es literalmente una semilla de mostaza. Cuando la Biblia dice: «Y aplaudirán todos los árboles del bosque» (Is. 55:12). No quiere decir que los árboles literalmente tocarán palmas. Jesús usó intencionalmente hipérboles como cuando dijo: «Por tanto, si tu ojo derecho te hace pecar, sácatelo y tíralo» (Mt. 5:29). No quiso decir que tú de verdad te saques el ojo. Otras veces la Biblia usa antropomorfismos para describir a Dios en términos humanos: « Porque los ojos del Señor están sobre los justos, y sus oídos, atentos a sus oraciones; pero el rostro del Señor está contra los que hacen el mal» (1 P. 3:12). Pero eso no quiere decir que Dios tiene un rostro físico como nosotros con ojos y oídos. El libro de Apocalipsis y algunas partes de los libros de Daniel. Isaías, Ezequiel y Zacarías están escritos en forma apocalíptica, usando visiones, símbolos y números para comunicar el mensaje de Dios. Debido a buena parte de las obras apocalípticas fueron escritas en tiempos de persecución, los escritores usan símbolos que fueron entendidos por los perseguidos pero no por los perseguidores. Esas secciones apocalípticas de las Escrituras tenían verdadero sentido, pero no estaban para tomarlas literalmente. De manera que nosotros como líderes de las iglesias, tenemos que ser cuidadosos en cómo enseñamos y qué conclusiones sacamos. Los miembros en nuestras iglesias siguen nuestra dirección y aprenderán de nuestra enseñanza cómo estudiar y abordar la Biblia

TRISTEMENTE, MUCHOS NO CONOCEN MÉTODOS BÁSICOS DE ESTUDIO DE LA BIBLIA

No estoy diciendo nada que alguien no pueda aprender en una clase básica sobre cómo estudiar la Biblia. Pero algunos cristianos bien intencionados no conocen los métodos de estudio básicos, y pueden llegar fácilmente a algunas conclusiones bien raras. No suponga que todos entienden la hermenéutica básica.

Me encontraba una vez en una iglesia como predicador invitado, donde me pidieron que hablara de la vida después de la muerte. Hablé sobre algunas descripciones bíblicas del cielo y del infierno, entrando en los pasajes misteriosos donde el Nuevo Testamento usa la palabra Gehena en vez de Hades. El Hades parecer ser un lugar temporal, pero el Gehena es el lugar eterno donde los que no son salvos van después de que el alma se vuelto a unir al cuerpo (Jn. 5:28-29; Ap. 20:10-15). Expliqué que Jesús usó la palabra Gehena para referirse al infierno eterno. Todos lo que vivían en el área de Jerusalén en el tiempo de Cristo sabían que el Gehena era el lugar donde se arrojaba la basura en un valle estrecho a las afueras de las murallas de Jerusalén. Expliqué que en aquel tiempo y en ese lugar quemaban la basura día y noche, e incluso arrojaban allí cuerpos de animales y humanos. También eran arrojados allí los cuerpos de los criminales ejecutados y de los individuos a los que se les negaba un enterramiento apropiado. Era conocido como un lugar horrible, con un olor nauseabundo procedente del fuego, el humo y los gusanos comiendo la carne muerta. En Marcos 9:47-48 Jesús habla acerca del infierno usando un término que es traducido por la palabra griega *geenna*, que a la vez es una transliteración de la palabra hebrea *ge-hinnom*, que significa el «valle de Hinnom» o «Gehena». Él incluso citó a Isaías 66:24 —«Porque no morirá el gusano que los devora, ni se apagará el fuego que los consume»— que describe la escena después de una batalla cuando los cuerpos muertos eran comidos por los gusanos y quemados.

De manera que dije que era natural usar el vertedero llamado Gehena como un símbolo de horror del infierno. Jesús no quiso decir necesariamente —y muy probablemente no lo dijo— que el infierno tendría literalmente gusanos literales y llamas de fuego literales. Estaba tratando de enseñar algo usando símbolos e imágenes con las que los oyentes estaban familiarizados. Sea cual sea lo que al final de verdad veamos, el infierno no es un lugar donde usted va a querer estar. Mostré fotos de lo que es hoy el vertedero del valle de Gehena en Jerusalén y bromeé un poco sobre cómo caminé por el infierno para tomar esas fotos. Dejé bien claro que yo creo que Jesús enseñó que el infierno es un lugar real de existencia eterna pero que nosotros no sabemos como será en realidad.

¿ESTÁ EL INFIERNO EN EL CENTRO DE LA TIERRA?

Cuando terminé de predicar, el supervisor de los ujieres, a quien había saludado antes, se acercó a mí. Aunque fue amable al hablar, él se mostró en desacuerdo en que nosotros no sabemos cómo será exactamente el infierno y dónde está ubicado. Me dijo que en su opinión la Biblia enseña claramente que el infierno no solo tendrá fuego sino que también se encuentra en el centro de la tierra. Le pregunté: «¿Se refiere usted a nuestra tierra?» y él me respondió: «Sí, el infierno está localizado en el centro de la tierra donde se encuentra el magna». Añadió que Jesús no estaba hablando del vertedero de Jerusalén como una metáfora sobre el horror del infierno. Citó Números 16, donde encontramos que la tierra se abrió y tragó a las personas e Isaías 5:14, donde se habla de que el sepulcro se abre como una caverna para tragar a las personas y llevarlas al centro de la tierra. Me citó pasajes de Apocalipsis sobre el abismo y habló de la lava y de las descripciones de los geólogos sobre el centro de la tierra. Ese hombre no era un insensato; era sincero e inteligente. Pero estaba tomando pasajes de la Biblia en un sentido literal y concluyó que el infierno esta debajo de nuestros pies. Le pregunté cómo reconciliaba las llamas y el fuego con las afirmaciones de Jesús que será un lugar de oscuridad (Mt. 8:12; 25:30), pero él no me respondió.

Lo que fue más preocupante para mí es que esta es una iglesia grande muy enfocada en la enseñanza de la Biblia. Este supervisor de hujieres llevaba ya un tiempo en la iglesia y supuestamente habría participado en casi todas las clases de formación de miembros y de líderes que hubieran tenido. ¿Es que no enseñan a los creyentes cómo estudiar la Biblia? Creo que esta iglesia está muy enfocada en una muy necesitada aplicación a la vida de la enseñanza, pero quizá nunca les habían enseñado como estudiar la Biblia y los distintos métodos de interpretación.

Tuve una experiencia semejante en otra iglesia donde serví como un predicador invitado y mencioné que hay varios puntos de vista sobre el fin de los tiempos, incluyendo el amilenarismo, premilenarismo y postmilenarismo. Más tarde hablé con alguien que me dijo que algunos miembros de la iglesia estaban de verdad molestos porque mencioné otros puntos de vista deferentes al rapto pretribulacional y premilenial. Ellos dicen que esa es la interpretación correcta de las Escrituras, de forma que no debería haber mencionado las otras. Hablé incluso con un hombre de esa iglesia que no dejaba de citar 1 Tesalonicenses 4:16 y decía: «La Biblia dice que es un rapto pretribulacional, y punto» Me dijo: «Si nos desviamos del rapto pretribulacional como la interpretación literal, entonces la iglesia se deshará y se hará liberal porque las personas creerán que pueden esperar hasta que empiece la tribulación antes de pensar en arrepentirse y seguirán viviendo sus vidas de pecado ahora». De nuevo, estas son personas admirables en su dedicación y trabajo por su iglesia, y aman de verdad a Dios. Pero sus conclusiones que ellos ven como hechos demostrados, y su deseo de que no se mencione para nada otros puntos de vista no parece ser algo muy saludable y bueno. Ellos cierran la puerta a todo diálogo. ¿Se imagina cómo verán los de fuera de la iglesia esas creencias cerradas que no son esenciales? (No el regreso de Cristo, sino cómo regresará.)

Mientras estaba en el seminario, uno de mis profesores mostró a la clase un artículo de periódico sobre un padre que castigaba a su hijo adolescente golpeándole severamente con un palo. El padre fue arrestado y llevado a los tribunales. En su defensa el padre citó Proverbios 13:24: «No corregir al hijo es no quererlo; amarlo es disciplinarlo». El artículo decía que la esposa había sido llamada a testificar y le preguntaron por qué no intervino. Ella respondió citando Efesios 5:22: «Esposas, sométanse a sus propios esposos como al Señor». Este es un ejemplo extremo de lo que puede suceder cuando las personas desconocen la hermenéutica bíblica y toman incorrectamente la Biblia en sentido literal.

A VECES TOMAMOS LA BIBLIA LITERALMENTE, Y OTRAS NO

Toda la Biblia está inspirada por Dios (2 Ti. 3:16), pero no todo en la Biblia hay que tomarlo literalmente. Nuestra tarea es entender todo lo mejor que podamos qué partes de las Escrituras son verdades literales, cuáles son metafóricas y cuáles son figurativas. Mucho de la Biblia es literal, tal como la resurrección de Jesús de entre los muertos. Cuando usted lee todos los relatos sobre la resurrección, es evidente que están escritos no como metáforas o parábolas, sino como descripciones de eventos históricos. ¿Pero qué acerca de otras partes? Si nosotros creemos que toda la Biblia es inspirada, entonces nuestra tarea es estudiar las Escrituras con gran humildad y oración y distinguir entre lo que es literal o parábolas, metáforas e hipérboles, y otras figuras de lenguaje. Necesitamos enseñar a los miembros de nuestras iglesias cómo se originó la Biblia y cómo interpretar sus varios géneros literarios. Hay muchas cosas en juego como para no hacerlo.

YA NO VIVIMOS EN UN MUNDO DE «LA BIBLIA LO DICE, YO LO CREO, NO HAY NADA QUE DISCUTIR»

Un dicho antiguo dice: «La Biblia lo dice, yo lo creo, no hay nada que discutir»; y todavía lo usan con frecuencia algunos cristianos que adoptan posturas dogmáticas sobre un asunto basado en un solo versículo de la Biblia. Nosotros estamos viviendo en un tiempo en el que ya no se pueden hacer esas declaraciones con integridad. Es mucho más eficaz decir: «La Biblia lo dice. Creo que la Biblia es inspirada. Tomo en consideración quién usó el Espíritu para escribirlo, para quién fue escrito y el contexto cultura en el que fue escrito. Leo el contexto del versículo, no solo el versículo aislado. Estudios varios comentarios para ver lo que diversos eruditos tienen que decir y oro por todo el asunto que estoy estudiando. Y eso me ayuda a obtener el mejor entendimiento que puedo». Con frecuencia hacemos más daño que beneficio cuando simplemente arrojamos versículos de la Biblia sin explicarlos. Cuando Jesús citaba un versículo de la Biblia hebrea, estaba hablando con personas que conocían las Escrituras hebreas. Cuando los escritores del Nuevo Testamento usaban un versículo para hablar acerca de una profecía cumplida, sus lectores ya estaban familiarizados con el pasaje y su contexto. Pero las personas en nuestra cultura emergente no tienen esa clase de conocimiento de las Escrituras. Así que necesitamos explicárselo bien, no solo «dispararles versículos de la Biblia como si fueran balas», como dijo una persona. Deberíamos ser como los de Berea que «recibieron el mensaje con toda avidez y todos los días examinaban las Escrituras para ver si era verdad lo que se les anunciaba» (Hch. 17:11). Ellos hicieron su tarea.

Hace algunos años me encontraba caminando por el centro de la ciudad y un hombre me entregó un folleto sobre el infierno y la Biblia. Seguí adelante caminando pero me di la vuelta. Yo estaba calmado y amable, pero me puse en los zapatos de todos aquellos a los que les estaba entregando este folleto. Pude ver los montones de folletos que se estaban acumulando en la papelera más cercana al hombre, así que le pregunté:

—¿Por qué está usted tan seguro que lo se dice en ese folleto es verdad? Este folleto dice que yo voy camino de infierno, pero usted no me conoce a mí. ¿Cómo sabe usted que voy camino del infierno?

El hombre me miró y dijo:

—Yo solo estoy diciendo lo que la Biblia dice, —y luego agregó: La Biblia lo dice, yo lo creo, no hay nada que discutir.

Me pude dar cuenta que eso era el final, no había lugar para dialogar, pero no obstante le pregunté de nuevo:

—¿Por qué siente usted que la Biblia es verdad, pero los libros sagrados de otras religiones no?

Me volvió a mirar y repitió:

La Biblia lo dice, yo lo creo, no hay nada que discutir.

Luego sin más se dio media vuelta y se marchó con rapidez. Estoy seguro que era sincero, pero si yo no hubiera sido cristiano, me habría marchado pensando: «Esos pobres cristianos fundamentalistas. Ellos ni siquiera saben por qué creen lo que creen».

HAMBRE EN LA TIERRA DE OÍR LAS PALABRAS DEL SEÑOR

A pesar de estas percepciones erróneas sobre lo que los cristianos creen acerca de la Biblia, están ocurriendo cosas muy positivas e interesantes. No hace mucho estaba en una iglesia a la que asisten miles de personas de las generaciones emergentes. Hasta la mitad de los que asisten en esta numerosa iglesia proceden de trasfondos no cristianos. Cuando examiné las notas de estudio bíblico para el sermón, encontré información sobre escenario cultural, contexto histórico y la audiencia para quienes este texto fue escrito. Cuando vi las clases que se enseñaban en la iglesia, que me dijeron acudían muchos para aprender, encontré muchas clases de teología.

En la iglesia que recientemente ayudé a lanzar, hemos hecho algo parecido al empezar una «escuela de teología». No permita que el nombre le confunda,

Son simplemente clases de conocimiento básico de hermenéutica, religiones mundiales, historia de la iglesia y temas relacionados. Elegimos el nombre de Escuela de Teología porque queríamos decir que estas clases eran para un estudio serio y para ayudar a cumplir con nuestra declaración de misión, que es «ver a Dios transformarnos en una comunidad que adora de teólogos misionales». Estábamos en las primeras etapas, y la primera noche ofrecimos algunas clases, y no estábamos seguros de qué esperar. Yo no estaba enseñando, pero me presenté para ver cómo iban las cosas. Al acercarme al edificio de la iglesia, y al volver la esquina vi una larga línea de personas, esperando para inscribirse y recoger las notas de las clases. Recuerdo que pensé: «¡Mira esto! Esta es una iglesia nueva formada primariamente de personas en sus veintitantos años, y aquí están todas estas personas haciendo cola fuera del edificio para aprender algo sobre hermenéutica, religiones mundiales, historia de la iglesia». Haciendo cola se encontraba una joven no cristiana que llevaba un tiempo asistiendo a nuestra iglesia. Estaba allí para estudiar hermenéutica. Me paré para decirla hola, y pude notar por su respuesta cuán emocionada estaba porque iba a estudiar teología y la Biblia. ¡Incluso una mujer no cristiana!

Cuando estudié en el Seminario Bíblico Multnomah, el fundador, el doctor Mitchell, miraba a sus estudiantes cuando les hacía una pregunta, y si veía una cara de no saber qué responder, él decía en tono de broma: «¿Es que ustedes nunca leen sus Biblias?». Luego citaba de Amós: «Vienen días —afirma el Señor omnipotente—, en que enviaré hambre al país; no será hambre de pan ni sed de agua, sino hambre de oír las palabras del Señor» (8:11), y lo aplicaba para las personas en el día de hoy. Estoy convencido que las generaciones emergentes tienen hambre de las Escrituras. Creo que la iglesia emergente necesita reverenciar, enseñar, estudiar y dialogar sobre la Biblia. Cuando más lo hacemos, más en condiciones estaremos para hablar con personas en la cultura emergente acerca de la Biblia y tratar los asuntos con más reflexión y tacto, y más se olvidará el estereotipo de que los cristianos son fundamentalista que toman la Biblia literalmente.

Le escribí un correo electrónico a Dustan después de leer sus comentarios acerca del nacimiento virginal en su blog del Internet y le preguntaba si quería reunirse conmigo para hablar sobre ese tema. Él es un hombre ocupado y podía haber dicho fácilmente que no, pero respondió diciendo que le gustaría oír por qué yo no creo que la historia del nacimiento de Jesús estaba basada en relatos paganos de nacimientos virginales. ¿Cambiaría Dustan de opinión? No lo sé. Eso es algo entre Dios y él. Pero yo me dedicaría hacer un poco de estudio con el fin de tener una conversación inteligente con él sobre ese asunto. Probablemente también compraría el libro del que él habla en su blog, a fin de estar informado de lo que a él le había convencido y entender por qué llegó a esas conclusiones. Y oraría también, reconociendo que no iba a ser mi estudio sino la obra del Espíritu Santo la que lleva a las personas a Cristo. Oraría diciendo que incluso aunque Dustan discrepaba de mí, él al menos sabría que no todos los cristianos encajan en el estereotipo.

¿QUÉ PODEMOS APRENDER DE ESTA PERCEPCIÓN ERRÓNEA?

Una de las cosas que me gustan acerca de tener mentalidad misional en nuestra cultura emergente es que nos fuerza a estudiar de verdad las Escrituras para conocer qué creemos y por qué lo creemos. Interactuar con personas fuera de la iglesia debería llevarnos a tener verdadera hambre de saber lo que creemos. Por supuesto, necesitamos enfocarnos en ser embajadores de Cristo llenos del Espíritu y de amor (2 Co. 5:20). Nuestro amor, no solo nuestro conocimiento, es lo que hace que todo sea diferente. Sin amor, somos solo metales que resuenan o platillos que hacen ruido (1 Co. 13:1). Así que, permítame sugerir lo que los líderes de iglesia podemos hacer para ayudar a eliminar el estereotipo de que los cristianos son fundamentalistas que toman toda la Biblia literalmente.

Necesitamos enseñar a los miembros de nuestras iglesias habilidades básicas de estudio bíblico

Me imagino que usted ha tomado nota de cuanto creo que necesitamos establecer el paso de enseñar a las personas no solo cómo estudiar la Biblia, sino también cómo ver muchas de las cuestiones teológicas de nuestro tiempo. Creo que deberíamos ofrecer clases en nuestras iglesias sobre cómo estudiar y comprender la Biblia con el fin de que los miembros de nuestras iglesias esté equipados no solo teológicamente sino para tener también una conversación normal, respetuosa e inteligente sobre la Biblia con aquellos que viven fuera de nuestra iglesia. En el apéndice 3 encontrará algunos libros que recomiendo y le serán de ayuda.

También nosotros, los que estamos en posiciones de liderazgo, formamos la visión de las personas sobre la Biblia por la manera en que enseñamos y predicamos. Necesitamos explicar en nuestra enseñanza y predicación cómo distinguimos entre los que es literal y figurativo. Necesitamos compartir cómo hemos llegado a nuestras conclusiones, explicando los contextos culturales e históricos de los pasajes que estamos usando en vez de simplemente saltar a las conclusiones, Creo que las personas, dentro y fuera de las iglesias, tienen hambre de este tipo de información. Muchos encuentran la Biblia aburrida, y pienso que con frecuencia se debe a que no enseñamos el contexto histórico y hacer que aparezca vivo de esa manera. Cuando les enseñamos a las personas cómo estudiar la Biblia en sus contextos culturales e históricos, le proporcionamos vida y significado. Sí, yo sé que es el Espíritu Santo el que hace que las Escrituras sean claras y relevantes (1 Co. 2:10), pero nosotros tenemos nuestra parte que poner.

Las personas en nuestras iglesias representan para los fuera de la iglesia cómo son los cristianos. Por tanto, necesitamos enseñar y dar un ejemplo a otros en una manera que no se refuerce la pobreza en la habilidad hermenéutica y exegética. Las Escrituras mismas dicen: «Hermanos míos, no pretendan muchos de ustedes ser maestros, pues, como saben, seremos juzgados con más severidad.» (Stg. 3:1). De modo que necesitamos abordar nuestra enseñaza y predicación con oración, humildad y preparación.

Necesitamos ser cuidadosos en no enseñar nuestras opiniones como si fuera lo que dice la Biblia

Una y otra vez he leído y oído decir a predicadores y cristianos fundamentalistas decir: «Dios dice…» y a continuación dan opiniones personales en vez de lo que las Escrituras de verdad dicen, o citar un versículo y montar sobre él su opinión personal sin toma para nada en consideración el contexto o la audiencia. Necesitamos ser muy cuidadosos cada vez que decimos en público: «Dios dice…» y luego decir cosas que son más bien nuestras opiniones que las doctrinas fundamentales que podemos conocer con certidumbre.

Necesitamos ser cuidadosos en cómo manejamos nuestras posiciones en temas teológicos fuera de lo que es la lista de fundamentales, tales como si tenemos una tierra que es joven o es antigua, el uso del alcohol, la modalidad y temas del bautismos, y el papel de las mujeres en el ministerio. Personas excelentes pueden diferir en estas áreas, y necesitamos entender que estas cosas no son de las fundamentales. Debemos procurar no presentar lo secundario como si fuera lo principal. Cuando consistentemente nos deslizamos en nuestras opiniones y decimos: «Dios dice…» ese es un camino peligroso. Cuando lanzamos golpes sutiles o no tan sutiles a aquellos que difieren de nosotros en asuntos no fundamentales, eso no se parece en nada a Cristo y solo muestra que los cristianos discuten y pelean entre ellos. Cuando los demás nos ven peleando y apuntando con el dedo unos a otros, ¿quién va a querer ser como nosotros? No estoy hablando sobre diferencias en cuestiones fundamentales de la fe, puesto que a veces es necesario establecer bien las diferencias con otros en las cuestiones esenciales. Pero cuando los cristianos discuten, pelean y apuntan con el dedo es acerca de calvinismo en oposición a arminianismo, o un punto de vista de la creación en seis días o sobre el fin de los tiempos. Un día, todos conocemos toda la verdad, y me pregunto si no quedaremos avergonzados por haber estado enfocados en asuntos menores y lo que hayamos dicho en nuestro esfuerzo por derribar a otros cristianos.

Necesitamos enseñar cómo tener creencias fundamentales sin ser fundamentalistas

Creo que como líderes debiéramos enseñar por qué reafirmamos ciertas doctrinas fundamentales, pero podemos hacerlo sin ser fundamentalistas. He estado en el ministerio sirviendo con jóvenes y adultos jóvenes durante quince años. Y he estado inmerso en círculos no cristianos con aquellos que han crecido en nuestra cultura emergente. Estoy convencido de que no hay resistencia en enseñar o creer verdades fundamentales. De hecho, veo atracción e incluso alivio cuando ellos escuchan razones lógicamente expuestas y sinceramente sentidas por tener creencias teológicas esenciales. Pero cuando pasamos de tener algunas creencias fundamentales a ser fundamentalistas y hacernos duros y dogmáticos acerca de doctrinas menores y desarrollar actitudes condenatorias acerca de asuntos externos o bíblicos, perdemos el respeto de los demás, nuestra credibilidad y nuestra voz.

Lo que estoy tratando de recalcar es que podemos decir con confianza que nosotros tenemos ciertas creencias fundamentales y que las generaciones emergentes se sienten atraídas a las explicaciones humildes y sinceras de nuestras creencias. Creo que hoy hay hambre por la verdad, y no hay que temer decir que Dios nos ha revelado su verdad a nosotros. Sin embargo, necesitamos ser cuidadosos en cómo decimos eso y cuanta verdad decimos que en realidad tenemos, admitiendo con oración y humildad que algunas cosas son misterios que nunca llegaremos a conocer en todo el tiempo de nuestra vida. Podemos humildemente sostener creencias fundamentales sin ser «uno de esos fundamentalistas».

Necesitamos estar preparados para una nueva ola de preguntas

Debido a la riqueza de información disponible para las personas hoy, necesitamos estar preparados para responder a los nuevos retos, tales como el de Dustan relacionado con las historias del nacimiento virginal que ya había antes del nacimiento de Cristo o las varias preguntas que Bill me planteó que tenía apuntadas en el cuaderno de notas de su clase de literatura inglesa. ¿Cómo responde usted a eso de forma inteligente? ¿Cómo hablamos acerca de los orígenes del cristianismo y la canonización de la Biblia? ¿Estamos listos para explicar por qué confiamos en la Biblia como siendo inspirada? ¿Estamos listos para hablar sobre el debate de la evolución en una forma que es digna y honorable para Jesús y respeta la ciencia al mismo tiempo? ¿Estamos listos y no tememos reexplorar algunas cuestiones teológicas que pensábamos que estaban bien claras e indiscutibles, pero cuando ahora nos preguntan sobre ellas, no parecen tan claras e indiscutibles? Vivimos en un tiempo emocionante en el que se plantean todo tipo de preguntas teológicas. Estemos listos para involucrarnos en algunas de esas discusiones excelentes y retadoras en los años venideros.

Necesitamos usar la Biblia con amor

Al comienzo de este capítulo mencioné a Penny, quien cree que los fundamentalistas usan versículos como armas para derribar a las personas. Entiendo por qué ella piensa de esa forma. Escuché sus experiencias de cómo la Biblia fue más bien usada para herirla que para ayudarla. Es cierto, se habla de la Biblia como una espada en Efesios 6:17 y hebreos 4:12. Pero en su contexto esos versículos tienen que ver con ayuda positiva y la proclamación del evangelio, no para atacar a otros. Sí, se habla de las Escrituras como de un martillo en Jeremías 23:29. Pero en su contexto ese versículo está diciendo que Dios habla en contra de los falsos profetas, y no tienen nada que ver con usar la Biblia en contra de alguien que está buscando sinceramente a Dios, preguntándose si él es real, o está dedicado solamente a sus propios asuntos. La Biblia presenta un mensaje de esperanza, sanidad, amor y perdón de pecados por medio del evangelio. Necesitamos estar seguros de que no estamos usando sutilmente la Biblia como un martillo o como una espada cuando debiéramos usar palabras de esperanza, sanidad y dirección.

Leí en un blog en el Internet una observación interesante acerca de los cristianos y su uso de la Biblia:

«El estado de ánimo de usar versículos de la Biblia para aplastar a otros». este es el estado de ánimo que usa alguien que quiere aplastar a otro mediante el uso de versículos de la Biblia sacados de contexto, sin el apoyo de ningún comentario o razonamiento, y que se usa para justificar el por qué «Yo llevo razón y tú estás equivocado, y eso es lo que dice la Biblia» En este estado de ánimo las palabras del versículo son usados mágicamente para dar la impresión de que están del lado del Martillo Bíblico en «Letras flameantes de la ira de Dios» para ayudar a freír al oponente (al que se refieren muchas veces como el «enemigo» o el «engañador»). El segundo estado de ánimo es «Tú no eres un cristiano auténtico/ El estado de ánimo juicio para aniquilar». Esto lo usan los que han juzgado que su oponente no es un verdadero cristiano (y se define «verdadero» de la siguiente forma: ir a la iglesia correcta, leer la versión de la Biblia correcta, ser del partido político correcto, pensar los mismo pensamientos, cantar los mismo himnos (o no cantar para nada), etc., etc. etc. [usted ya sabe de qué hablamos] y quiere aniquilar a ese demo…, quiero decir a la otra persona con la Luz Verdadera Subyugadora de Dios. En este estado de ánimo el Martillo Bíblico resplandece con una brillante, terrible y cegadora luz blanca que revela al oponente La Luz Verdadera del Amor de Dios.[19]

Cuán triste es que en nuestra cultura la Biblia sea conocida como un arma para disparar, golpear y derribar a personas más bien que por ser dulce como la miel (Sal. 19:9-11), por reavivar el alma (Sal. 19:7), por dar luz y guiar (Sal. 119:105), por proveer dirección para caminar en libertad (Sal. 119:45), y por su sabiduría (Sal. 119:98). Hay muchas cosas bellas y maravillosas acerca de la Biblia. Creo que podemos dejar de ser conocidos como fundamentalistas que toman toda la Biblia literalmente a ser conocidos como comunidades que toman las Escrituras y la teología seriamente y, no obstante, sostienen creencias firmes como humildad y oración, y somos capaces de hablar y enseñar con inteligencia basados en la Biblias con compasión y una hermenéutica bíblica apropiada:

> La iglesia está llena de fundamentalistas que toman toda la Biblia literalmente.

> La iglesia sostiene creencias con humildad y se esfuerza para que sus miembros sean teólogos respetuosos.

Penny y yo nos vimos no hace mucho y conversamos durante casi tres horas. Hablamos sobre la Biblia y de lo que dice sobre ciertos temas. Penny nunca antes había visto los pasajes que la mostré. Ella expresó interés en la Biblia y me preguntó acerca de varias traducciones. Cuando la pregunté si la gustaría tener un ejemplar de la Biblia, ella me dijo sí con entusiasmo. Una semana más tarde, la llevé una Biblia y se la dejé en su lugar de trabajo con una nota. Nos volveremos a reunir no tardando mucho, y la aventura de estudiar la Biblia continuará con alguien a quien Jesús los convence, pero la iglesia no.

Es el Espíritu, no nosotros, quien lleva las personas a Dios, pero nosotros tenemos que cumplir bien con nuestra parte, estar disponibles, ser amistosos con los que viven fuera de la iglesia, y orar por ellos. Las personas están listas para aprender lo que hay en la Biblia, si nosotros dedicamos tiempo a estar con ellas a fin de que confíen en nosotros. Necesitamos estar listos a dialogar con ellas con pasión, amor e inteligencia. Durante esta hambruna por oír la Palabra de Dios en nuestra tierra, debemos ser conocidos como cristianos que se preocupan por los demás y dan amorosamente las bellas Escrituras a las personas de las generaciones emergentes que yo creo están necesitados de las palabras inspiradas que hay en ellas. Seamos muy cuidadosos en no mal usar, manchar, envenenar o arruinar la bella y misteriosamente inspirada Palabra de Dios.

VEA A SU IGLESIA
A TRAVÉS DE LOS OJOS
DE LAS GENERACIONES EMERGENTES

1. ¿Incluye la enseñanza y predicación en su iglesia la información del trasfondo tales como los contextos cultural e histórico del texto, la audiencia y otra información importante?

2. ¿Cuán bien distingue su iglesia entre opiniones subjetivas sobre asuntos menores en oposición a doctrinas fundamentales? ¿Siente usted que su iglesia se enfoca intensamente en ciertas doctrinas menores? ¿Cuáles son?

3. ¿Cuán abierta y sincera es su iglesia acerca de los pasajes difíciles e incluso extraños en la Biblia? ¿Se siente usted preparado para responder a las preguntas difíciles?

4. ¿Qué oportunidades provee su iglesia para que los creyentes aprender cómo estudiar la Biblia y entender los varios géneros y por qué no es sabio usar versículos fuera de su contexto?

5. ¿Qué está usted haciendo, o podía estar haciendo, para ayudar a eliminar el estereotipo de que todos los cristianos son fundamentalistas que usan mal la Biblia?

PARTE III

CÓMO PUEDE RESPONDER LA IGLESIA

Cómo desean que sea la iglesia

11

> Me dedicaría por completo a ir a la iglesia si la iglesia girara más alrededor de la persona de Jesús que de la personalidad del pastor. Estaría totalmente interesado en ir si la iglesia se dedicara más a ayudar y amar a las personas que a criticar y condenar a otras personas.
>
> GARY

Tengo dudas sobre escribir este capítulo. Cuando hablo acerca del tema de este libro en conferencias, no incluyo el material que aparece en este capítulo. Termino diciendo que también les pregunto a la personas que entrevisto: «Si usted alguna vez fuera a una iglesia o volviera a una iglesia, y si usted pudiera darle forma, ¿cómo sería esa iglesia?». Cada uno en la conferencia se reanima, y se puede sentir la expectación en la sala. Ese momento con frecuencia parece como el clímax de la conferencia. Escribo sobre la pantalla la pregunta, ¿Cómo desean ellos que sea la iglesia?, e incluso juego un poco con esto diciendo: «Está bien, esto es lo que ellos dicen que les gustaría que fueran nuestras iglesias». Y entonces paro.

Desconecto la computadora portátil y cierro la pantalla. Y luego digo: «En realidad no les voy a decir lo que ellos dicen. En vez de decirles a ustedes lo que las personas dicen en mi ciudad, ustedes necesitan salir a su comunidad, cultivar la relación con ellos y preguntárselo ustedes mismos». Siento inmediatamente que los desilusiono. «¿Qué? Vamos, hombre, díganos lo que ellos dicen que les gustaría que fuera la iglesia. ¡Quiero saber lo que ellos dicen!».

La razón por la que paro ahí y no comparto más cosas con ellos es porque confío en que los pastores y los líderes de iglesia salgan del templo y dialoguen con las generaciones emergentes en sus comunidades. Si bien eso requiere esfuerzo, tiempo y oración, el conocimiento que los pastores y líderes ganarían mediante esas entrevistas a las personas sería mucho más beneficioso que si yo les digo lo que he aprendido en mi comunidad. Tengo siempre el temor de que si les doy a los pastores y líderes la información en este capítulo, disminuirá su motivación para buscar las relaciones con los que viven en su comunidad.

NO IMPORTA CUÁN JOVEN O MODERNO ES USTED

No piense que si usted no es joven, no debiera salir de la oficina de la iglesia y cultivar las relaciones con personas jóvenes. Estoy convencido de que las generaciones jóvenes quieren tener relación con aquellos que son mayores que ellos. Puede que ustedes no vayan a clubes y conciertos juntos, pero usted sin duda puede tener amistad con ellos. Y con la amistad viene la confianza, y con la confianza viene el diálogo acerca de inquietudes espirituales y de la iglesia. Su edad y sabiduría le proporcionan cierta autoridad con ellos.

Cuando yo me encontraba en mis veintitantos, las tres personas que tuvieron el mayor impacto sobre mí eran mayores que yo. El primero fue un pastor en Inglaterra llamado Stuart Allen, que tenía ya ochenta y tres años. Era tan opuesto a lo moderno como se puede ser. No sabía nada acerca de grupos musicales contemporáneos, y estaba bien lejos de la cultura contemporánea, y su predicación no era muy animada. En su pequeña iglesia, él podía tocar el órgano (en un estilo musical que a mí no me gustaba) y luego ir al púlpito tan lentamente que parecía que le iba a ocupar cinco minutos llegar allí. Pero nada de eso afecto la manera en que Dios le usó en mi vida. Él salió de su rutina normal de la vida para dedicarme tiempo y así pude ver a Jesús en su vida. Me invitaron a pertenecer a esa pequeña comunidad, y las personas me abrieron sus brazos y vidas sin críticas o presiones para que fuera como ellos eran. Stuart me amó y me invitó a su casa, a pesar de que me vestía completamente de negro y llevaba adornos y símbolos que a otros los pasmarían. (Yo todavía uso trajes negros.) Mi corte de pelo era alto al estilo pompadour y me afeitaba la cabeza por los lados y parecía mohawk. Estaba entregado por completo a la música, y probablemente muchos pastores, especialmente los de ochenta y tres años, no les habría gustado relacionarse conmigo en ese tiempo. Pero Stuart vio más allá de mi apariencia presente, me escuchó y respondió pacientemente a mis preguntas. Nos reuníamos en su casa cada semana. Dios le usó para cambiar mi vida.

La segunda persona de más influencia fue mi suegro, Rod Clendenen, que ya tenía más de sesenta y cinco años cuando le conocí. Y la tercera fue el doctor Mitchell, profesor en el Seminario Bíblico Multnomah, que tenía noventa y dos años cuando nos conocimos.

Así que, por favor, no piense que las personas en las generaciones emergentes rechazan las relaciones con los mayores. Lo crea o no, ellos respetan la sabiduría de aquellos que son mayores y buscan buenos ejemplos para seguirlos. Pero son ahuyentados por los individuos que están desentonados con la realidad que los rodea y van dispuestos a convertirlos tratando de cambiar sutilmente su forma de vestir y la música que escuchan a fin de que puedan encajar en la subcultura cristiana de su grupo.

LOGRAR QUE VAYAN AL TEMPLO NO ES LA META

Nuestra meta no debiera ser conseguir que las personas «vayan al templo». Debiéramos invitarlas a participar en la vida de la comunidad de la iglesia y en la actividad de Dios, no que simplemente asistan a nuestros cultos de adoración. Aunque muchas veces llevar a las personas a participar en las reuniones de adoración es una paso en el proceso de llegar a confiar en los cristianos y en la iglesia, la meta es ver cómo el Espíritu Santo los transforma en discípulos de Jesús ya sea que vayan o no a su reunión semanal de adoración.

Necesitamos entender la diferencia entre «pertenecer, entonces creer« y «creer, entonces pertenecer». Necesitamos entender que en la mayoría de los casos en nuestra cultura emergente, pertenecer precede a creer. En la cultura de hoy, las personas no llegan a confiar y entender hasta que sienten que pertenecen. Entonces el Espíritu se mueve en ellos y los lleva a la experiencia de creer

TRES COSAS QUE DEBIERA SABER ANTES DE LEER ESTE CAPÍTULO

Antes de compartir con usted lo que aprendí de aquellos que entrevisté para este libro, así como las observaciones que he escuchado durante mis viajes por todo el país, permítame mencionar tres cosas que usted debiera tener en mente cuando lea el resto del capítulo.

1. **No debiéramos cambiar para coincidir con lo que a la gente le gustaría que fuera la iglesia.**

   Cuando les pregunto a los individuos de fuera de la iglesia cómo desearían que fuera la iglesia, no tiene que ver todo con la intención de cambiar la iglesia para que se conforme a lo que ellos quieren. Recuerdo que hace unos años le preguntaba a un adolescente a qué tipo de ministerio de jóvenes le gustaría ir, y me respondió diciendo que le gustaría mucho si la iglesia sirviera barriles de cerveza en las reuniones de jóvenes. Naturalmente, no eché a correr para satisfacer su petición. Tenemos que ser muy cuidadosos en qué nos convertimos por el deseo de ser amistosos con los que buscan, al punto que perdemos lo que nos caracteriza como iglesia. La iglesia es una comunidad sobrenatural que se reúne para adorar, para aprender lo que significa ser discípulos de Jesucristo, y servir a Dios juntos. De modo que nuestro propósito no es cambiar cosas con el fin de que a los de fuera les guste lo que estamos haciendo. Eso es extraviarnos en el camino, y en mi opinión es peligroso simplemente conformarnos a lo que las personas quieren en vez de someternos a las directrices que nos dan las Escrituras.

Sin embargo, estoy dispuesto a diseñar nuestros cultos de adoración en una manera que conecte con nuestros corazones y cultura mientras que expresamos nuestra adoración como creyentes. Yo no veo que eso comprometa nuestros principios, sino que es una expresión de sabiduría. La iglesia naciente se reunía en las casas, mientras que hoy la mayoría de las iglesias se reúnen en edificios construidos para ese propósito y se sientan en hileras de bancas o sillas. Los creyentes en la naciente iglesia se saludaban unos a otros con «ósculo santo», mientras que hoy nos saludamos con un apretón de manos o un abrazo. Las costumbres culturales cambian nuestras formas de adoración, pero la cultura no debiera dictar o cambiar el corazón de la adoración o aguar nuestra adoración. A los largo de la historia de la iglesia, se han desarrollado varias expresiones de adoración en diferentes culturas. Pero nosotros no cambiamos, ni pedimos disculpas, nuestras reuniones para adorar a Dios, aprender de las Escrituras, experimentar tiempos de arrepentimiento, celebrar la comunión y servirnos y alentarnos unos a otros. (Irónicamente, esas son exactamente las cosas que buscan los que viven fuera de la iglesia.)

No obstante, todavía recibo muy buenas sugerencias e ideas cuando les pregunto a los de fuera de la iglesia cómo desearían que fuera la iglesia. Trato de ver lo que está detrás de sus respuestas, buscando pautas y factores que conforman su pensamiento y valores. Escucho con respeto cómo la iglesia los ha herido y cuáles han sido sus malas experiencias en la iglesia, y trato de comprender por qué sus experiencias fueron malas para ellos. Siempre busco maneras mediante las que hayamos podido perjudicar a las personas y haberlas llevado a tener impresiones pobres de nosotros. Puede que algunas de sus críticas e impresiones sean válidas, de modo que debemos estar dispuestos a escuchar lo que tienen que decir mientras que al mismo tiempo reconocemos que no cambiamos automáticamente basados en el deseo de las personas de fuera de la iglesia. Como líderes de la iglesia, somos dirigidos por Jesús —la cabeza de la iglesia— y por la dirección de las Escrituras, no por las personas ajenas a la iglesia.

2. **Cuando se les pregunta cómo desearían que fuera la iglesia, ellos describen la reunión de adoración**

Mientras lee este capítulo, tenga en cuenta que las respuestas de los entrevistados reflejan que la mayoría de las personas en nuestra cultura ven a la iglesia como una reunión de adoración o como un edificio donde nos reunimos, y no como las personas que se reúnen. Probablemente la manera en que hice la pregunta, junto con la definición de iglesia de las personas, provocó principalmente las descripciones de la reunión de adoración. Confío en que un día los de dentro y fuera de la iglesia definirán a la iglesia como las personas, y no cómo el culto de adoración del fin de semana. Pero eso debe comenzar con los líderes de iglesia que enseñen que nosotros «debemos ser la iglesia» y no solo «ir a la iglesia». (Ve el capítulo 8 en *The Emerging Church* para una explicación más completa.) Siento que nuestra evangelización se ha desviado tanto porque nos hemos enfocado demasiado en «invitar a las personas a ir al templo», y de esa manera hemos definido incorrectamente la iglesia para las personas de fuera de ella.

Evidentemente, la reunión de adoración es solo una parte de la vida del cristiano y del ritmo semanal de la iglesia. En los capítulos anteriores, hice observaciones y presenté los comentarios de personas sobre el carácter, liderazgo, actitudes y creencias de la iglesia, áreas que serían incluidas en una respuesta más completa de la pregunta, ¿cómo le gustaría que fuera la iglesia?, así que confío que usted examine esos capítulos como una extensión de este.

3. **Dios usa una variedad de iglesias para alcanzar y discipular a las generaciones emergentes.**

No hay un tipo de iglesia al que las generaciones emergentes se sientan especialmente atraídas. He visitado iglesias emergentes relativamente pequeñas que tienen un sentido muy bello de comunidad y de excelente diálogo. He visitado también varias de las iglesias emergentes que cuentan con miles de miembros y de asistencia. En las reuniones numerosas, siempre preguntó: «¿Son estos solo cristianos jóvenes que se trasladan a esta iglesia por la clase de música contemporánea o del predicador carismático, o son nuevos creyentes que nacen a la fe aquí?». La respuesta varía, pero un número significativo de nuevos creyentes llegan a la fe en Jesús por medio de las grandes iglesias emergentes. Algunas iglesias se enfocan en el arte de adoración y prestan cuidadosa atención a la estética de la adoración. Pero no hace mucho visité el templo de una iglesia emergente numerosa que no tiene ninguna obra de arte en sus paredes. De modo que con todo lo frustrante que pueda ser, no hay en realidad ningún modelo de iglesia a seguir. Mucho depende de la personalidad, temperamento y dones de los líderes de la iglesia. Depende mucho de la comunidad y si la iglesia comenzó con unas pocas personas en una sala de estar, es una reunión de adoración alternativa en un templo ya existente, o se inicia con un par de cientos de personas procedentes de otra congregación. Hay, pues, muchas expresiones de iglesia a las que se siente atraídas las generaciones emergentes.

Teniendo, pues, estas tres cosas en mente, veamos algunas de las respuestas a la pregunta sobre cómo les gustaría que fuera la iglesia que me dieron las personas que entrevisté.

CÓMO DESEARÍAN QUE FUERA LA IGLESIA

1. Me gustaría que no fuera solo oír un sermón o conferencia sino un diálogo

Prácticamente lo primero que dijeron cada una de las personas con las que hablé fue que desearían que en la iglesia no hubiera solo sermones sino diálogo. De manera uniforme expresaron que ellos no quieren estar allí sentados escuchando a un predicador dando una conferencia. Y no es porque ellos no quieran aprender. Expresaron un fuerte deseo de aprender las enseñanzas de Jesús y de aprender sobre la Biblia. Sienten que aprenderían más y mejor si ellos pudieran participar y hacer preguntas.

Veamos unos pocos comentarios de parte de aquellos a quienes les gusta Jesús pero no la iglesia:

> ¿Por qué los líderes de iglesia no prestan atención a lo que estamos haciendo en la universidad? Todo el énfasis en las iglesias es en el sermón que predica el pastor. Pero en la universidad, no nos gusta escuchar la conferencia en clases de 100 alumnos. Esas son las que menos gustan. Las clases numerosas son las más difíciles para prestar atención y aprender. Aprendemos mejor en las clases pequeñas, en los laboratorios donde tienen lugar el diálogo y nuestras voces contribuyen a la experiencia de aprendizaje. La iglesia está atrasada al enfocar toda su enseñanza en el sermón. Me gustaría que la iglesia fuera lo suficientemente pequeña para tener diálogo y no solo para sentarse y escuchar.

> *La enseñanza en la iglesia es muy importante. Pero no solo tener al pastor metiéndonos en la cabeza lo que él personalmente cree y nos predica desde el púlpito y todo el mundo tiene que creerlo. Me gusta definitivamente que me reten, pero en una forma que honre y respete también lo que yo creo. Me gustaría que fuera un foro donde se pudiera dialogar y hacer preguntas. Pero en las iglesias donde he estado no hay oportunidad para nada de eso. Es más bien el pastor o predicador hablando, y usted tiene que sentarse allí y escuchar.*

> *Me gustaría que la iglesia fuera como cuando usted va a una reunión sobre filosofía donde los participantes pueden dialogar y juntos analizar y estudiar los textos bíblicos. No simplemente sentarse allí durante una hora para escuchar a una persona que está diciendo a los oyentes los que ellos quieren oír sin cuestionarlo para nada o conversar sobre ello.*

Una y otra vez escuché respuestas semejantes de parte de otras personas. Lo que es de verdad importante y emocionante es ver que todos ellos quieren aprender, estudiar y dialogar sobre la Biblia. Es apasionante notar su entusiasmo por la Biblia y las enseñanzas de Jesús.

Escuche lo que Alicia, quién expresó fuertemente sus sentimientos de que las reuniones numerosas con una conferencia no es la mejor manera de aprender:

> *Hay lugar para las reuniones multitudinarias en un templo, de la misma manera que lo hay en la universidad para el estudiante de primer año en las clases de educación general. Así que no estoy en contra de ellas. Pero la iglesia necesita proveer mucho más que eso si es que quieren ser serios acerca de ver que las personas como yo quieran ser parte de una de ellas. ¿No pasó Jesús la mayor parte del tiempo con grupos pequeños? ¿Con sus doce discípulos? Estoy segura que es allí donde aprendieron lo mejor de parte de él, no cuando estaba hablando a las multitudes.*

Lo que es interesante es notar que la mayor parte de la enseñanza de Jesús involucraba diálogo. Del mismo modo, en la naciente iglesia que se reunía en las casas en grupos probablemente de veinticinco a cincuenta creyentes. En esos grupos pequeños se desarrollaría mucha participación con preguntas y respuestas a pesar de que había un maestro. Creo, como Alicia lo expresó, que el mejor proceso de aprendizaje no se da en el formato de conferencia sino a través de una mezcla de enseñanza y diálogo. Así que creo que ellos tienen su buena parte de razón al decir que el diálogo los ayuda a aprender mucho más acerca de Jesús.

Siento que hay mucho prejuicio contra las grandes reuniones de parte de aquellos con los que hablé. Pero no era tanto acerca del tamaño del grupo como por la pérdida de la habilidad para dialogar. Tenía que ver sobre todo con el temor de tener solo a un pastor que predicaba y no dar la oportunidad de cuestionar la enseñanza de la persona.

Escuchen los pensamientos de Dustan sobre esto:

> *Si yo fuera al templo, no quisiera que todo girara alrededor de una sola persona que habla y enseña, sino que hubiera más rotación. De manera que una persona no se convirtiera en una superestrella a los ojos de todos los presentes. El maestro o el líder debiera ser un siervo, no alguien que recibe todo ese reconocimiento por estar solo en el escenario. Pienso que debe haber un examen intelectual de la Biblia y definitivamente algo de enseñanza, pero la mayor parte del tiempo debería dedicarse a preguntas y diálogo. Por eso creo que las reuniones deberían ser más pequeñas. Tener una gran reunión de vez en cuando es excelente, pero no como norma.*

Puedo entender lo que Dustan y los otros están diciendo. Al haber pertenecido a un equipo ministerial de una iglesia muy grande durante doce años, pude comprobar cómo las personas se pueden convertir en oyentes pasivos de un predicador. Sin que haya un foro en el que se puedan plantear preguntas y se produzca diálogo sobre las Escrituras, resulta muy fácil para las personas no tener que pensar seria y profundamente por sí mismos. Pero esa no tiene que ser la situación, ni siquiera en las iglesias muy numerosas, si el liderazgo establece le ambiente adecuado en la iglesia. Conozco a varias iglesias emergentes que cuentan con miles de miembros de las generaciones emergentes que asisten a cultos multitudinarios de adoración en los que el pastor predica un sermón y los creyentes escuchan. Pero el liderazgo también ha creado un ambiente en que las personas tienen permiso para hacer preguntas y participar en el diálogo y se dan oportunidades para realizarlo fuera del gran culto de adoración.

Cuando usted oye acerca de grandes iglesias que están alcanzando eficazmente a las generaciones emergentes, usted probablemente encontrará que enfatizan los grupos pequeños en los que sucede el diálogo y hay muchas preguntas y respuestas. Una iglesia muy numeroso que he visitado cuenta con cientos de grupos pequeños que es la «iglesias en las casas» (su manera de expresarlo) que se reúnen durante la semana. En esos grupos pequeños en donde tiene lugar la interacción y el diálogo, y el liderazgo hace hincapié en que esas reuniones pequeñas son parte esencial de la iglesia, más que programas marginales. Otras iglesia emergente numerosa ofrece clase de de Biblia y teología durante el año, promoviéndolas como una parte importante de la iglesia. Esas clases incluyen la interacción y el diálogo que tanto desean aquellos que yo entrevisté.

Yo sé que muchos líderes de iglesia van a decir que esto no es nada nuevo, dado que en sus iglesias cuentan desde hace tiempo con clases y grupos pequeños. Pero no estoy hablando acerca de tener solo clases y grupos pequeños como añadidos a la gran reunión. Estas clase y la iglesia en las casas con más contenido teológico son algo más que lo ya típicos grupos pequeños, y son promovidos como siendo tan importantes, si no más importantes, que la gran reunión de adoración del fin de semana. Los grupos pequeños proveen una participación más profunda, asignando lectura y mucha interacción. Estas iglesias en las casas tienen líderes, pero los grupos están orientados alrededor de diálogos comunales acerca de las Escrituras.

En la iglesia recientemente organizada de la que soy parte, oramos pidiendo que Dios llevara a cientos de personas a confiar en Cristo Jesús, pero queremos ser muy cuidadosos en cuanto a cómo crecemos. Estamos haciendo lo más que podemos para tener Grupos Comunitarios durante la semana en los que los miembros dialoguen, estudien las Escrituras y hagan preguntas en escenarios más pequeños. Durante los sermones, hacemos todo lo posible por hacer pausas y hacer preguntas, incluso con varios cientos de personas en el culto de adoración. Con cierta frecuencia tenemos reuniones en las que los que asisten pueden hacer cualquier clase de preguntas y pueden retarlo todo, y pueden expresar sus opiniones y ser respetados sin que se les pida que se callen. Debido a que somos una nueva iglesia, nos esforzamos en todo lo que podemos para cultiva estos valores desde el principio, puesto que sería mucho más difícil hacerlo una vez que estamos bien establecidos. Procuramos tener un ambiente en el las personas pueden dialogar y saber que pueden ser escuchados y hacer preguntas y aportar opiniones.

2. Me gustaría que la iglesia respetara mi inteligencia

Recuerdo una conversación que tuve con alguien que creció en una iglesia pero que la dejó cuando llegó a los veinte años. Ella no era una persona criticona o cínica, pero me pareció sincera cuando me habló de su experiencia. Asistía a una iglesia grande y participó en los ministerios de niños y jóvenes durante sus años formativos. Me dijo que aprendió mucho e hizo buenos amigos. Pero al llegar a sus veinte años, dijo: «Dejé la iglesia porque crecí más que ellos». Esa declaración puede parecer arrogante, pero si usted la hubiera conocido o conociera su corazón, no llegaría a esa conclusión. Ella dijo que la enseñanza se repetía cada tres o cuatro años, quizá con un nombre diferente para la serie, pero prácticamente la misma enseñaza con envoltura diferente. Me dijo que la letra de la mayoría de los himnos que cantaban estaba más cerca de ser «expresiones románticas de adolescente» que adoración al Dios trascendente y majestuoso. Me explicó que la música y la proyección de la letra en la pantalla se parecían mucho a un vídeo de Disney para niños. Se sentía molesta por los bosquejos tan simplistas del predicador y que en la mayoría de las ocasiones ignoraba pasajes difíciles sobre asuntos controversiales. Todo era emocionante como adolescente, pero llegó un momento cuando parecía que la iglesia ya no tenía nada para ella. Estaba involucrada en servir a la iglesia, pero ella deseaba aprender y crecer a un nivel superior. Encontró que comprar libros de estudio bíblico y de teología quedarse en casa a leerlos la ayuda más que ir a los cultos de adoración.

Ahora bien, yo sé que no podemos experimentar el cuerpo de Cristo en aislamiento y que abandonar la iglesia no es la respuesta. Todos necesitamos ser parte de un cuerpo local, con su celo y entusiasmo por aprender, esta mujer joven se hubiera convertido en una gran maestra. Pero me dijo que cuando habló con el pastor para expresarle sus sentimientos, sintió que él no fue muy comprensivo y que no estuvo dispuesto a añadir ninguna clase que enseñara la Biblia a un nivel más profundo, prefería las clases más pragmáticas y tradicionales que se ofrecían. El pastor no estaba convencido de que hubiera muchos miembros en esta iglesia que les gustara la enseñanza, de forma que no había necesidad de entrar en el trasfondo histórico y contexto cultural de las Escrituras. Le explicó que las creyentes lo que querían es que se satisficiera las necesidades sentidas, que lo que ellos querían eran respuestas bíblicas para sus tareas y actividades diarias. Ella sacó la conclusión que las personas estaban más interesadas en sus propias vidas que en aprender acerca de Dios y de la vida de Jesús. Ella sinceramente quería una enseñanza más profunda; quería tener la oportunidad de crecer. Así que, dijo: «Dejé la iglesia para encontrar a Jesús». Cuando yo la conocí y hablamos ella estaba explorando algunas iglesias evangélicas donde sentía que podía tener conversaciones inteligentes sobre teología, pero todavía no era miembro de ninguna de ellas.

Su experiencia no es un caso aislado. Escuche estos comentarios:

> Aprendí más acerca de la Biblia en las clases de literatura inglesa en una universidad secular que en todos los años que estuve yendo a la iglesia.

> Si yo fuera a la iglesia, quisiera profundizar en la cultura, la historia, y cuáles eran las estructuras sociales de aquel tiempo con el fin de conocer y comprender mucho más el significado de los escritores bíblicos. Me gustaría que la iglesia respetara mi inteligencia y fuera retadora para mi pensamiento, y que me permitiera lidiar con lo que el maestro diga, compartiendo nuestros desacuerdos si es que tuviéramos alguno, tener la oportunidad de hacer preguntas.

Me entusiasmo escuchando esos comentarios, porque muestran que las personas desean de verdad aprender acerca de Jesús. ¡Cuán irónico es que muchos dicen que no sienten que la iglesia es un lugar para aprender de Jesús hasta el grado que ellos desean! Vivimos en un tiempo excelente de hambre por profundidad espiritual. Lamentablemente esa hambre está siendo atendida por programas especiales en la televisión sobre los orígenes del cristianismo y Jesús, especialmente preparados por aquellos que no tienen una perspectiva ortodoxa de Cristo. Estamos perdiendo nuestra oportunidad de ser una voz para las generaciones emergentes sobre quién es Jesús. Quiera Dios que nuestro deseo de alcanzar a aquellos a quienes les gusta Jesús pero no la iglesia nos lleve a proveer un nivel más profundo de enseñanza, no solo para su aplicación práctica sino también para el conocimiento académico. Las personas están diciendo: «Queremos que nos enseñen sobre la Biblia para aprender de Jesús. Pero enséñennos con inteligencia, y no esperen que no hagamos preguntas y cuestionemos lo que están diciendo. Dennos la oportunidad de hacer preguntas y sean respetuosos con nuestro deseo de preguntar. Queremos un ambiente de aprendizaje, no conferencias aguadas que ignoran los pasajes difíciles y simplifican las enseñanzas de Jesús». ¿Qué más podríamos pedir?

3. Me gustaría que la iglesia no se confundiera con el edificio, con el templo

En esa misma línea, las personas que entrevisté comentaron en no limitar la «iglesia» al edificio de la iglesia, lo que es muy interesante porque la «iglesia» no es un edificio. Con todo, parece que ellos tienen la impresión de que los cristianos ven el templo como la iglesia, y ellos desean ir más allá de eso:

> *Desearía que la iglesia no fuera siempre estar en el edificio de la iglesia. Parece que la iglesia quiere siempre que nosotros vayamos a ellos, pero ellos no quieren venir a nosotros. ¿Por qué no reunirnos aquí, en esta «conffee–house» donde estamos ahora? Creo que el diálogo se facilita más aquí que en un templo. ¿Por qué no reunirse en un estudio para danza? ¿Por qué no reunirse en un bar? ¿No se reunió Jesús con las personas en toda clase de lugares?*

> *Haga de la reunión una discusión de mesa redonda, un diálogo motivador y estimulante. Reúnanse en los hogares de las personas, en «cofe–houses», lugares vibrantes y vivos. Me gustaría reunirme con unas veinte personas en un bar, tomarnos unas cervezas y hablar sobre la Biblia. Esa sería una iglesia a la que me gustaría ir. Haga de ello una oportunidad de diálogo: ¿Qué entiende usted que dice este párrafo de la Biblia? ¿Qué significa para usted? Haga de la iglesia un club de libros con alma.*

Lo que encuentro tan refrescante en estos comentarios es el deseo de reunirse para hablar de Jesús y de la Biblia. Pero ellos expresan cierta resistencia a reunirse solo en un templo. Desean salirse de las paredes del templo y tener «iglesia» en otros lugares: en hogares, bares, cafeterías y estudios de danza. Comentarios como esos me llevan a pensar en la logística, porque resulta mucho más fácil organizar reuniones en los edificios de una iglesia. Pero es posible mezclar reuniones en el templo con reuniones de diálogo en otros lugares. Algunas personas se ponen a la defensiva y dice que un bar o taberna no es un lugar apropiado para dialogar sobre Jesús y la Biblia. Pero con frecuencia estas mismas personas no tienen problemas con el hecho de que C. S. Lewis y J. R. R. Tolkien se reunían cada semana en una taberna de Oxford para hablar de la vida, de literatura y teología. Si Jesús estuviera viviendo en nuestro medio hoy, me pregunto si no le encontraría disfrutando de una buena tertulia en una «coffehouse» o bar, abrir allí las Escrituras y hablar sobre el reino de Dios. ¿No se juntó él con los invitados a una boda donde servían vino? Yo me puedo imaginar a Jesús en una «coffehouse» o bar tan fácilmente como en una clase en un templo. Para ser sincero, encuentro muy interesante pensar en llevar la conversación sobre Jesús y el reino de Dios a los lugares donde las personas suelen reunirse. Y el hecho de que las personas a las que les gusta Jesús pero no la iglesia están interesadas en abrir posibilidades en nuevas reuniones además del culto semanal de adoración en un templo.

4. Me gustaría que la iglesia estuviera menos programada y diera tiempo para pensar y orar

Las personas que entrevisté me dijeron que les gustaría que la iglesia no estuviera tan programada y dieran tiempo y oportunidades para pensar y orar. Este deseo está vinculado con experiencias negativas que algunos han tenido en reuniones de iglesia y es semejante al deseo para que la «iglesia» tenga más participación. El sentimiento es que usted va al templo de la iglesia, se sienta en su lugar escucha la música, observa al predicador predicar y luego se marcha a casa. Da la impresión de estar todo muy programado, sin dejar tiempo para de verdad pensar y orar.

Preste atención a algunos de los comentarios que hicieron:

> *No sé por qué cuando voy al templo me dicen constantemente: «Levántese ahora» y «Ahora siéntese». Da la impresión de que es un juego de preescolares en el que el pastor te dice continuamente lo que tienes que hacer en un programa planeado con anticipación.*

> *Fui a una iglesia donde te conceden bastante libertad. Después de la enseñanza y durante la música y el canto, le permiten a usted ir a diferentes áreas de oración [estaciones de oración interactivas]. Mostraban que querían que tuviésemos un papel más activo en el tiempo de adoración. En vez de decirles a las personas cuándo levantarse y cuando sentarse, era más bien como una escuela con áreas de prácticas de oración. Eso me permitía, después de la enseñanza, de tomar la iniciativa sentarme en un lugar y orar y reflexionar sobre mis pensamientos acerca de Dios.*

225

Alicia me explicó que cuando ella va al templo, ella confía en realidad en pasar tiempo con Dios en oración. Esto es algo que ella valora mucho. Le gusta una iglesia que tiene enseñanza, pero que permite que las personas tengan tiempo y espacio para la oración. Esa iglesia provee estaciones de oración con pasajes bíblicos para leer y algunos ejercicios interactivos con los que responder a la enseñanza. (Vea el libro *Emerging Worship* para ejemplos de estaciones de oración.) Ella siguió diciendo:

> Me gusta mucho tener un lugar en el templo para estar en quietud y orar. Entonces no todo el mundo tiene que estar haciendo lo mismo: levantarse, sentarse, cantar, etc. Tener algunos espacios a donde ir me ayuda a mí a ser parte de una experiencia de adoración que no parece estar limitada y controlada. Eso me permite a mí tener, en cierto sentido, un tiempo de adoración mío propio que me permite orar sin tener que sentirme en una situación forzada.

Escuche lo que ella desea. Quiere aprender y también orar, adorar, conectarse con Dios, interactuar con las Escrituras. ¡Qué cosas tan bellas está pidiendo esa mujer!

Al experimentar con la reunión semanal de adoración en nuestra iglesia y explorar formas para proveer tiempo de oración después de la enseñanza, me asombro constantemente de la cantidad de personas que desean orar. No hace mucho, enseñamos un mensaje sobre confiar en Dios para el futuro, y teníamos un espacio en el que las personas podían escribir en qué cosas querían confiar en Dios y podían escribir algunas oraciones en unas tarjetas de tres por cinco pulgadas. Teníamos una estación preparada detrás de unas cortinas donde las personas se podían arrodillar y depositar sus peticiones debajo de una cruz. Las palabras «confía en mí» aparecían escritas en tamaño grande sobre la mesa. Después de la enseñanza, expliqué que aquellos que desearan tener un espacio para ir y escribir oraciones de confianza podían usar la estación, mientras que el resto se sentaba y cantaban himnos de adoración. Lo que nos maravillaba es que la línea para usar la estación era tan larga que yo tuve que ir al líder de adoración y pedirle que extendiera esa parte de la adoración durante otros treinta minutos. Me quedé en la parte de atrás y observé a las personas de la iglesia seguir en la línea para arrodillarse, orar y depositar sus preocupaciones ante Dios, y yo pensaba, ¿Qué podría desear más un pastor? Pero requirió planearlo el dar a las personas espacio y tiempo para responder a lo que estábamos sugiriendo en el sermón que hicieran.

5. Me gustaría que la iglesia fuera un lugar de amor

Recuerdo lo que Duggan me contestó instantáneamente y con gran entusiasmo cuando le pregunté cómo desearía él que fuera la iglesia:

> *Si yo fuera a la iglesia, me gustaría que fuera como una familia. Una familia sana donde todos miran unos por otros. Donde están contentos de verte y de verdad se siente que es como una comunidad. Un lugar donde te aman, incluso cuando no están funcionando bien. El amor no debiera ser condicional. Siento que la mayoría de las iglesias te aceptan y te aman cuando les obedeces y haces lo que ellos te dicen que hagas. Pero pienso que Jesús me aceptaría y estaría a mi favor cuando me va bien o mal. Pienso que la iglesia debiera ser un lugar de amor así.*

Fue interesante notar cuán fuerte fue su respuesta, definiendo inmediatamente a la iglesia como una familia en la que se aman y se apoyan unos a otros. Al mismo tiempo, él siente que la iglesia se presenta ante los demás condicionalmente en cuanto a su amor y aceptación.

> *Me gustaría que la iglesia me recibiera con alegría si dejo de ir por un tiempo y luego regreso porque ellos me aman y no intentan de hacerme sentir culpable por no haber estado allí. Desearía que los pastores y líderes fueran como meseros (camareros). A todo el mundo le gusta ver a un mesero que no es una amenaza para ti, está allí para escucharte y servirte, sin juzgarte, sino para escuchar y ayudar con un consejo. Ellos están contentos de verle si es que no ha ido por allí durante un tiempo.*

Qué irónico es que aquellos de fuera de la iglesia no sientan que es un lugar amoroso. En general sienten que es amorosa con aquellos que son como ellos y son uno de ellos, pero no para los de fuera.

> *Quisiera que la iglesia fuera un ejemplo de Jesús y de su amor para con los de fuera, los parias, para con aquellos que normalmente no encajan en el ambiente. Los inadaptados sociales. Desearía que la iglesia amara, amara, amara a aquellos*

> *que lo necesitan más. Los confundidos, los quebrantados, a los que la sociedad*
> *rechaza y trata mal. Quisiera que la iglesia que aceptara a aquellos que no se visten*
> *necesariamente como se visten o lucen los miembros de iglesia. Pero en la iglesia*
> *no todos debieran ser iguales. Quiero que la iglesia sea diversa y acepte ame la*
> *diversidad. Quiero estar en una iglesia que es conocida por amar a las personas.*
> *Pero que ama a Jesús también, y eso es lo que hace que la iglesia sea diferente de*
> *simplemente personas amorosas: también aman a Jesús.*
>
> MOLLY

Molly está diciendo lo que en realidad hizo Jesús cuando dijo que el más grandes mandamientos es amar a Dios y a tu prójimo como a ti mismo (Mt. 22:37-39). Los dos van de la mano. Si las personas a las que les gusta Jesús no les gusta la iglesia fueran alguna vez a la iglesia, les gustaría experimentar y ver el amor entre los que forman la iglesia. ¿Cómo podría ver y sentir el amor entre nosotros uno que viene a nuestro templo para visitarnos? ¿Recibirían un saludo rápido de parte de los ujieres, y luego sentarse y ser ignorado? ¿Qué acerca de alguien que se ve diferente del resto de los miembros de iglesia? ¿Se sentirían amados? ¿O sacarían la impresión de parte de los miembros de la iglesia que ellos no pertenecen allí? ¿Cómo pueden encontrar relaciones en las que pueden ser amados? Estas preguntas no son fáciles de responder, pero son de verdad importantes. Jesús habló de amar incluso a los enemigos, pero con frecuencia la iglesia no es ni siquiera conocida por amar a los que pertenecen a ella. Pero, por supuesto, hay cientos de iglesia en las que de verdad se aman unos a otros. Pero la impresión general de aquellos de fuera de la iglesia es que somos un grupo cerrado.

6. Me gustaría que la iglesia cuidara de los pobres y del medioambiente

Gracias a Dios, parece que en los años recientes la iglesia en general está prestando más atención a servir a los pobres y a los necesitados en sus comunidades, involucrándose en crear conciencia de los peligros del SIDA, y siendo más consciente de qué productos compra y consume como iglesia. Todos los que aparecen en este libro esperarían que la iglesia a la que ellos fueran quisiera involucrarse de forma natural en ayudar a los necesitados, así como se supone que haría Jesús. De manera que participar en acciones a favor de la compasión y justicia social en forma local y global es una cualidad que todos quisieran ver en la iglesia. Otro deseo común es que la iglesia sea consciente de los riesgos que enfrenta hoy el medioambiente. Ellos esperan que la iglesia vigile lo que consume y se involucre en cuidar del medioambiente.

7. Me gustaría que la iglesia enseñara más a cerca de Jesús

Otra cosa que dijeron aquellos que entrevisté es que desearían que la iglesia enseñara más acerca de Jesús. ¡Qué fascinante! Yo he oído muchos sermones, de forma que entiendo eso. Examine usted muchos de los títulos y bosquejos de los sermones que se predican. Con bastante frecuencia no hay mucho acerca de Jesús en ellos, y quizá no escuche que se le mencione excepto en las oraciones de apertura y clausura. Las personas en la cultura de hoy respetan a Jesús y están abiertas a él. Les gusta Jesús, o al menos lo que ellos conocen de él, y si ellos van a ser parte de una iglesia, quisiera que la iglesia hablara más acerca de él.

> Si yo regresa a la iglesia, lo que más me gustaría es aprender mucho más acerca de Jesús. ¿Qué piensa él de las cosas? ¿Cuál fue su mensaje? ¿Qué valoraba él? No estoy interesada en escuchar solo lo que el pastor piensa; quiero saber lo que Jesús piensa.

> Jesús fue ese revolucionario que tenía mucho que decir. Me gustaría que la iglesia fuera en realidad acerca de cómo seguir a este revolucionario. Él quería que las personas se amaran unas a otras y tuvieran una influencia positiva en el mundo, de manera que si yo fuera a la iglesia, me gustaría oír principalmente acerca de lo que Jesús dijo en relación con ser una influencia positiva en el mundo.

¡Qué maravilloso e emocionante es saber que hay un interés así por lo que Jesús tiene que decir! Pero si examinamos con detenimiento desde fuera a muchas iglesias, ¿veríamos y escucharíamos más acerca del pastor principal y de lo que él piensa que acerca de lo que Jesús piensa? ¿No hay allí más conversaciones sobre cómo lidiar con asuntos personales o protegerse a uno mismo de los males del mundo que de hablar sobre Jesús? ¿Aparecerían como cabeza de la iglesia el pastor principal o los ancianos de la misma más bien que Jesús? Yo sé que algunas de estas cosas serían difíciles de medir dadas las realidades de dirigir una iglesia hoy. ¿Pero estamos prestando atención a estas cosas?

Al batallar con estas cuestiones en nuestra iglesia, decidimos colocar una cruz grande en el centro del estrado donde normalmente se instala el púlpito, haciendo que el símbolo del Cristo resucitado fuera el centro de atención del templo, no el pastor o el director de adoración. Cuando alguien predica o dirige la orquesta, se ubican en una plataforma más pequeña debajo de la cruz. Lo que estamos tratando de hacer en todo lo posible es hacer hincapié que todos nosotros en posiciones de liderazgo estamos sirviendo a Jesús, quien es la cabeza de todo en la iglesia. Cuando yo predico, con frecuencia señalo a la cruz detrás de mí, indicando así que Jesús es la razón por la que estamos allí. Esto puede parecer que son medidas sutiles, pero no subestime cosas como esas. Comparto en el capítulo 5 cómo alguien recientemente se hizo cristiana en nuestra iglesia y dijo que el ver la cruz tan destacada le habló fuertemente a ella cuando entró la primera vez y que como resultado confío más en nosotros. Pequeñas cosas como esas marcan una gran diferencia.

Resulta muy fácil deslizarnos en dirigir nuestras iglesias con nuestra propia habilidad, fuerzas, personalidades y sabiduría humana sin reconocer continuamente que Jesús es la cabeza de nuestras iglesias y sin consultarle a él para nada. No obstante, creo que las generaciones emergentes son sensibles a si nuestras iglesias y líderes cristianos seguimos a Jesús o seguimos nuestros sentimientos y agendas personales. Yo sé cuán fácil resulta depender de nosotros mismos y sutilmente dejar de enfocarnos en Jesús. En nuestra iglesia, para evitar olvidarnos de que Jesús es la cabeza, con frecuencia ponemos la «silla de Jesús» en la mesa donde celebramos nuestras reuniones de equipo ministerial, una silla vacía que nos recuerda que él está con nosotros y que le estamos sirviendo a él. Con frecuencia paramos y oramos: Señor Jesucristo, por favor dirígenos en esto. Esta es tu iglesia; nosotros somos tus siervos. Ayúdanos a saber qué hacer aquí».

Todas estas medidas son sutiles y pueden que hasta parezcan tontas, pero tienen un gran significado, y lo más bello acerca de ellas es que eso es exactamente lo que los de fuera de la iglesia quieren que la iglesia sea: enfocada en Jesús y dirigida por Jesús. Cuanto más insistimos en que Jesús es la cabeza suprema de nuestras iglesias, tanto más credibilidad ganaremos y tanto más bíblicos pareceremos para los demás. Si alguien se acercara a un miembro de su iglesia y le preguntara: «¿Cuál es la meta de la enseñaza aquí» respondería usted: «Ayudarme a mí a tener una mejor familia y ayudarme a no pecar», o diría: «Ayudarme a ser una mejor discípulo de Jesús», sabiendo que esas otras cosas caería en su lugar? Qué gran gozo es oír que las personas fuera de la iglesia quieren una iglesia enfocada en Jesús si ellos alguna vez quisieran ser parte de una de ellas. Procuremos no desilusionarlos en esto.

DEMASIADO PARA ABARCAR EN UN CAPÍTULO

Había otros muchos comentarios que me hubiera gustado compartir, tantos que habría sido imposible incluirlos en un libro de este tamaño.

Hubo comentarios sobre la importancia de tener un buen ministerio para niños. Uno esperaría que, especialmente, las familias más jóvenes valoraran mucho el ministerio para los niños, pero al mismo tiempo, estoy oyendo que ellos no quisieran estar completamente separados de sus hijos todo el tiempo y que les gustaría experimentar la «iglesia» todos juntos como familia.

Hubo comentarios sobre el valor de la diversidad. Ellos no quieren que la iglesia sea un «conjunto de clones», como lo expresó una joven, que piensan igual, se visten igual y actúan igual. Quieren ser aceptados por su individualidad y creatividad. Aunque hubo comentarios sobre querer estar con personas de su misma edad, ellos también quieren que los adultos mayores sean mentores de los jóvenes y ayudar a aprender. Cuando yo servía en el ministerio de jóvenes adultos, una de las experiencias más bellas era ver a los creyentes en sus veintitantos años buscar la sabiduría y el cuidado de los que eran mayores que ellos. Organizamos la mayoría de nuestras reuniones de grupos en las casas a mitad de semana para que tuvieran parejas de creyentes en sus cuarenta, cincuenta, sesenta e incluso setenta años ayudando y pastoreando a los más jóvenes.

Hubo comentarios acerca del ambiente en la adoración. Una joven, que había visitado una iglesia emergente que se enfocaba en las artes, dijo: «Si yo hubiera sabido que la iglesia era como esto, habría ido desde hace mucho tiempo. Me gustaría que muchas más iglesias incorporaran el arte como esta hace, porque eso permite a las personas crear arte allí; como una expresión de adoración, siento que es como una participación de la comunidad que tan solo el predicador». Ya conté antes la experiencia de una joven en sus veintitantos años que vino a nuestra iglesia, y al final fue bautizada, después de haber encontrado a la iglesia por medio de una actividad artística que nosotros patrocinamos en el centro de la ciudad. Así que, las personas en las generaciones emergentes valoran y aprecian el arte en el ambiente de la adoración quizá mucho más que otras generaciones.

ELLOS QUIEREN QUE ALGUIEN LES PIDA SER PARTE DE LA IGLESIA

Irónicamente, al hablar con muchas docenas de esas personas a los que les gusta Jesús pero no la iglesia me ha convencido que ellos no están opuestos a ser parte de una iglesia. Desearía que usted pudiera ver sus ojos al hablar y oír sus corazones. Ellos están abiertos a ser parte de una comunidad de iglesia, pero la invitación a hacerlo tiene que venir a través de las relaciones y la confianza. No quieren que un extraño se acerque a ellos en la calle y les entregue un tratado. Tampoco quieren que una relación casual les ponga presión en una forma rara para que vayan al templo de su iglesia. Si tan solo tratáramos de entender lo que les mantiene alejados, nos sorprenderíamos de descubrir su apertura a la iglesia.

VEA A SU IGLESIA
A TRAVÉS DE LOS OJOS
DE LAS GENERACIONES EMERGENTES

Por cada uno de los asuntos mencionados en la lista debajo de «Cómo desearían ellos que fuera la iglesia», hágase usted estas dos preguntas:

1. ¿Es esto algo que la iglesia debería hacer? ¿Por qué sí o por qué no?

2. ¿Es esto algo que su iglesia está tratando? Si no, ¿qué podría usted hacer para que se considerara?

COMO DESEARÍAN ELLOS QUE FUERA LA IGLESIA

1. Me gustaría que la iglesia no fuera solo un sermón o conferencia sino un diálogo.

2. Me gustaría que la iglesia respetara mi inteligencia.

3. Me gustaría que la iglesia fuera algo más que el templo.

4. Me gustaría que la iglesia estuviera menos programada y diera tiempo para pensar y orar.

5. Me gustaría que la iglesia fuera más amorosa.

6. Me gustaría que la iglesia se preocupara por los pobres y por el medio-ambiente.

7. Me gustaría que la iglesia enseñara más acerca de Jesús.

Nuestras dos barreras más grandes 12

Me hubiera gustado saber antes que
no todos los cristianos son tan idiotas.
Yo no tenía ni idea. Quizá hubiera
llegado a creer en Jesús mucho antes.

MOLLY

uchos escépticos líderes de iglesias creen que las personas de las generaciones emergentes tienen impresiones negativas acerca de los cristianos y de la iglesia porque la cruz es una piedra de tropiezo. Esas personas, dicen ellos, rechazan la cruz, y por esa razón se muestran tan negativos sobre la iglesia. Ahora bien, es cierto que la cruz es una piedra de tropiezo (1 Co. 1:23); sin embargo, no podemos desechar tan fácilmente a las personas a las que les gusta Jesús pero no la iglesia. El problema no es que ellos tropiecen por causa de la cruz. El problema es que tropiezan debido a la actitud de algunos cristianos y a causa de la subcultura cristiana que nosotros hemos levantado en su camino antes incluso de que ellos llegaran a la cruz.

HEMOS CREADO UN NUEVO ABISMO EN LA ILUSTRACIÓN DEL PUENTE

Supongo que usted está familiarizado con la bien conocida ilustración del puente. No me gusta usarla con frecuencia porque esa ilustración pone a Dios solo a un lado del abismo cuando sabemos que él está en todas partes (Sal. 139:7). También caracteriza el evangelio como solo un mensaje de perdón de pecados y obtención de la vida eterna en el cielo, cuando sabemos que también tiene mucho que ver con participar en la vida eterna y vivir en el reino ahora. Pero dejando a un lado esas inquietudes, voy a usar ese diagrama familiar para ilustrar lo que quiero decir en este capítulo (vea el diagrama).

La ilustración clásica del puente nos presenta la separación entre la humanidad y Dios.

HUMANIDAD
DIOS

• Pecado
• Separación

PECADO

• Paz con Dios
• Perdón de pecado
• Vida eterna

Y cómo la fe en Dios salva el abismo.

HUMANIDAD
Jesús
DIOS

• Pecado
• Separación

PECADO

• Paz con Dios
• Perdón de pecado
• Vida eterna

Pero hoy, las personas se encuentran con otro abismo: La subcultura cristiana y las percepciones erróneas de las personas sobre el cristianismo.

DIOS

Cristianismo y la subcultura cristiana

PECADO

Paz con Dios
Perdón de pecado
Vida eterna

235

Primero debemos cultivar su confianza y eliminar sus percepciones erróneas.

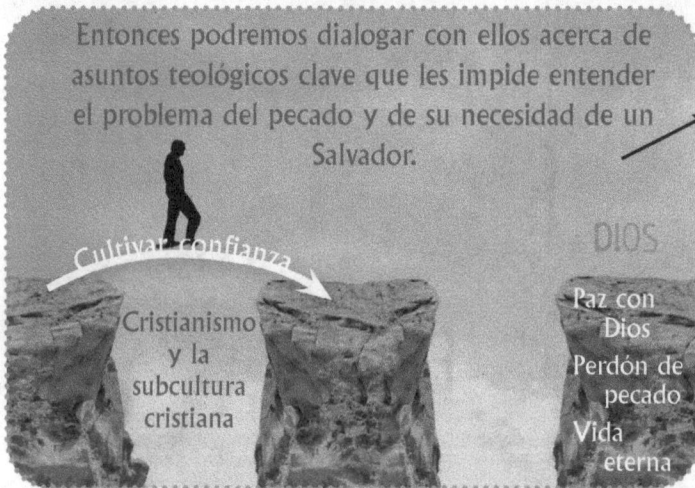

Entonces podremos dialogar con ellos acerca de asuntos teológicos clave que les impide entender el problema del pecado y de su necesidad de un Salvador.

Condenación

Pluralismo religioso

Las Escrituras

Salvación

Jesús

En este momento, debido al abismo del cristianismo y de la subcultura cristiana muchos nunca llegan a este punto..

En el mundo judeo-cristiano de mitad del siglo XX, la ilustración del puente funcionó bien. La mayoría de las personas entendía el concepto de un Dios, e incluso aunque no fueran religiosos, entendían bien lo que era el pecado. La mayoría de las personas confiaban y respetaban a los líderes cristiano, a los cristianos y la Biblia, de manera que cuando los cristianos hablaban de Dios y de Jesucristo, solían prestar atención. Después de estar de acuerdo en que eran pecadores y confiar en lo que los cristianos decían, y el Espíritu Santo obraba en sus corazones, ellos cruzaban el puente, poniendo su fe en Cristo Jesús.

Pero en nuestra cultura post-cristiana, las personas se encuentran con un segundo abismo: la sima de la subcultura cristiana. Nosotros hemos creado este abismo con nuestra retórica y actitudes, lo que ha llevado hoy a las personas a acumular percepciones negativas de los cristianos y del cristianismo que los impide confiar en nosotros y de interesarse en el evangelio. Las percepciones negativas de la iglesia que he tratado en este libro crean un nuevo abismo. Esta nueva sima (precipicio) les impide llegar al abismo del pecado. Y a causa de que nos hemos hecho ciudadanos de la burbuja, y hemos perdido nuestra comprensión de que somos misioneros en nuestra cultura y disfrutamos de la comodidad dentro de las paredes de nuestros templos y redes de relaciones, el nuevo abismo no para de ahondarse continuamente.

Necesitamos tender un puente sobre este abismo de la subcultura cristiana y hacernos amigos de los que viven fuera de la iglesia, invitándoles a participar en comunidad y a dialogar con ellos. Necesitamos ser la luz de Jesús y un evangelio viviente para ellos, cultivando su confianza en nosotros con el fin de que estén listos para escucharnos.

Después de que hayamos ganado su confianza y eliminado sus percepciones erróneas, podemos considerar las ideas prevalecientes en nuestra cultura que los priva a ellos de entender el evangelio, tales como lidiar con el pluralismo religioso e ideas teológicas clave tales como la inspiración de las Escrituras y quién es en realidad Jesús. Esas personas pueden entender lo que la Biblia enseña sobre el pecado y la salvación y pueden llegar al punto donde empezaron la mayoría de las personas a mitad del siglo pasado.

Por supuesto, puede que las personas no respondan a la invitación de poner su fe en Jesús como Salvador (He. 3:12-13). Pero he hablado con tantos de fuera de la iglesia quienes, a pesar de todos los medios de comunicación cristianos, campañas evangelísticas, eventos de alcance y otras influencias, nunca han oído o experimentado el evangelio. Necesitamos reconocer que nosotros hemos creado este segundo abismo, y necesitamos hacer el esfuerzo de tender el puente mediante el cultivo de la confianza a fin de que las personas puedan ser llevadas al menos al punto de escuchar el evangelio y entender su gran necesidad de un Salvador.

ENFOQUÉMONOS EN EL REINO AHORA ASÍ COMO EN EL REINO DESPUÉS DE LA MUERTE

Antes de seguir adelante, quizá sea bueno que hablemos de lo que quiero decir cuando digo que «oigan el evangelio». Lo esencial del evangelio son las buenas noticias que el apóstol Pablo describe en 1 Corintios 15:3-4: «Porque ante todo les transmití a ustedes lo que yo mismo recibí: que Cristo murió por nuestros pecados según las Escrituras, que fue sepultado, que resucitó al tercer día según las Escrituras». Este es el evangelio centrado en Cristo Jesús que nos cambia y transforma. Pero el evangelio no tiene que ver solo con llevarnos al cielo en el futuro; también tiene mucho que ver con la maravilla y belleza de vivir, servir a Jesús y participar en lo que Dios está haciendo en el aquí y ahora.

Están teniendo lugar ahora algunas discusiones muy interesantes sobre cómo podemos ver el evangelio como algo más que solo el perdón de pecados. Por favor, no me malentienda. Primera Corintios 15 nos indica claramente que somos perdonados por la obra de Cristo en la cruz y por nuestra fe en él. Pero el evangelio es algo más que ser perdonados. No estoy sugiriendo que agreguemos algo a lo que dice 1 Corintios 15, puesto que ese es el evangelio puro y nada más. Lo que sugiero que al tiempo que lo explicamos y lo vivimos, necesitamos hacerlo en una manera que dé una imagen más completa de lo que el evangelio hace en nuestras vidas. El autor y profesor Scot McKnight usa una analogía que nos ayuda:

> El evangelio tiene que ver con la gracia abrazadora de Dios que nos da rienda suelta para abrazar a Dios y nos capacita para abrazar a otros. Usted no responde a la gracia de una sola vez, de la misma manera que usted no se enamora por completo de una sola vez. Muchísimas veces, la conversión es vista como un certificado de naci-miento en vez de cómo una licencia de manejar... La conversión es un matrimonio más que un certificado de matrimonio. La pregunta que me están haciendo, y trato de no ser severo con nadie que me lo pregunta, es... cómo consigue usted un certificado de nacimiento o

certificado de matrimonio, y pienso que el punto es una licencia de manejar y un matrimonio

La pregunta que hace el evangelio sobre la gracia abrazadora no es «¿qué puedo hacer para conseguirlo?» sino «¿seré yo una parte de la obra de Dios?». Una vez que nosotros entendemos esto, y que el propósito del evangelio es regenerar nuestros corazones para amar a Dios y amar a otros, entonces lo que se nos está pidiendo es tan sencillo como esto: Se nos pide amar a Dios y amar a nuestro prójimo. Eso, mis amigos, no es algo que sucede de una sola vez.[20]

Esta discusión es enorme y ese no es el propósito de este libro, pero lo saco a colación porque la ilustración del puente está muy enfocada en el perdón de pecados y en ir al cielo. La mayoría de las personas hoy no tienen problema en admitir que pecan. Pero la mayoría no entiende cómo el pecado crea la necesidad de un Salvador. Pero cuando hablamos del evangelio como una invitación para entrar en una bella relación con Dios que nos da el privilegio de participar con él en amar a otros y ayudar a que las cosas sean diferentes en la tierra, las personas hoy se pueden relacionar con eso. De nuevo, por favor, comprendan, yo afirmo que el evangelio es un mensaje radical que conlleva fe en el Cristo resucitado (Ro. 10:9), la negación del yo (Lc. 9:23), y arrepentimiento para alinearnos con la voluntad de Dios (Hch. 3:19). Yo sé que este mensaje es una piedra de tropiezo y habrá algunos que rechacen estas buenas noticias. No obstante, estoy convencido de que nosotros hemos creado una nueva piedra de tropiezo con nuestra subcultura cristiana que impide que las personas se acerquen siquiera al evangelio para oírlo y conocerlo.

CAVAMOS EL ABISMO CON NUESTRAS PALAS CRISTIANAS

Puede que los que viven fuera de la iglesia que no tienen relación con los que están dentro de la iglesia nunca escuchen el evangelio ni lleguen a ver a un cristiano vivirlo en su propia vida.

> SI BIEN NO ESTOY AVERGONZADO DEL EVANGELIO PORQUE ES PODER DE DIOS PARA LA SALVACIÓN DE TODOS LOS QUE CREEN (RO. 1:16), SÍ ME SIENTO AVERGONZADO DE LA MANERA EN QUE MUCHOS CRISTIANOS HAN PRESENTADO EL EVANGELIO.

En vez de eso, lo que reciben es un folleto impersonal enfocado en el infierno o ven a un predicador en la calle que muchas veces termina haciendo que las impresiones sean todavía peores. En ocasiones cuando hablo con los pastores sobre esto, alguien citará Romanos 10:14 —«¿Y cómo oirán si no hay quien les predique?»— y me dirá que su tarea es predicar el evangelio en el templo de su iglesia. Pero las personas que necesitan oír el evangelio son los que más probablemente no van a ir al templo de su iglesia. Los domingos, ellos están durmiendo, comprando en el mercado público o saliendo a comer fuera de casa; los encontrará en muchos lugares pero no en un templo. No sé por qué pensamos que si tenemos buena predicación, añadimos una orquesta al coro de voces o servimos café y galletas ellos van a venir. Todas esas cosas son buenas, pero las personas de fuera de la iglesia no están buscando una iglesia con esas cosas. No están buscando para nada una iglesia. Es en el contexto de las relaciones con cristianos misionales que ellos llegarán a sentirse inspirados para acudir a nuestros cultos de adoración. Pero lo más triste es que muchos de fuera de la iglesia no tienen ninguna relación con alguien de dentro de la iglesia. Me quedo siempre asombrado al oír a los que viven fuera de la iglesia que ellos no conocen personalmente a ningún cristiano. No es que ellos no quisieran relacionarse con uno de ellos si se desarrollara una amistad genuina, pero los cristianos con los que trabajan o van a la escuela no se dan a conocer ni hacen nada para abrirse y hacerse amigos de ellos, dedican todo su tiempo social a otros cristianos. Y de esa manera cada vez se ensancha más el abismo.

Las buenas noticias es que conozco a varios pastores que están creando un ambiente misional en sus iglesias, animan a los miembros a cultivar la amistad con los de fuera y atraerlos a comunidad con aquellos que siguen a Jesús. Han encontrado que cuando se establece este ambiente, un buen número de personas de las generaciones emergentes acuden a los cultos de adoración de sus iglesias. Cuando usted habla con estos líderes de iglesia, es evidente que se ven a sí mismo como misioneros y están creando una atmósfera misional en sus iglesias.

EL ESPÍRITU SANTO TODAVÍA CONVENCE Y CONVIERTE

Aunque hay esfuerzo humano involucrado, en última instancia es la obra del Espíritu Santo lo que nos lleva a Cristo. Jesús les dijo a sus discípulos: «Pero cuando venga el Espíritu de la verdad, él los guiará a toda la verdad» (Jn. 16:13). También dijo que el Espíritu Santo convencería al mundo de pecado (Jn. 16:8-11) y que es el Padre el que lleva las personas a Cristo (Jn. 6:44). De manera que es evidente que no es solo el esfuerzo humano el que lleva a las personas a Jesús a fin de que ellos lo conozcan, lo comprendan y depositen su fe en él. Eso debiera entusiasmarnos y llenarnos de la esperanza de que muchos lleguen a la fe. He visto cómo algunos desechan fácilmente a los que nos les gusta la iglesia, echándole la culpa a los corazones endurecidos y a la piedra de tropiezo del evangelio. Oír eso me pone muy triste. Confío en que nunca nos olvidemos del poder de Dios para cambiar vidas. Dios puede atraer a sí mismo a todo aquel que él quiera, y usa a los creyentes y a las iglesias como parte de ello.

Si bien no estoy avergonzado del evangelio porque es poder de Dios para la salvación de todos los que creen (Ro. 1:16), sí me siento avergonzado de la manera en que muchos cristianos han presentado el evangelio. Con frecuencia, he visto el evangelio tratado como un producto comercial y sujeto con pinzas para exhibición en un mercadillo en la calle. Pero tan pronto como esos «evangelistas» se dan cuenta que usted no está interesado en comprar se olvidan de usted y van al siguiente comprador potencial. Me siento avergonzado de oír experiencias de individuos que son simplemente tratados como objetivos. Si la flecha de la presentación del evangelio de alguien no ha dado en el blanco, entonces la persona es considerada como «no elegida». Entonces dicen adiós y no se interesan para nada en la amistad ni se interesan en aquella persona. ¿Cómo piensa usted que se sienten las personas? ¿Es así como Jesús trató a las personas?

JESÚS SE INTERESA POR LAS PERSONAS Y AMA AL MUNDO

Una de mis escenas favoritas del Nuevo Testamento es cuando Jesús entró en Jerusalén en el llamado Domingo de Ramos. En Lucas 19:41-41 él se acerca a la ciudad que le rechazaría, sabiendo que sería crucificado y anticipando la futura destrucción del templo de la ciudad. Él no miró a Jerusalén y dijo: «¡Has tenido tu oportunidad! ¡Qué pena! ¡Ahora vas a pagar!». No. Él miró a los que le rechazaban, se sintió conmovido en su corazón y lloró. Mateo 9:36 dice: «Al ver a las multitudes, tuvo compasión de ellas, porque estaban agobiadas y desamparadas, como ovejas sin pastor». Jesús tuvo compasión de las personas. Aun en s agonía en la cruz, fijó su mirada en aquellos que le crucificaban y dijo: «Padre, perdónalos, porque no saben lo que hacen».

¿Somos como Jesús? ¿O simplemente decimos como muchos cristianos e incluso pastores: «Oh, cuanto lo siento! Ellos han endurecido sus corazones. ¡Qué pena!»? Y entonces se van a otro estudio bíblico o a un concierto cristiano, o a leer otra novela del fin de los tiempos o discutir de lo que la iglesia emergente hace o no hace. Es algo horroroso y rompe el corazón tratar de comprender que algunas personas van a experimentar una eterna separación de Dios. ¿Pensamos de verdad alguna vez acerca de eso? Cuando vamos por la autopista, o estamos sentados en una sala de cine abarrotada de personas, o en una competición deportiva con cientos o miles de otras personas, ¿nos preguntamos si las personas que nos rodean han oído o experimentado el evangelio?

¿Lloramos nosotros como lo hizo Jesús por aquellos que le rechazaron? ¿O solo lloramos ante el solo emocional que alguien canta en el culto de adoración de la iglesia acerca de cuánto somos nosotros amados? ¿Tenemos compasión por aquellos fuera de las paredes del templo que no han experimentado la vida abundante que Jesús prometió (Jn. 10:10), que no están experimentando el gozoso compañerismo con Jesús para el avance de su reino y la ayuda a otros, que todavía no han experimentado la vida de una iglesia sana y la belleza de ser parte de una comunidad sobrenatural?

NUNCA OLVIDEMOS DE DÓNDE SALIMOS MUCHOS DE NOSOTROS

Dios ama a las personas, es paciente con ellas y no quiere que nadie se pierda, sino que venga al arrepentimiento (2 P. 3:9). Eso incluye a individuos muy improbables tales como los homicidas (Hch. 8:1), los recaudadores de impuestos (Mt. 10:3), los inmorales sexuales, idólatras, los adúlteros, los prostitutos masculinos, los que practican la homosexualidad, los ladrones, los avariciosos, los borrachos, los difamadores y los estafadores (1 Co. 6:9-11), todos los cuales pueden heredar el reino de los cielos si son lavados, santificados y justificados en el nombre de Jesucristo y mediante el Espíritu de nuestro Dios. La mayoría de nosotros hemos salido de trasfondos semejantes a los que se mencionan en 1 Corintios. La mayoría de nosotros admitimos que Jesús ha cambiado nuestras vidas y cuánto nos ha ayudado a avanzar y crecer en la vida cristiana. No olvidemos que este mismo Jesús puede también cambiar a otros. Algunos nos vio en el pasado con nuestros corazones endurecidos, se hizo amigo de nosotros, a pesar de que éramos pecadores e incrédulos. Y al final el evangelio nos cambió y dimos un giro de 180 grados en nuestras vidas, a pesar de nuestro trasfondo.

He tenido que recordarme a mí mismo con frecuencia estas cosas. De hecho, aquí incluyo algunas de las preguntas que me he hecho a mí mismo:

- ¿Estoy adormecido o soy neutral para con las personas fuera de la iglesia?
- ¿Intercedo a diario por personas que viven fuera de la iglesia?
- ¿Por quién estoy orando ahora que no es cristiano?
- ¿Cuándo fue la última vez que tomé un café o una comida o fui a ver una película o pasé un rato con alguien que no es cristiano?

Sospecho que usted está leyendo este libro porque de verdad se interesa por los demás. Pero me siento siempre asombrado de cuánto cristianos no parecen en realidad preocuparse mucho por aquellos que viven fuera de la iglesia. ¿No vemos que algo malo está sucediendo cuando tantos fuera de la iglesia están sacando tantas impresiones negativas de la iglesia y del cristianismo? ¿No está sucediendo algo de verdad malo cuando tantas personas no conocen ni siquiera a un cristiano? Si el evangelio es de verdad buenas noticias y el arrepentimiento tiene que ver con ser renovado, ¿no deberíamos hacer nosotros todo lo posible para hacer que las buenas noticias y la renovación las conozcan otros fuera de la iglesia? Aun si ellos nunca llegan a poner s fe en Cristo Jesús, al menos no podrán decir que todos los cristianos son idiotas, como Molly una vez sintió, como mencioné al comienzo de este capítulo.

DIOS ESTÁ OBRANDO HOY DE MUCHAS MANERAS

Me gusta otra cosa que Molly dice que me da esperanza. Ella era una hindú practicante en el tiempo cuando sus compañeras de cuarto se hicieran amigas de ella y al final empezó a asistir a los cultos de adoración de nuestra iglesia. Ella pensaba que las iglesias serían homogéneas y que no permitirían la diversidad cultural. Pensaba también que la iglesia la juzgaría por ser hindú. También pensaba que las mujeres no serían respetadas en la iglesia y se sorprendió al ver que sí lo eran. Como poeta y artista, se sintió complacida al ver que la poesía y el arte se podía usar en los cultos de adoración. Una noche ella puso su fe en Cristo y creyó en el evangelio como el poder para cambiar su vida y darle esperanza no solo en la vida después de la muerte sino también en esta vida. Terminó con sus creencias en los dioses y diosas del hinduismo y creyó en la gracia salvadora de Jesús.

Molly dijo que se asombraba de ser cristiana porque nunca se hubiera imaginado que llegaría a ser una de ellos. Pero lo hizo porque cristianas con un corazón misional se hicieron amigas suyas y se interesaron en ella no porque vieron en ella un objetivo evangelístico sino porque se preocuparon por ella, la aceptaron y vivieron el evangelio para que ella lo viera.

> *Me hubiera gustado saber antes que no todos los cristianos son tan idiotas. Yo no tenía ni idea. Quizá hubiera llegado a creer en Jesús mucho antes.*
>
> MOLLY

«Quizá hubiera llegado a creer en Jesús mucho antes». Esas palabras de Molly me dan a mí mucha esperaza. No todos han puesto su fe en Jesús solo porque se encontraron con cristianos que «no eran idiotas». Pero imagínese todas las personas que en este momento tienen esa impresión, como Molly, de que todos los cristianos son idiotas. Y piense en cuántos más podría oír y experimentar el evangelio si tan solo pudiéramos eliminar esa percepción. Cuando Molly conoció a unos cristianos que se interesaron en ella y se dio cuenta que no todos son idiotas, ella pasó por encima de ese abismo y siguió adelante para lidiar con lo que el evangelio significa, y el evangelio transformó su corazón y ella puso su fe en Cristo Jesús. Cada vez que veo a Molly y a otros como ella, me lleno de optimismo acerca del futuro. Cada vez que voy a una iglesia donde veo personas pertenecientes a las generaciones emergentes, me lleno de esperanza.

Me pregunto cuántas Molly están viviendo en su barrio en este momento. Si de verdad creemos en un juicio futuro, ¿cómo podemos estar contentos con nuestra propia salvación y no interesarnos en personas como Molly? Es como si todos hubiéramos caído por la borda de un barco, y algunos de nosotros, por la gracia de Dios, hubiéramos encontrado un bote salvavidas, pero en vez de ayudar a otros a salir del agua, ignoráramos sus gritos. No queremos meternos en el agua fría, de modo que nos quedamos sentados calentitos y cómodos escuchando nuestros CD o iPods y quejándonos de las que personas fuera del bote están metiendo mucho ruido. En vez de eso, deberíamos estar remando tratando de localizar a otros náufragos para ayudarlos a subir al bote, para que ellos también puedan experimentar el calor, la comunidad y la seguridad.

No sé si esta historia es cierta, la escuché de un predicador que dijo que había hablado con la persona en cuestión. Un pastor se preguntaba por qué nunca veía personas no cristianas en su iglesia. Era nuevo en esa iglesia, pero después de un año, se sentía frustrado de que no entraban al templo personas nuevas. Se dio un paseo y terminó entrando en un bar cerca del edificio de la iglesia, Se sentó y emprendió una conversación con alguien que estaba allí. Le dijo que él era el pastor de la iglesia ubicada en la misma calle a poca distancia del bar y que él llevaba pastoreando la iglesia un año. La persona se interesó en hablar sobre eso, de modo que se metieron en una conversación bien animada sobre por qué era él un pastor y qué hacía la iglesia. Cuando en un momento determinado habló del cielo y del infierno, la persona dijo: «Yo no pienso que usted de verdad cree en eso». El pastor le preguntó por qué y aquel amigo respondió: «Si ustedes de verdad creyeran en el infierno y lo que me está diciendo acerca del juicio futuro, usted hubiera venido a este bar hace muchos meses para hablar a las personas acerca de eso».

Ya sea que la historia sea verdad o no, deja bien en claro la importancia de ir a buscar a las personas que viven fuera de los círculos cristianos. No creo que necesitemos enfocarnos en el infierno, como en esta historia. Pero sí podemos hablar del gozo de seguir a Cristo y participar en la actividad del reino, y podemos invitar a otros a que se unan a nosotros. Se sorprenderá de ver lo que Dios puede hacer si nosotros nos esforzamos por salir de la subcultura de nuestra iglesia. Podemos construir puentes de confianza con las personas y deshacer sus percepciones erróneas del cristianismo. Podemos hacer cambios en la subcultura de nuestra iglesia para formar una iglesia de misioneros. En el contexto de las relaciones, podemos dialogar sobre temas teológicos, llevando incluso a las personas al punto de entender lo que es el pecado y la salvación y quién en realidad es Cristo Jesús. Sí, el Espíritu hace el resto, que es la razón por la que la oración es tan importante. Nosotros todavía tenemos que hacer nuestra parte. Todavía tenemos que hacer el esfuerzo. Hay mucha esperanza, muchas posibilidades, y confío que la iglesia haga todo lo necesario para tender el puente sobre el abismo que nosotros creamos y que impiden que tantos puedan experimentar las buenas noticias de Jesús.

VEA A SU IGLESIA
A TRAVÉS DE LOS OJOS
DE LAS GENERACIONES EMERGENTES

1. ¿Está usted de acuerdo o en desacuerdo que por medio de nuestras actitudes y de la subcultura cristiana hemos creado una piedra de tropiezo además de la propia piedra de tropiezo del evangelio? ¿Por qué?

2. ¿Qué piedras de tropiezo específicas puede usted mencionar que impiden que las personas puedan alcanzar el punto de tropezar con el evangelio?

3. Hágase a sí mismo las siguientes preguntas:

   • ¿Estoy dormido o soy neutral en cuando a las personas fuera de la iglesia?

   • ¿Intercedo a diario por las personas de fuera de la iglesia?

   • ¿Por quién estoy orando que no es cristiano?

   • ¿Cuándo fue la última vez que tomé una taza de café o cené o fui a ver una película con alguien que no es cristiano?

4. ¿Cuál es su actitud hacia los que están fuera de la fe en nuestra cultura emergente? ¿Esperanza y optimismo? ¿O dureza y olvidarse de ellos?

Una gran esperanza para el futuro

13

> Cuando decimos: «Amó a Jesús pero odio a la iglesia»,
> terminamos no solo perdiendo a la iglesia sino
> también a Jesús. El reto es perdonar a la iglesia.
> Ese reto es especialmente grande porque
> la iglesia rara vez nos pide que la perdonemos.
>
> HENRI NOUWEN
>
> BREAD FOR THE JOURNEY

Mientras trabajo en este ultimo capítulo, estoy viendo un programa de televisión sobre los origines del cristianismo. Están entrevistando a un profesor de la Universidad de California en Berkeley, y él está comparando la historia del nacimiento y muerte de Jesús al relato de un héroe mítico (su frase) tales como la historia de Osiris y Horus. Osiris y Horus fueron dioses míticos egipcios tres mil años antes del nacimiento de Cristo. El profesor dice que su historia nos habla acerca de un dios que engendró un «dios hijo» nacido de una virgen y que más tarde lo mataron y luego resucitó. Su teoría es que los escritores bíblicos usaron ese relato para crear la historia de Jesús.

El profesor también mencionó a Mitra, otro «hijo de dios» mítico, que se deriva de las deidades persas e indos de alrededor del año 2000 a. C. La adoración de Mitra fue una de las religiones de misterio que fueron prominente desde el primer siglo a. C. hasta el siglo V d. C. Como Jesús, Mitra nació en una cueva de una virgen y los pastores lo visitaron. La fecha de su nacimiento cae en el solsticio de invierno, que en aquel tiempo era el 25 de diciembre. Los adoradores de Mitra se sometían a un bautismo ritual de agua, y tomaban vino y comían pan para simbolizar el cuerpo y la sangre del dios. Tenían el domingo como sagrado. Otra historia que es anterior a Cristo es el mito del dios griego Dionisio. Su padre era el dios Zeus y su madre fue una virgen mortal, de manera que le llamaron «hijo de dios». Como Jesús, Dionisio convirtió el agua en vino como un milagro (fue conocido como el dios del vino), y él también murió y nació «dos veces», volvió a la vida de nuevo mediante el poder de su padre.

DEBEMOS ESTAR PREPARADOS CON ALGUNAS RESPUESTAS

Estoy prestando atención a este programa de televisión porque Dustan quiere que nos reunamos y hablemos sobre si el cristianismo simplemente copió estos relatos mitológicos egipcios, persas, griegos y romanos. Hemos seguido manteniendo correspondencia desde que escribí acerca de él en un capítulo anterior. Cuando estábamos en el proceso de fijar una fecha para reunirnos, me escribió:

> Existe un paralelismo directo entre todo lo que hay en el Nuevo Testamento y los relatos míticos egipcios, hebreos, griegos, romanos y otros. A la iglesia naciente, a partir del año 300 d. C., se le ve inclinada a suprimir todas las otras versiones de la historia de Jesús que contradecían los relatos de los cuatro evangelios bíblicos, así como a todas las otras religiones o sectas religiosas que estaban en desacuerdo con la iglesia. Las cuatro inquisiciones fue otra razón por las que el cristianismo es lo que es hoy. Se usó mucha estrategia y violencia en imponer la historia moderna de Jesús. Todo aquel que creía en los «otros relatos o religiones de un nacimiento virginal» fueron etiquetados como heréticos y perseguidos por la iglesia bajo la pena de muerte.

Él quería que yo le explicara por qué decía yo que los relatos egipcios, persas, griegos y romanos de los nacimientos virginales, bautismos, salvadores resucitados que antecedieron a Jesús eran solo mitos. Quería saber por qué yo decía que la historia de Jesús es verdadera, especialmente dado que todos los otros relatos aparecieron antes que el de Jesucristo, incluso hasta tres mil años antes.

Algunos pueden responder a Dustan diciendo: «Por supuesto, esos otros relatos no son reales; solo la Biblia es real», y ahí termina la conversación. Pero eso no mostraría respeto por su inteligencia. O ellos pueden decir que yo debería explicarle el evangelio y decirle que no preste atención a las otras historias porque son satánicas, que es mejor que se arrepienta y deje las cosas como son. Pero eso tampoco mostraría respeto por él. Con frecuencia les pido a los no cristianos que lean la Biblia o que examinen lo que estoy diciendo para ver si es cierto o no. Yo tengo también que estar listo para hacer lo mismo o demostraría ser un hipócrita. Necesito hacer algo de investigación y responder de una forma inteligente a las preguntas de las personas. Así que tengo algo de tarea pendiente, puesto que nunca antes había estudiado las preguntas de Dustan.

ES EMOCIONANTE PORQUE ESTO ES EN REALIDAD SER MISIONERO

Cuando surgen conversaciones como la que estoy sosteniendo con Dustan, podemos quedar motivados al saber que nos involucramos en las vidas de las personas que están haciendo preguntas. En 1 Pedro 3:15-16 se nos dice: «Más bien, honren en su corazón a Cristo como Señor. Estén siempre preparados para responder a todo el que les pida razón de la esperanza que hay en ustedes. Pero háganlo con gentileza y respeto». De modo que cuando Dustan me pide que yo le dé razones de lo que creo, necesito hacer mi propia tarea de investigación y estudio serio a fin de poder darle razones de la esperanza que tengo en Jesús, una persona que no es un héroe mítico. Y lo que era emocionante para mí es que a pesar de sus preguntas y de que él no es parte de la iglesia, Dustan está abierto a hablar de Jesús. Cristo es el centro de nuestra conversación. Dustan me envió un correo electrónico y me dijo:

> *Estoy completamente entregado a debatir este asunto porque es SUPERINTERESANTE para mí. Estoy creciendo en mi valorización de Jesús, me siento todavía fascinando por Jesús y su influencia en el mundo.*

Jesús no es solo interesante para Dustan, es SUPERinteresante. Y me gusta mucho oírle a Dustan decir que se siente «todavía fascinado por Jesús y su influencia en el mundo». Anticipo con agrado la oportunidad de reunirme con él para comparar al Jesús de la Biblia con los héroes míticos de los que él me habla.

Mis preguntas constantes a los líderes de iglesia son: ¿Quiénes son los Dustan en su vida? ¿Con quién está sosteniendo una relación y conversación continuas? ¿Está usted capacitando a alguien en su iglesia para tener un corazón misional? ¿Está usted creando en su iglesia un ambiente que anime a los miembros a relacionarse con aquellos a los que les gusta Jesús pero no la iglesia? ¿Y cuando usted responde a preguntas lo hace «con gentileza y respeto»?

ALGO MÁS QUE APOLOGÉTICA PARA LOS QUE ESTÁN YA CONVENCIDOS

Mi gran temor es que usted va a leer este libro y luego no hará nada al respecto. Confío que al compartir con usted lo que estoy aprendiendo acerca del interés por Jesús entre las personas de las generaciones emergentes lo anime a usted a involucrarse. Confío en que este libro lo motive a cultivar la amistad con los que viven fuera de la iglesia si usted todavía no lo está haciendo.

No hace mucho tuve una conversación con alguien que está bien metido en la apologética y tiene una tonelada de respuestas bien pensadas. Le pregunté:

—¿Con quién está hablando y toma café que no sea cristiano?

Hizo una pausa y respondió:

—Con nadie.

Le volví a preguntar:

—¿Entonces no hay ninguna persona no cristiana con la que esté hablando?

—¡No!

—¿Con quién, pues, está hablando de apologética?

—Con otros cristianos.

Con frecuencia no gusta estudiar apologética y terminamos que solo hablamos entre nosotros, los cristianos, sobre ello. Las preguntas que estudiamos no están derivadas de haber estado en el «campo misionero» de nuestra ciudad. Provienen de nuestra curiosidad por cuestiones desconcertantes. ¿Pero no se supone que usemos la apologética para responder a los no cristianos cuando nos preguntan por qué creemos lo que creemos?

NO NOS INTERPONGAMOS EN EL CAMINO DE LO QUE DIOS PUEDE HACER

Este es de verdad un tiempo emocionante para estar en la misión a la que Jesús nos ha enviado. Es apasionante estar en los cultos de adoración de varias iglesias, en todas partes del país, y ver a cientos, y a veces a miles, de personas de las generaciones emergentes adorando a Dios y glorificando el nombre de Jesús.

Es cierto, el panorama en general no es tan excelente, pero tengo gran esperanza, siempre y cuando aprendamos a no entorpecer lo que Dios está haciendo. Las percepciones negativas de las personas fuera de la iglesia difícilmente son acerca de Jesucristo; tienen que ver con nosotros.

- Bill Maher, el presentador del programa de televisión *Politically Incorrect*, dijo una vez: «Soy un gran admirador de Jesús. No lo soy tanto de aquellos que trabajan para él».[21]
- Se cuenta que Woody Allen, el director de cine, dijo una vez: «Si Jesús regresara y viera lo que se está haciendo en su nombre, no podría dejar de vomitar».

- Muchas personas están familiarizados todavía hoy con la conocida cita que se le atribuye a Mahatma Gandhi: «Me gusta vuestro Cristo; no me gustan vuestros cristianos. Vuestros cristianos no son como vuestro Cristo». (Sabemos que Gandhi citó con frecuencia las enseñanzas de Jesucristo e incluso tenía una foto de Jesucristo en la pared sobre su escritorio).

Las personas que entrevisté para este libro tenían varias cosas que decir semejantes a esas, y esa es la razón por la que estamos llamados a vivir la fe en nuestro medio de forma que las personas vean que no todos los cristianos encajan en esos estereotipos.

Si nosotros le pedimos a Dios que nos cambie en lo que sea necesario, y si nosotros fuéramos los únicos en la iglesia, habría mucha esperanza. Hoy hablé por teléfono con alguien en sus veintitantos quien, por medio de una relación con alguien en nuestra iglesia, no hace mucho puso su fe en Cristo en una reunión de oración. También recibí un correo electrónico de Molly diciéndome que sigue aprendiendo y creciendo en su fe y en su entusiasmo por Jesús. Ayer mientras conducía por nuestra calle me crucé con la mujer joven que practicaba la brujería antes de ser bautizada. Recibimos también un correo electrónico de una madre, miembro de nuestra iglesia, diciéndonos que una de las amigas que su hija llevó al templo se hizo cristiana en las pasadas semanas y la mujer estaba muy contenta con esas noticias. La pasada semana recibí una llamada de teléfono de parte de un homosexual de unos veinticinco años preguntando por nuestra iglesia. Estaba pensando en venir a nuestro culto de adoración, pues había oído acerca de nosotros, pero se preguntaba cómo nos sentiríamos si aparecía por nuestro templo. Me preguntó en qué creíamos, y le expliqué nuestra posición teológica sin ocultarle nada. También le expresé cuando nos gustaría conocerle y tenerle en nuestra iglesia. Me respondió diciendo que vendría a visitarnos, y espero la oportunidad de conversar con él.

AUNQUE NUNCA LO TENDREMOS TODO, PODEMOS TENER UN CORAZÓN MISIONAL

No estoy tratando de sugerir que nuestra iglesia es perfecta. Créame, si usted viene y pasa suficiente tiempo con nosotros pronto se dará cuenta de que no es así. Batallamos cada día tratando de motivar a los miembros para servir en la misión y en los varios equipos de ministerio. Nos esforzamos constantemente por evitar que las personas piensen que la iglesia es el culto de adoración en vez de las reuniones de grupos de comunidad durante la semana. A veces los líderes no aparecen y no contamos con suficientes ujieres o hermanos que saluden. Tenemos abundancia de problemas técnicos, y en ocasiones los mensajes son muy largos o no conectan con los oyentes. Tenemos ideas creativas para las estaciones de oración que a veces no funcionan. Pero estamos apasionados en cuanto a desarrollar un corazón misional, y esa es la razón por la que algunas personas a las que les gusta Jesús pero no la iglesia nos están dando una oportunidad. Más que darnos una oportunidad a nosotros, están dando una oportunidad a la iglesia en general. No pienso que las personas anden buscando iglesias que lo tengan todo. Están buscando iglesias que aman a Jesús y se interesan por ellos. Así que si su iglesia no lo tiene todo, no se desanime. Si su iglesia no es ni siquiera la mitad completa, no se desanime. Tengo la esperanza de que si usted gana algo por leer este libro no sea acerca de la música, o la predicación, o los programas; sino que sea acerca de tener un corazón misional, que depende completamente del Espíritu de Dios, y no tiene temor de hacer cambios y aceptar riesgos por el evangelio

HAY QUE PRESENTAR UNA APOLOGÉTICA Y PEDIR DISCULPAS

Las personas hoy están abiertas a Jesús, pero la iglesia necesita pensar bien cómo nos están percibiendo los que viven fuera de la iglesia. Si bien debemos permanecer firmes en lo que creemos y no avergonzarnos del evangelio en ningún sentido, tenemos que asegurarnos que presentamos una imagen bíblica de la iglesia y no perpetuamos estereotipos negativos. Necesitamos presentar una apologética para corregir las percepciones erróneas.

También necesitamos pedir disculpas cuando la iglesia hiere a las personas en el nombre de Jesús. Tenemos que pedir disculpa por cosas arrogantes y embarazosas que hemos dicho y por presentar como verdades nuestras opiniones falibles. Necesitamos pedir disculpa por habernos desviado de la misión de la iglesia y por habernos convertido en ciudadanos de una burbuja que viven absortos en sí mismos. Necesitamos pedir disculpas siempre que la bella esposa de Cristo queda prostituida por los líderes de iglesia o la agenda de los políticos. Tenemos que pedir disculpas cuando no somos sinceros con las personas y nos hemos hecho tan amistosos de los que buscan que nos les decimos la verdad acerca del pecado y del arrepentimiento. Tenemos que pedir disculpas cuando decimos que todos somos pecadores salvados por gracia, pero mostramos desprecio por los que todavía viven en pecado.

EN REALIDAD NO LE PUEDE DESAGRADAR LA IGLESIA SI LE GUSTA A JESÚS

La iglesia es un organismo vivo y bello. Somos el cuerpo de Cristo. No obstante, todos somos pecadores y cometemos errores. Confío que reconoceremos los errores que cometemos, nos arrepentimos y pedimos disculpas. Confío en que haremos todo lo necesario para permanecer puros, pero seguiremos adelante con nuestra misión dentro de la cultura. También oro y confío que aquellos que tienen percepciones erróneas de la iglesia o han sido dañados por la iglesia nos den una nueva oportunidad. Debido a que la realidad es que la iglesia no es solo una organización o un club social sino una comunidad sobrenatural. Somos la esposa de Cristo (Ef. 5:25-27). Así que cuando la gente dice que no les gusta la iglesia, están diciendo que no les gusta la esposa de Jesucristo, lo que equivale a ir a una fiesta de bodas y decirle al novio que no nos gusta la novia. Y la iglesia no es una pareja humana; es una parte sobrenatural de Jesús. Cristo dijo que él edificaría su iglesia (Mt. 16:18). Quiere conservarla pura (Mt. 18:15-17). La iglesia es su pueblo santo (1 Ts. 1:2). La iglesia es su cuerpo (Ef. 1:22-23; 1 Co. 12). Él es la cabeza de la iglesia (Ef. 1:22). Jesús ama a la iglesia y se entregó por ella (Ef. 5:25). De manera que cuando decimos que nos gusta Jesús pero no la iglesia, tenemos que entender lo que estamos diciendo.

Lo que pienso que la mayoría de las personas quieren decir es que les gusta Jesús, pero que no les gusta lo que algunos cristianos han terminado haciendo de la iglesia. Necesitamos explicarles a los que les gusta Jesús pero no la iglesia que Jesús ama a la iglesia, y si a ellos de verdad les gusta Jesús, no pueden evitar que también les guste la iglesia, porque es su iglesia y su esposa. Ellos necesitan a la iglesia porque ella es la expresión de Jesús como su cuerpo. Si ellos ponen su fe en Jesucristo, ya sea que se den cuenta o no, son parte sobrenatural de la iglesia. Pero tenemos que ayudarlos a entender la diferencia entre la iglesia y lo que a veces hacemos de la iglesia.

Tenemos mucho que superar. Eso debiera llevarnos a hincarnos de rodillas en oración y motivarnos a evitar avergonzar a la iglesia. Nos debiera motivar a ser estudiantes humildes e inteligentes de las Escrituras y esforzarnos con todo nuestro ser por dar a conocer la iglesia como el cuerpo de Cristo, a la que él ama. Tenemos que dedicarnos a crear nuevos entendimientos de la iglesia de modo que ya no seamos vistos como negativos, condenatorios, homofóbicos, religión organizada que oprime a las mujeres, gente que piensa de forma arrogante que todas las demás religiones están equivocadas y tomamos toda la Biblia literalmente, sino que seamos vistos como una familia amorosa y que recibe y acepta a los demás, que es una agente positivo de cambio, que respetan

La iglesia es una religión organizada con una agenda política.	La iglesia es una comunidad organizada con un corazón dispuesto a servir a otros.
La iglesia es negativa y condenatoria	La iglesia es un agente positivo de cambio, que ama a otros como Jesús lo hizo.
La iglesia está dominada por hombres y oprime a las mujeres.	La iglesia tiene para las mujeres el más alto respeto y las incluye en el liderazgo de la iglesia.
La iglesia es homofóbica.	La iglesia es una comunidad que ama y recibe.
La iglesia afirma con arrogancia que todas las otras religiones son erróneas.	La iglesia respeta las creencias y religiones de otras personas.
La iglesia está llena de fundamentalistas que toman toda la Biblia literalmente.	La iglesia sostiene creencias con humildad y se esfuerza para que sus miembros sean teólogos respetuosos.

y tienen en alta consideración a la mujer, que respetan las creencias de otros, y se que se esfuerza con humildad por ser teólogos respetuosos.

POR FAVOR, NO SEA UN PELELE – A LOS QUE LES GUSTA JESÚS LO NECESITAN

Si de verdad nos interesamos por los que viven fuera de la iglesia, no seremos unos peleles. Estaremos apasionados por nuestra misión para salir de la burbuja cristiana. Creo de verdad que muchas personas van a cambiar su forma de pensar sobre la iglesia si ellos se encuentran con cristianos que rompen con estereotipo y se interesan por ellos. Las personas darán a la iglesia la oportunidad si les pedimos que nos perdonen. Y creo que las personas perdonarán a la iglesia. Si a ellos les gusta Jesús, entonces ellos tienen que perdonar a la esposa de Cristo por haber representado de forma equivocada al esposo.

Permítame terminar con estas palabras importantes del autor Henri Nouwen:

> Cuando hemos sido heridos por la iglesia, nuestra tentación es rechazarla. Pero cuando rechazamos la iglesia, se hace muy difícil mantenernos en contacto con el Cristo vivo. Cuando decimos: «Amo a Jesús, pero odio a la iglesia», terminamos que no solo perdemos la iglesia sino también a Jesús. El reto que tenemos es el de perdonar a la iglesia.
>
> Este reto es especialmente grande porque la iglesia rara vez nos pide que la perdonemos, al menos no oficialmente. Pero la iglesia como una organización frecuentemente falible necesita nuestro perdón, mientras que la iglesia como el Cristo vivo entre nosotros continúa ofreciéndonos perdón.
>
> Es importante que pensemos de la iglesia no como que «esta allá» sino como una comunidad de personas débiles y que lidian con dificultades, y que nosotros somos parte de ella y en cuyo seno nos encontramos con nuestro Señor y Redentor.[22]

Innumerables personas a quienes les gusta Jesús pero no la iglesia están abiertas a recibir una petición de disculpas de parte de la iglesia e incluso a perdonarla cuando el perdón es necesario. Pero primero tienen que entrar en relación y amistad con alguien en quien puedan confiar.

Quiera Dios que no seamos peleles sino que tengamos la fortaleza y el valor de escapar de la subcultura cristiana y ser de verdad una iglesia en misión.

Que oremos fervientemente con un corazón misional, pidiendo al Espíritu de Dios que obre en las vidas de aquellos con los que entablamos amistad. Que aquellos a quienes les gusta Jesús pero no la iglesia entiendan al Jesús de la Biblia y la vida plena y maravillosa que su vida, muerte y resurrección nos trae. Y que ellos puedan pasar de gustarles Jesús a amar a Jesús, y de no gustarles la iglesia a amar la iglesia, reconociendo que la iglesia, a pesar de sus debilidades y errores, es todavía el cuerpo de Cristo y la esposa a quien él ama.

VEA A SU IGLESIA A TRAVÉS DE LOS OJOS DE LAS GENERACIONES EMERGENTES

1. ¿Se siente usted optimista acerca de aquellos a los que les gusta Jesús pero no la iglesia? ¿Por qué sí o por qué no?

2. ¿Cómo respondería usted a aquellos que dirían que las personas a las que les gusta Jesús pero no la iglesia han endurecido sus corazones y nosotros no debiéramos prestarles atención?

3. ¿Hay algo que usted o su iglesia está haciendo que podría interferir con la obra de Dios? ¿Hay algo por lo que usted o su iglesia necesitan pedir disculpas?

4. Después de leer este libro, ¿Qué acciones específicas necesita tomar para cambiar su iglesia o su vida personal?

Críticas a este libro

Al investigar y meterme a escribir este libro, tuve oportunidad de hablar sobre el tema del mismo con pastores y líderes de iglesia en muchas partes del país, y sentí que había un abrumador consenso en que lo que estaba tratando aquí es en verdad lo que las generaciones emergentes están pensando y diciendo. Muchas veces un pastor o líder me ha comentado que esas son exactamente las cosas que sus hijos en edad universitaria les están diciendo que sienten. De modo que estoy bastante confiado que mis observaciones no solo se aplican a California.

Al mismo tiempo, me encontré con preguntas válidas de parte de pastores y líderes, que me gustaría considerar en este apéndice. Si usted tiene otras preguntas o quiere darme sus impresiones sobre este libro, por favor, entre a *www. vintagefaith.com* y a *www.theylikejesus.com*, donde encontrará una sección para este libro donde puede escribir sus comentarios sobre los asuntos que plantean este libro. Confío en poder responder periódicamente a las preguntas y comentarios que me lleguen.

1. ¿No es cierto que la razón por la que las personas que usted cita dicen que les gusta Jesús es porque solo tienen de él una versión de cultura-pop en sus mentes?

Sí, en la mayoría de los casos eso es cierto. Muchas de las personas con las que he hablado que crecieron fuera de la iglesia ven y entienden a Jesús como un pacificador que ama a los demás y murió por aquello en lo que él creía. Piensan de él como un rebelde que luchó por los pobres y los oprimidos y estuvo en contra de los hipócritas religiosos. Creen que él se levantó a favor de los marginados e inadaptados sociales y de aquellos que no encajaban en los círculos religiosos de aquel tiempo. Lo ven como un sabio y gran líder espiritual, en muchos sentidos como Gandhi o Martin Luther King. Pero también perciben que tenía alguna clase de conexión divina singular y un conocimiento que le distinguía de todos los demás líderes. Sienten que era sabio como un gurú espiritual y estaba de alguna forma divinamente iluminado, poseyendo un aspecto sobrenatural. La mayoría de las personas con las que he hablado no desechan la idea de que resucitó de entre los muertos, aunque ellos no piensan mucho en la resurrección ni ven su relevancia. Ellos sienten que Jesús es un amigo en el que pueden confiar, alguien que estará a su lado y los defenderá.

Sí, a ellos les gusta Jesús porque tienen una idea limitada de quién es él en realidad. Cuando leemos la Biblia, vemos a Jesús el Hijo de Dios, el justo, el Rey de reyes y Señor de Señores, aquel que llevó sobre la cruz nuestros pecados como pago por ellos. Nosotros le conocemos como la segunda persona del Dios trino a quien adoramos, aquel que un día juzgará a todos los seres humanos. Si bien puede suceder que demos por supuesta esta descripción de Jesús, la mayor parte de las personas que entrevisté para este libro no saben nada de esas cosas sobre él. Pero al hablar con estos individuos espiritualmente intrigados y compartir con ellos más acerca del Jesús bíblico, ellos no rechazaron esas descripciones de él. Era todo nuevo para ellos porque nunca antes habían oído de esas características. A lo largo de varios meses, surgieron muchas preguntas excelentes que llevaron a un diálogo más profundo según ellos iban aprendiendo de Jesús.

Así que no veo nada malo en que a ellos les guste lo que conocen de Jesús, incluso si está coloreado por la cultura-pop. Nuestro papel es ayudarlos a descubrir al Jesús bíblico. Su respeto por Jesús es un gran punto de partida para una conversación amplia y profunda. En vez de rechazarlos por causa de su conocimiento y comprensión inadecuados, deberíamos celebrar su interés en él y usarlo como un trampolín para entablar con ellos conversaciones sobre quién realmente es.

2. ¿No es el escucharlos conformarse al mundo? No debiéramos preocuparnos por lo que el mundo piensa; debemos predicar el evangelio y dejar el resto en las manos del Espíritu Santo.

Cuando los misioneros van a otros países, dedican mucho tiempo a conocer a las personas de esa nueva cultura. Ellos quieren entender los valores de esa cultura y sus creencias espirituales. Quieren saber que piensan ellos acerca de cristianismo y cuánto conocen de él. Nadie le acusará jamás a un misionero de que se está conformando al mundo. Cuando nosotros escuchamos a las personas de las generaciones emergentes, nos estamos comportando como buenos misioneros que respetan a las personas y quieren escuchar lo que ellos piensan con el fin de comprender cómo nos podemos comunicar mejor con ellos. Jesús pasó mucho tiempo haciendo preguntas a las personas y prestándoles atención. Él no se estaba conformando al mundo; estaba interesándose por las personas.

Si nosotros aguamos nuestras creencias y ocultamos quién de verdad es Cristo, eso sería conformarse al mundo. Irónicamente, he encontrado que aquellos a los que les gusta Jesús pero no la iglesia lo que más quieren es hablar de quién era de verdad Cristo y están dispuestos a abrir la Biblia para reflexionar sobre esas cuestiones. He encontrado que puedo hablar abiertamente acerca de nuestras creencias sobre el pecado, el infierno, la sexualidad humana, la santidad, el arrepentimiento, y de todas las demás cosas que nosotros pensaríamos que es difícil hablar de ellas con personas de fuera de la iglesia. La clave está en cómo lo hacemos. Si empezamos arrojándoles a la cara nuestras creencias o versículos de la Biblia sin que ellos nos lo pidan o antes de que ellos hayan llegado a confiar en nosotros, lo más probable es que se cierren por completo. Pero si ellos perciben que nosotros nos interesamos por ellos y que podemos tener una conversación y diálogo sinceros con ellos, podemos hablar con ellos acerca de casi cualquier cosa.

Yo reconozco que es el Espíritu Santo el que lleva a las personas al arrepentimiento y a la comprensión de su necesidad de un Salvador. Pero nosotros tenemos que hacer nuestra parte. Decir que todo lo que tenemos que hacer es presentar el evangelio y ya hemos terminado la tarea, para mí es querer evadirse, es una manera fácil de escaparse de invertir el tiempo y la oración en cultivar la necesaria relación con las personas. El poder del evangelio cambia a las personas, pero ellos lo necesitan ver encarnado en nuestras vidas. En nuestra cultura emergente, es sumamente importante que nosotros seamos la iglesia con el fin de que las personas vean el evangelio funcionando, no solo escuchar una presentación del mismo. Aunque Pablo, en el libro de Hechos, fue a muchos lugares a predicar el evangelio sin previamente haber cultivado la relación con ellos, él vivió en un tiempo cuando la predicación al aire libre y compartir idea en público era una forma eficaz de comunicación. Y predicar no fue la única forma en que él presentó el evangelio. Nosotros debiéramos adaptar la forma en que nos comunicamos con la subcultura que deseamos alcanzar, no porque estemos avergonzados del evangelio, sino porque queremos comunicarlo en la manera en que ellos lo pueden entender mejor. Esa es la razón por la que necesitamos escuchar y discernir cómo podemos comunicarnos mejor con diferentes tipos de personas.

3. ¿No es la verdadera razón que las personas de las generaciones emergentes que critican a la iglesia y no van al templo el que son pecadoras y no quieren abandonar su pecado? ¿No son todas sus objeciones solo excusas por sus pecados?

La mayor parte de las críticas que he oído están basadas en la suposición de que las personas de las generaciones emergentes con las que he hablando son pecadores y, por tanto, la verdadera razón por la que critican a la iglesia es que no quieren abandonar sus caminos pecaminosos. Sí, las personas han endurecido sus corazones y no quieren dejar sus pecados. Pero no creo que ese sea el asunto clave. Pienso que critican a la iglesia porque hay algunas cosas que legítimamente corresponde criticar. Si mi única visión de la iglesia fuera la perspectiva exterior, yo también la criticaría. Me han incluso retado a que no debería oírlos porque ellos están expresando opiniones mundanas. Siempre me entristece escuchar eso, porque cuando alguien llega a esa conclusión, está diciendo que no hay esperanza para las personas en nuestra cultura. Ellos descartan como no-elegidos a los que no responden al evangelio inmediatamente, de modo que nosotros deberíamos seguir adelante sin pensar más en ellos, porque prestar atención a sus opiniones y corazones no compensa el tiempo y el esfuerzo que les dedicamos, dado que ellos han endurecido sus corazones.

Yo suplicaría amorosamente a los que dicen eso (e interesantemente los que me lo dicen sueles ser calvinistas acérrimos) que recordaran cuando ellos no eran cristianos. ¿Cómo pensaba usted en ese tiempo? ¿Cómo veía usted la vida? Probablemente usted vivía fuera de la iglesia hasta que alguien se interesó con amor en usted, le escuchó usted y a sus opiniones, oró por usted con regularidad hasta que el Espíritu de Dios lo llevó al convencimiento de su necesidad de Jesús y le dio los dones de fe y arrepentimiento. He visto cómo Dios cambiaba los corazones de personas que seguían otras religiones, y ahora siguen a Jesús. He visto a Dios cambiar los corazones de personas que estaban metidas en toda clase de pecados, y ahora se someten a las enseñanzas de las Escrituras. He visto a Dios cambiar los corazones de aquellos que estaban en contra de la iglesia, y ahora son fieles a Cristo, aman la iglesia y son parte de ella. Dios es Dios y puede cambiar a todo aquel que él quiera. Él tiene un corazón lleno de amor y compasión por las personas. La Biblia dice: «Él tiene paciencia con ustedes, porque no quiere que nadie perezca sino que todos se arrepientan» (2 P. 3:9). Confío que nosotros podamos tener el mismo optimismo y amor por las personas que Dios tiene. Confío que Dios nos lleve a tener el corazón quebrantado por aquellos que todavía no conocen a Cristo, que los amemos y respetemos como seres humanos creados a la imagen de Dios, personas por las que Jesús murió. Confío que compartamos las buenas noticias de Jesús con otros y oremos pidiendo que el Espíritu de Dios penetre en sus corazones y mentes de modo que abran sus corazones a Jesús, el Jesús verdadero que es amigo, Salvador y Señor.

4. Es deprimente oír a las personas hacer comentarios negativos sobre la iglesia. ¿Son esos comentarios de verdad representativos de las personas en las generaciones emergentes, o son solo los comentarios de los extremistas?

Es cierto que puede ser desalentador oír comentarios negativos acerca de la iglesia. Pero véalo cómo ir al dentista. A muchas personas no les gusta el examen anual porque se van a enterar de lo que realmente está pasando en su dentadura y encías. Pero después del examen y limpieza, se sienten mejor porque saben exactamente lo que está pasando, ya sea bueno o malo. Del mismo modo, necesitamos ser consciente de las percepciones erróneas sobre la iglesia y el cristianismo de manera que podamos desarrollar una apologética adecuada y pedir disculpas por la iglesia cuando sea necesario. Algunas críticas sobre la iglesia pueden parecernos declaraciones extremas, pero recuerde que las personas que yo entrevisté para este libro, y las personas con las que hablo regularmente en el contexto de nuestra iglesia, no son radicales. Son personas normales y corrientes que viven en nuestro medio y probablemente son los que viven en su propia ciudad. Así que no vea los comentarios en este libro como de radicales extremistas, sino reflexiones sinceras de personas de las generaciones emergentes.

Confío en haber sido capaz de pintar en este libro un cuadro optimista. Las iglesias a lo largo y ancho del país están viendo a cientos y miles de personas de las generaciones emergentes integrarse en sus comunidades. Los líderes de esas iglesias son conscientes de todas las cosas que he presentado en este libro y están lidiando con ellas en sus contextos locales. Con todo lo negativos que puedan parecernos algunos de los comentarios, hay gran esperanza. El Espíritu de Dios está haciendo cosas increíbles en las vidas de muchas personas en todo el país que han puesto su fe y esperanza en Cristo Jesús.

5. Yo no encuentro gente como esa en mi comunidad. ¿No están esas opiniones tergiversadas debido a que usted vive en California y ha entrevistado a las personas allí?

El área donde vivo es un crisol de individuos procedentes de muchas partes de la nación. Cuando los seleccioné para entrevistarlos para este libro, busqué una variedad de trasfondos en términos de experiencia de iglesia y dónde crecieron. También busqué personas con varios niveles de educación y trabajando en una variedad de ocupaciones.

El predominio hoy de los medios de comunicación, del Internet, de la música y de los viajes significa que la cultura se está haciendo más uniforme en todo el país e incluso en todo el mundo. Quedan todavía muchas subculturas dentro de cada cultura, pero usted puede ir, por ejemplo, a Nebraska y encontrar allí adolescentes que están escuchando la misma música y vistiéndose de la misma forma que lo hacen aquí en Santa Cruz, California. No importa dónde viva usted hoy, usted va a encontrar personas con puntos de vistas y pautas de comportamiento semejantes. Si usted cree que no hay personas en su comunidad que piensan de esa manera, me atrevo a sugerirle que vaya a la universidad local y hable con los estudiantes. Vaya a los clubes, a los bares y las cafeterías donde tienen sus tertulias sus vecinos de veintitantos años. En vez de hablar todo el tiempo con los miembros de su iglesia, salga y empiece a conversar con los que viven fuera de su iglesia.

Yo soy un introvertido, no es fácil para mí tomar la iniciativa de saludar y hablar con personas desconocidas. Suelo quedarme en unos pocos lugares donde acudo regularmente para estudiar. Al final termino siempre hablando con algunos de los que acuden a la cafetería que frecuento, y hago amistad con ellos. Cuando les pregunto si les gustaría ayudarme a averiguar cómo ven la iglesia los que viven lejos de la iglesia, todos ellos inmediatamente dicen que sí. Usted podría hacer lo mismo. También me puse a buscar oportunidades para encontrarme y conocer a las personas de fuera de la iglesia. Por ejemplo, conocí a la peluquera que me corta el cabello al ir intencionalmente a una peluquería donde el dueño y los empleados no son cristianos. Encontré que las personas son bastante abiertas para hablar sobre cuestiones de fe y espiritualidad y darme sus opiniones. Esa es la cuestión clave: pedir sus opiniones y escucharlos atentamente. Necesitamos cerrar la boca y abrir muchos los dos oídos.

Será una gran sorpresa si usted no encuentra personas en su propia ciudad que no piensan como los que aparecen en este libro. Los encontrará si los busca, y si usted habla con ellos, puede que sus comentarios estén muy cerca de los expresados en este libro. Comprendo que en ciertos lugares del país pueden ser más conservadores y tener una base de población cristiana más amplia, pero las perspectivas expresadas en este libro son cada vez más la norma en los Estados Unidos.

6. ¿Cómo respondió usted a las críticas sobre su iglesia en sus conversaciones con las personas que entrevistó?

Mantuve *largas* conversaciones con las personas que cito en este libro —diálogos teológicos directos— y he tenido conversaciones similares todo el tiempo con personas que son muy parecidas a ellas. Encontrará mis mejores respuestas a sus críticas y percepciones erróneas en mi libro *Jesús me convence pero no la iglesia*, que es la contraparte de este tomo. En aquel libro, escribo para aquellos que han dejado la iglesia o viven fuera de la iglesia y están lidiando con estas áreas, y para aquellos que están buscando la manera de responder a estas críticas.

Permítame animarle a pensar en programar una serie de clases para estudiar estas críticas y percepciones erróneas, añadiendo otras que usted mismo haya encontrado. Para ideas y preguntas de discusión creativas apropiadas para grupos pequeños, ideas para estaciones de oración, y sugerencias para otras maneras de enfocar el material de este libro en su iglesia, entre al sitio *www. theylikejesus.com*. Sobre todo, le animo a escapar de la oficina de la iglesia y de la subcultura cristiana. Vaya y cultive relaciones humanas normales y sanas con los que viven fuera de la iglesia y escúchelos. Preste atención a su forma de pensar y entienda sus corazones. No escuche solo a la aventura en que yo me he metido; tenga por favor sus propias aventuras en su propia comunidad, si es que no está metido en ello. No me puedo imaginar que no sea eso lo que el Señor Jesucristo estaría haciendo si él estuviera caminando por nuestros pueblos y ciudades.

Notas

1. Reggie McNeal, *The Present Future: Six Tough Questions for the Church* (Jossey-Bass, San Francisco. 2003), 2

2. Ibíd., 3, 5

3. Varias de las personas que va a conocer en este libro las puede ver en *www.theylikejesus.com*.

4. Magick es otra forma de deletrear *magic* que se usa en muchas de las prácticas paganas y los rituales Wiccan y en las artes del ocultismo de la manipulación de la energía en la naturaleza, en el yo y en el mundo espiritual.

5. Dan Kimball, *The Emerging Church* (Zondervan, Grand Rapids, MI, 2003).

6. Gráfica de Jesus Is My Homeboy por cortesía de Teenage Millionaire, 5640½ Hollywood Blvd., Los Angeles, CA 90028, wwwteenagemillionarie.com. Gracias a Chris Hoy y Chris Brick por permitirnos usar esta imagen.

7. Pamela Anderson citada en Contactmusic.com, 29 agosto 2004, http://www.contactmusic.com/new/xmlfeed.nsf/O/F422DA4F8778970580256EFF004CA4296!opendocument.

8. Moby, tomado del CD Entrevista por Derechos de Animales, 22 noviembre 2005, http://www.moby.org/info/faith.html.

9. Lee Strobel, *El caso de la fe*, Editorial Vida, Miami, FL, 2005 p. 18.

10. El encuestador George Barna concluye que los «estadounidenses en sus veintitantos años son los que probablemente forman el grupo que asisten menos a los cultos de la iglesia, ofrendan menos a las iglesias, están menos comprometidos con el cristianismo, leen menos la Biblia y sirven menos como voluntarios o líderes laicos en las iglesias. Quizá la realidad más sorprendente de la fe de los jóvenes adultos en sus veintitantos es su relativa ausencia de las iglesias cristianas». George Barna, «Twentysomethings Struggle to Find Their Place in Christian Churches», *Update*, 24 septiembre 2003, el Grupo Barna: www.barna.org/FlexPage.aspx?Page=BarnaUpdate&BarnaUpdateID=149.

11. Dan Kimball, *I Like Jesus but Not the Church: Following Jesus without Following Organized Religion* (Zondervan, Grand Rapids, MI 2007).

12. Richard Halverson, Citado en el libro *The Thirty Nine Articles: Buried Alive?* de Sam Pascoe (Latimer Press, Solon, Ohio, 1998), 72.

13. http://www.larknews.com/may_2004/secondary.php?page=1.

14. *Q Magazine*, número de marzo 1998, http://www.fortunecity.com/tinpan/ underworld/437/qmagazine.htm.

15. Austin Scaggs, «Coldplay's Quiet Storm», Rolling Stone981, 25 agosto 2005, www.rollingstone.com/news/coverstory/coldplay_storm/page/4, accessed 10 octubre 2006.

16. Se puede encontrar una copia en inglés de The Fundamentals [Los Fundamentales] en http://www.xmission.com/~fidelis/index.php.

17. Gn. 3:1-5; Ap. 13:18; Jue. 16:17.

18. Gn. 4:8; Nm. 25:17; 31:17; Jue. 19:29; 4:22; Mt. 2:16; 27:5; Gn. 19:36; Jue. 19:25; 1 Co. 11:21; 2 Sm. 11:2-8; Ez. 23:10.

19. «The Bible Hammer» en «Punctuated Equilibrium: chaoschristian'sblog», http://www.christian-forums.com/t2439637, entrar 3, 28 diciembre 2005. Accessed 30 diciembre 2005.

20. Scot McKnight. «What Is the Gospel?» Next-Wave, diciembre de 2005, -next-wave ezine.inform/issue85/index.cfm?id=88cref=ARTICLES%

5FTHE%20BEST%20F%202005%5F140.

21. Bill Maher, durante su programa de televisión *Politically Incorrect*, del 12 marzo 2001.

22. Henry Nouwen, «Forgiving the Church», en *Bread for the Journey: A Daybook of Wisdom and Faith* (San Francisco: HarpersSanFrancisco, 1996), 27 de octubre.

DISFRUTE DE OTRAS PUBLICACIONES DE EDITORIAL VIDA

Desde 1946, Editorial Vida es fiel amiga del pueblo hispano a través de la mejor literatura evangélica. Editorial Vida publica libros prácticos y de sólidas doctrinas que enriquecen el caudal de conocimiento de sus lectores.

Nuestras Biblias de Estudio poseen características que ayudan al lector a crecer en el conocimiento de las Sagradas Escrituras y a comprenderlas mejor. Vida Nueva es el más completo y actualizado plan de estudio de Escuela Dominical y el mejor recurso educativo en español. Además, nuestra serie de grabaciones de alabanzas y adoración, Vida Music renueva su espíritu y llena su alma de gratitud a Dios.

En las siguientes páginas se describen otras excelentes publicaciones producidas especialmente para usted. Adquiera productos de Editorial Vida en su librería cristiana más cercana.

No deje de leer el libro de mayor impacto de todos los tiempos. ¡Tranfomará su vida!

Rick Warren, reconocido autor de *Una Iglesia con Propósito*, plantea ahora un nuevo reto al creyente que quiere alcanzar una vida victoriosa. La obra enfoca la edificación del individuo como parte integral del proceso formador del cuerpo de Cristo. Cada ser humano tiene algo que le inspira, motiva o impulsa a actuar a través de su existencia. Y eso es lo que usted podrá descubrir cuando lea las páginas de *Una vida con propósito*.

0-8297-3786-3

RICK WARREN

UNA *Vida* CON PROPÓSITO

¿PARA QUE ESTOY AQUÍ EN LA TIERRA?

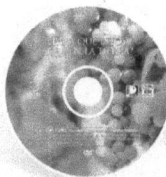

NO SE ADMITEN PERSONAS PERFECTAS

0-8297-4727-3

La iglesia está enfrentando su mayor crisis —y su mayor oportunidad— en este mundo post-moderno y post-cristiano. Dios está invitando a «personas imperfectas» de espíritu curioso a aliarse a su iglesia... pero, ¿cómo las estamos recibiendo? Este libro lo ayudará a destruir las cinco grandes barreras que existen entre las generaciones emergentes y su iglesia, creando la cultura adecuada. Contiene desde historias reales de personas que estuvieron lejos de Dios, hasta ideas prácticas que aplican a cualquier iglesia.

Nos agradaría recibir noticias suyas.
Por favor, envíe sus comentarios sobre este libro
a la dirección que aparece a continuación.
Muchas gracias.

Editorial Vida®
.com

Vida@zondervan.com
www.editorialvida.com

www.ingramcontent.com/pod-product-compliance
Lightning Source LLC
Chambersburg PA
CBHW010855090426
42737CB00019B/3370